营销文案

写作全能一本通

引爆
销售力

金岩 贾洪流 / 编著

MARKETING COPYWRITING

人民邮电出版社

北京

图书在版编目（ＣＩＰ）数据

营销文案写作全能一本通：引爆销售力 / 金岩，贾
洪流. 编著. -- 北京：人民邮电出版社，2018.4
ISBN 978-7-115-47700-2

Ⅰ. ①营… Ⅱ. ①金… ②贾… Ⅲ. ①市场营销学－
文书－写作 Ⅳ. ①H152.3

中国版本图书馆CIP数据核字(2018)第001070号

内 容 提 要

　　本书以营销文案为切入点，重点阐述了企业在经营过程中常常使用的各类文案的写作技法，是全面、高效解决问题的文案大全。全书分为 16 章，详细介绍了市场营销战略文案、市场营销计划文案、市场调查文案、市场分析文案、市场定位文案、产品开发管理文案、产品价格文案、产品推广文案、广告文案、促销文案、谈判文案、渠道管理文案、客户管理文案、公关文案、市场营销合同文案、网络营销文案等内容。

　　本书精选了大量实用范本，让读者能够"拿来即用"，快速掌握营销文案的写作模式。本书既是一本实用工具书，可供各层级管理者参考，又是一本详细实用的案头手册，能为营销文案的撰写提供有益的指导。

◆ 编　著　金　岩　贾洪流
　　责任编辑　武恩玉
　　执行编辑　刘　尉
　　责任印制　焦志炜

◆ 人民邮电出版社出版发行　　北京市丰台区成寿寺路 11 号
　　邮编　100164　电子邮件　315@ptpress.com.cn
　　网址　http://www.ptpress.com.cn
　　北京虎彩文化传播有限公司印刷

◆ 开本：700×1000　1/16
　　印张：16.5　　　　　　　　2018 年 4 月第 1 版
　　字数：291 千字　　　　　　2025 年 8 月北京第 12 次印刷

定价：49.80 元

读者服务热线：(010)81055256　印装质量热线：(010)81055316
反盗版热线：(010)81055315

前　言

当公司决定一项决议的时候，需要做哪些准备工作？当领导需要你去调查市场、营销策划的时候，他想要看到什么样的结果？为了更好地服务客户，你将以什么样的方式来搭建客户服务档案？SWOT 市场分析报告是什么？如何做出一份行之有效的市场调查问卷……

别急，在回答这些问题之前，我先来说一个自己亲身经历的事情。我曾经在一家文化传媒公司做内容总监，那家公司不算小，有三四十人，文案人员也有七八个。有一次，公司的一个长期客户需要几篇新闻稿，当时我正在忙别的项目，加之难度不大，故而就把这项任务交给了其他同事。这位同事很快就写完了，没有通过我便直接把稿子发给了客户。结果第二天刚上班，老板就来找我，说客户大发雷霆。我不明所以，便去询问情况，谁承想那么简单的新闻稿被这位据说"身经百战"的文案师写得支离破碎。没办法，我只得又重新写了一份发给客户，才算结束。

经过这事之后，我一直在思考一个问题：为什么那么简单的工作我们就是做不好？很多人接到单子之后就抓耳挠腮，不知如何下笔；也有些人故意推脱，一概以"不会"回应；还有些人依靠自己的经验，东一榔头西一棒就想蒙混过关。这些人中不乏一些文学或市场营销专业毕业的大学生。

我觉得最主要的一个原因是我们自己本身的基本功太差。诚然，市场上关于文案方面的图书不算少，一些广告文案的翘楚陆续将十几年甚至几十年的工作经验总结分析，然后呈现给如我一般的普通文案师，这绝对是非常有益处的。于是，一些试图一步登天的文案师便翘首以盼，如饥似渴地吸收其中的精髓。我不得不说这其实是本末倒置了。没有良好的基本功，纵然你有非同寻常的创意想法、绝顶聪明的点子思路，最终也只能将其扼杀在自己的摇篮里。

有感于此，我和我的团队根据自己的经验，将平时工作中能用到的一些文案类型做了一次详细的梳理总结。74 种文体，74 个案例，基本囊括了商业活动中所有的文字工作；详略得当的叙述，尽量专业的解释，让原本枯燥无味的内容显得不那么生硬。有了这本书，你的工作将事半功倍。

编者

2017 年 8 月

目　录

第 *1* 章　市场营销战略文案

市场营销战略规划书……………………………001
市场营销战略 SWOT 分析报告……………………004
竞争对手研究报告…………………………………006
国际营销策略书……………………………………009

第 *2* 章　市场营销计划文案

市场营销计划书……………………………………013
市场长期营销计划书………………………………017
市场年度营销计划书………………………………020
国际市场营销计划书………………………………024

第 *3* 章　市场调查文案

市场调研计划书……………………………………027
市场调查问卷………………………………………030
问卷调查分析报告…………………………………035
市场调查报告………………………………………038
营销决策方案………………………………………041

第 *4* 章　市场分析文案

市场分析报告………………………………………045
市场预测报告………………………………………048
可行性研究报告……………………………………051
市场营销环境分析报告……………………………054
市场决策方案………………………………………057

第 *5* 章　市场定位文案

市场定位报告………………………………………061
产品定位报告………………………………………064
品牌定位报告………………………………………066

市场细分报告···068

目标市场选择报告···071

第6章 产品开发管理文案

新产品开发企划书···075

新产品开发报告···078

新产品开发可行性分析报告································082

产品包装策划方案···085

产品需求说明书···088

产品使用说明书···094

第7章 产品价格文案

产品成本分析报告···098

产品定价分析报告···101

产品定价方案···105

产品调价通知书···108

价格管理制度···110

第8章 产品推广文案

产品推广策划方案···114

产品市场开拓计划书···117

产品上市建议书···120

新产品质量分析报告···123

产品推介书···126

第9章 广告文案

广告策划方案···130

广告宣传活动策划方案··133

广告活动调整方案···137

企业广告预算报告···140

广告效果评估报告···143

第10章 促销文案

促销计划书···147

促销策划方案···150

商品促销主题方案···154

营业推广方案···157

第 *11* 章 谈判文案

商务谈判策划方案································161
商务谈判备忘录································165
商务谈判纪要································168
业务洽谈方案································170
接待工作方案································173

第 *12* 章 渠道管理文案

营销渠道计划书································177
营销渠道客户调查问卷································181
渠道冲突处理方案································186
产品窜货管理方案································189

第 *13* 章 客户管理文案

客户关系管理方案································193
客户开发计划书································196
客户回访计划书································200
售后服务工作报告································203

第 *14* 章 公关文案

公关活动策划方案································207
公关新闻稿································212
开业庆典公关策划方案································214
危机公关策划方案································218

第 *15* 章 市场营销合同文案

企业与经销商合作协议书································222
销售代理合同································225
连锁加盟合同································229
仓储保管合同································234
特许经营合同································238

第 *16* 章 网络营销文案

网络营销计划书································244
网络广告策划方案································249
网络营销推广方案································252
网络品牌策划方案································256

第1章
市场营销战略文案

市场营销战略规划书

【写作导引】

市场营销战略是企业市场营销部门根据战略规划，在综合考虑外部市场机会及内部资源状况等因素的基础上，确定目标市场，选择相应的市场营销策略组合，并予以有效实施和控制的过程。市场营销战略规划涉及企业发展的方方面面，是企业在管理与经营中不可或缺的重要部分。市场营销战略规划必须与企业的理念和目标相符合，企业家根据当前的市场环境和企业内部环境，从针对企业未来规划制订的多种营销策略中，选择最符合企业发展的营销战略。

一般情况下，市场营销战略规划包括以下几个方面。

一、市场分析

市场是瞬息万变的，客户的需求也是复杂多变的，所以企业在制订市场营销战略规划时要根据企业的产品定位，对市场的人口密度、地理位置、客户心理以及购买行为等因素进行市场细分。

二、市场营销目标

市场营销战略的重要因素之一就是营销目标。企业制订市场营销战略规划的目的就是让企业达到设想的状态，因此在制订市场营销战略规划时要注意市场营销目标的确定。一般情况下，市场营销指标包括销售量、利润率、市场占有比例，以及企业品牌知名度、客户好感度等。

三、选定目标市场

很多企业在面向市场时，总是宣传产品的多个功能效果，想要更多地招揽客户，结果往往适得其反。企业必须找准自己的产品定位，明确产品的目标市场以及客户群。企业在对市场进行分析之后，决定企业的产品符合哪个市场、产品面向什么样的人群和产品的诉求是什么，才能最终找准目标市场。

四、市场营销组合

市场营销组合和目标市场选定是市场营销战略中最紧密相连的两个部分。企业选定目标市场之后就要及时考虑该用什么样的方式进入市场。市场营销组合是市场营销战略的核心内容，企业只有选择合适的市场营销组合进入市场，才能尽快抓住客户的心理，满足客户的需求。

五、实施计划

市场营销组合确定之后，企业营销人员就可以开始实施计划。市场营销战略是为了帮助企业取得更大的成功，因此在实施计划时，营销人员一定要有纪律、有组织、有步骤地实施。具体实施内容包括以下几个方面。

（1）该次计划涉及的有关部门和人员配置。

（2）计划的运作方式。

（3）具体步骤及日程。

（4）费用预算等。

【文案范例】

××洗发水市场营销战略规划书

"××洗发水"创立至今已有100年的历史，是目前中国最大的洗发水品牌之一，是家喻户晓的百年老字号品牌，在国际市场上也有非常好的口碑。截至目前，公司投资资金已达数亿元。目前公司员工有数万人，在全国各地设立多家分公司，并且规模还在不断地扩大。2016年，"××洗发水"公司荣获国际最受欢迎的洗发水品牌第十名，受到全球无数客户的赞誉。

一、市场分析

1. 产品定位

"××洗发水"此次推出的洗发产品的主要功效是修护受损的头发，调理头发的柔韧性，解决干枯、毛糙、分叉等发质问题，打造全新的女性柔美风格。"××洗发水"采用独创的智能损伤捕捉技术，加入维生素原，深入发芯，保护秀发健康，保持发根清爽、发尾柔顺的强韧效果。

2. 价格定位

新产品的价格目前锁定中高层消费水准，定价为××元。

3.市场定位

"××洗发水"的新产品在设计之初，设计人员就将产品消费者锁定在女性消费群体。女性消费群体更加爱美，也更频繁地染发、烫发等，在这种情况下，女性头发受损率要远远高于男性消费群体。

二、市场营销目标

"××洗发水"制订市场营销战略的目标就是推广"××洗发水"对于头发的营养保健功能。让更多的女性消费群体了解"××洗发水"的功能，将"××洗发水"打造成国内女性消费群体的头号选择。

三、选定目标市场

从产品的功效来看，"××洗发水"主要针对的是女性发质受损之后的修护和保养，而且新产品价格优惠，无论是学生阶层、工薪阶层还是中高层收入的女性群体都可以接受。因此目标市场锁定在18～60岁各个消费阶层的女性消费群体。

四、市场营销组合

1.价格营销策略

"××洗发水"新推出的产品定价低于同类产品，并且在包装上有非常大的改变。采用更多亮丽的颜色，瓶子的形状也设计得非常有曲线感，与女性消费群体更加呼应，也凸显了产品的功效。

2.促销策略

由于新产品刚刚进入市场，客户对于产品的效果还不清楚，鉴于"××洗发水"的品牌属于资金非常强大的公司，因此其在推出产品的同时就实行各种促销手段，以求最快速地吸引客户，占领市场。

3.广告宣传策略

持续采取广告宣传攻势，包括网络宣传、明星代言、海报宣传等。广告宣传策略主要突出客户的发质在使用新产品之后的效果，强调产品的功能，让客户对产品效果一目了然。

五、实施计划

人员配置：各地区"××洗发水"的销售人员。

营销范围：全球各地的各大商场、超市和直营店。

具体步骤：自×年×月×日起，展开长达半年的全球广告宣传，包括在各大商场、超市以及地铁站等位置全部张贴足量的海报，进行大力宣传。

费用预算如下。

（1）网络宣传费用：×××元。

（2）明星代言费用：×××元。

（3）海报宣传费用：×××元。

（4）其他费用：×××元。

【写作要点】

（1）分析市场环境。市场是在不断变化的，企业在进行市场营销战略规划时一定要注意当前的市场环境，包括政治背景、经济状态等。任何变化对于企业的影响都是非常重要的，把握当前的环境发展趋势是企业制订市场营销战略的重要前提。

（2）抓住机会。掌握新产品的所有特点，了解竞争对手的情况，在市场营销战略实施过程中，有效利用现场可能会出现的潜在商机，抓住机会，树立自己的品牌形象，赢得更多的客户。

（3）充分利用资源。将手中的有利资源充分运用起来，去帮助企业实现本次的市场营销战略规划。例如，将已经成功的企业产品和新产品进行捆绑销售，可以增加客户的购买兴趣，同时宣传企业的品牌形象。

市场营销战略 SWOT 分析报告

【写作导引】

SWOT分析法是企业内部分析方法之一，常被用于制订企业的发展战略和分析竞争对手的情况。企业根据自身的条件进行分析，找出企业的优势、劣势所在，再结合企业外部的环境，将企业的营销战略转变成自己的机会和竞争力。在SWOT分析法中，S代表Strength（优势），W代表Weakness（劣势），O代表Opportunity（机会），T代表Threat（威胁）。

优势包括企业充足的资源、企业优秀的品牌形象、企业的技术力量、企业的规模、企业所占的市场份额和企业的产品质量等。

劣势包括企业的管理制度混乱、企业设备严重老化、企业缺少核心技术、企业研发机构过于落后和企业资金短缺等。

机会包括企业的新产品、企业开拓的新市场、市场出现的新需求和竞争对手的失误等。

威胁包括市场竞争对手增多、国家颁布的新政策、客户需求的转变、市场经济的倒退和突发事件等。

其中，优势和劣势是企业内部因素，机会和威胁是企业外部因素。针对企业营销战略的整体性而言，营销战略主要包括企业"能做的"（即企业的优势和劣势）和企业"可能做的"（即市场的机会和威胁）两者之间的有机组合。

企业在运用 SWOT 分析法时，要懂得运用多种研究调查方法，帮助企业分析所处的内外部环境，包括自身的条件以及当前的市场情况。企业的自身条件包括优势和劣势，属于企业的主动因素，它们是企业在发展过程中所存在的积极和消极因素，在研究企业内部环境因素时要考虑到企业的历史与现状，以及企业未来的发展。

企业外部环境因素包括机会和威胁，属于客观因素，且不受企业的控制。它们是外部环境对企业的发展造成的直接影响，包括有利影响和不利影响。

因此，企业在运用 SWOT 分析法时要注意利用这种分析方式找出企业自身拥有的优势、对自己有利的因素，以及自己的劣势、对自己不利的因素，然后找出问题，解决问题，明确企业未来的发展方向。这种分析法还可以帮助企业明确事情的轻重缓急，分辨出哪些事情是目前亟待解决的，哪些问题是稍微可以延后处理的，哪些障碍阻碍了企业的战略发展，哪些问题影响了企业的战术指导；将这些问题一一列举之后，企业才能系统性地进行分析，把所有因素结合在一起，加以比较，从中得出最正确的结论，然后根据相应的结论做出最后的决策，制订最合适的市场营销战略。

【文案范例】

×× 电器企业营销战略 SWOT 分析

"×× 电器"是世界第十大电器制造商，也是中国家用电器企业之首。旗下拥有 300 多家分公司，遍布全国各地，在世界各地拥有 30 多个设计研发机构、制造中心和办事处，公司总员工人数超过 60 万人。2017 年，"×× 电器"全球营业额实现 2000 亿元人民币，比前一年的营业额上升了 5.6%。

下面介绍"×× 电器"的 SWOT 分析。

（1）优势。"×× 电器"目前拥有 10 种产品，位居中国市场行业之首，其中有 5 种产品在全球市场占有率位居前三。不仅如此，在智能电器、网络家电等高科技应用技术方面，"×× 电器"也处于世界领先水平。"×× 电器"致力于向全球消费者提供满意的产品和服务，实现企业与消费者之间的双赢局面。截至目前，"×× 电器"已经拥有 5000 项专利技术；在自主知识产权领域，"××电器"还参加了近百项国家标准的研发工作，而且"×× 电器"的防水功能、防电墙技术以及双动力洗衣技术还被纳入 IEC 提案。在企业管理机制上，"××

电器"也相对完善，员工的素质水平也在不断提升。

（2）劣势。"××电器"在广告宣传方面以及危机公关方面的能力十分欠缺，员工非常注重技术的提升，但在一些危机处理上存在明显的漏洞。并且"××电器"在人才招聘上也存在一定的问题，只注重员工的技术能力，对于员工的知识储备却毫不在意，这就导致员工的技术水平一直停留在原始状态，不能及时吸取新的知识，企业的技术研发相对缓慢。

（3）机会。"××电器"在国际市场上取得如此大的成就，很大一方面是来自企业的内部文化，"××电器"的文化就是"人人都是人才"，只要拥有人才，企业就拥有最大的竞争力。"××电器"在技术创新上也一直坚持与时俱进，和时代接轨，这样的创新理念也保证了企业的创新产品时刻符合客户的需求和市场的需求。

（4）威胁。同其他企业相比，"××电器"的技术和产品都处于高端水平，价格相对较高，服务也相对细致，虽然客户的满意度都很高，但是仍然存在着很多威胁。随着更多新兴电器企业的崛起、技术的不断完善，"××电器"的竞争对手也越来越多，导致电器行业的市场也逐渐趋向饱和，这对"××电器"造成了很大的威胁。

【写作要点】

（1）客观性。企业在运用SWOT分析法时一定要客观地分析企业的自身情况和外界环境，不能带有强烈的主观色彩，一定要按照客观事实进行分析。

（2）清晰性。在描述内外部环境时，语言的表达一定要清楚明了，让人一眼就能看出企业还存在什么样的问题，需要做出什么样的改进等。

（3）全面性。制订营销战略是为了成就更好的企业未来，因此在运用SWOT分析法时，一定要注意企业的全面发展情况，任何细节问题都不能放过。只有把企业的所有情况都一一考虑到，才能保证企业未来的营销战略更加完善和系统。

竞争对手研究报告

【写作导引】

企业想要长久稳定地发展，不仅要对自身的条件有一个清晰的认识，对于竞争对手也要有详细的了解，撰写一个竞争对手分析的研究报告至关重要。企业在撰写竞争对手研究报告时首先要建立一个竞争对手分析的框架，将对手所有的信息都收集起来，再按照建立好的框架将信息进行分类，避免企业在研究竞争对手的信息时造成盲目、无序、混乱的情况。

通常情况下，竞争对手分析的框架主要分为以下两种。

一、基于平衡记分卡的竞争对手分析框架

平衡记分卡原本是用来考核企业的绩效成绩的，分别从企业的四个方面考核，包括企业内部员工的学习与创新能力、内部业务流程、客户与市场现状、企业财务状况等。同样，在进行竞争对手分析时，也可以借用平衡记分卡的思维。

二、波特的竞争对手分析模型

波特的竞争对手分析模型是从企业的现行战略、未来目标、竞争力和自我假设四个方面来分析竞争对手的现状和信息，这是一种新型的分析思路。在撰写竞争对手研究报告的实践中，可以从以下几个重点来入手。

（1）竞争对手的市场占有率。市场占有率是指企业的销售量与市场的总销售量的比例。比例越大的企业市场分量越重，竞争力也相对较强。

（2）竞争对手的财务状况分析。竞争对手财务状况分析主要是竞争对手的营利能力分析、成本分析、企业的负债情况以及企业的成长性分析。

（3）竞争对手的产能利用率分析。在竞争对手研究报告中，企业产能利用率是一个非常重要的指标，尤其是一些制造企业，它的产能利用率直接影响企业的成本和利润高低。

（4）竞争对手的创新能力分析。企业的创新能力是非常重要的，在进行竞争对手研究分析时一定要注意竞争对手的学习和创新能力，如分析竞争对手推出新产品的速度、竞争对手的人才储备、竞争对手的研发经费等。

（5）竞争对手的领导力。不同行业有不同的管理方式，有的企业领导者更加关注投资回报率，有的企业领导者更加重视市场占有率。企业的形式和产品不同，企业领导者关注的焦点也不同。

【文案范例】

××男装品牌服饰竞争对手研究报告

随着经济的快速发展，人们的消费水平越来越高，对于服装的需求也不再是单纯地关注保暖功能，而是有更多的新需求产生，包括服装的颜色、设计、款式等。"××男装"成立于2015年，至今仅两年的时间，已经从一个三线品牌成长为中国男装服饰的一流品牌，是2017年出现在男装服饰品牌中的一匹黑马，其在短短的时间内就赢得了大批客户的喜爱，一跃成为中国男装服饰行业

的知名品牌，在市场中的占有率也越来越高，呈爆发性增长趋势，引爆了国内男装品牌的热潮。这样的成长速度让其他男装品牌企业大跌眼镜，同时后者也在积极地寻找应对之策，想要抑制"××男装"的发展速度。

由于"××男装"的快速发展引来业内极大的关注和重视，也让竞争对手虎视眈眈，因此在推出新概念男装的节骨眼上，"××男装"必须在产品首发之前撰写一份详细的竞争对手研究报告。只有充分了解竞争对手的信息，才能维持企业的稳定发展。

目前市场上的主要男装服饰品牌的具体情况如下表所示。

品牌名称	AA 男装	BB 服饰	CC 之家	DD 男装
市场占有率	15%	25%	20%	25%
品牌特点	设计新颖、款式大胆、紧跟潮流的脚步，彰显个性	面料舒适、款式休闲；服装颜色较为单一，品牌风格倾向于自然、家居、轻松，主要以休闲为主	产品丰富、款式多样、色彩亮丽；价格较为优惠，服务贴心	对服装质量要求极其严格，纯棉面料，款式宽松；重量轻、透气性好，功能齐全，以运动风格为主
适用人群	多适用于青少年、高中生群体	适用人群相对广泛，偏向于中年男性群体	适用人群较为广泛，且满足各个阶层的消费水平	适用人群较为广泛，偏向于运动员等群体
企业规模	品牌知名度相对一般，在全国各大城市和乡镇均有销售	全球知名品牌，分公司遍布全球各地	知名度相对较高，全国各大城市和乡镇均有销售	品牌知名度较高，规模宏大，在全球有超过500家分公司
价格	××~×××元/件	×××元/件	×××元/件	××××元/件

【写作要点】

（1）针对性。企业在撰写竞争对手分析报告时一定要有针对性，不要把竞争对手的所有信息都罗列出来一一对比，而是要有针对性地寻找竞争对手的信息。按照企业营销战略的观点来看，对竞争对手的分析是为了制订更好的战略规划，因此在分析竞争对手时不能把时间浪费在其他无用的信息上，要学会有针对性地收集信息。

（2）差异性。在搜寻竞争对手的信息时，要把主要的关注点放在竞争对手与自身产品存在的差异点上。找出两者之间的差异所在，才能更好地做出比较，也能更加清楚地知道自身与竞争对手之间存在的短板和劣势，尽快找到方法解决问题，做出调整。

国际营销策略书

【写作导引】

国际市场营销策略指的是企业在国际化进程中的总体打算以及实施的具体过程，对于企业来说，在国际市场上的生存和发展离不开国际市场营销的策划。国际市场营销策略也是拟定企业目标的依据，是企业不可或缺的营销战略计划。

国际营销策略书的制订通常包含以下几点。

一、时间

企业在国际化进程中的目标不是在短时间内就能完成的，制订营销策略的计划是需要一定的时间的，它的重点是指导企业接下来的发展之路，以及在重大活动上应该采取的营销战略等。

二、环境分析

必须对企业的外部环境进行客观、冷静、有效的分析，能够善于抓住市场中的机会，避免企业与同行之间的竞争威胁。对环境的详细分析还可以促进企业的快速发展。在对环境进行分析时主要应侧重于以下几个方面。

（1）市场的发展是呈现增长还是衰退的趋势、世界贸易保护主义是否严重，以及跨国合作公司的发展情况和趋势等。

（2）与跨国公司间是否为友好关系，有无竞争或政见问题。

（3）与企业有关的技术和产品开发的状况和趋势。

（4）出口地区的政治环境、法律环境和经济发展情况以及有关政策规定等。

（5）出口地区的市场存在的主要的和潜在的竞争者情况。

三、企业本身的分析

对企业本身的情况进行分析，包括企业的优势和劣势、机会和威胁，以及企业在现阶段发展业务所受到的限制条件等。这些因素都是企业制订国际市场营销策略的重要基础。

除此之外，企业本身的情况分析还包括以下几点。

（1）企业的技术人才和管理人员的素质、产品的生产技术水平、企业高层决策人员的思想和能力、企业未来人才的培养、外贸人员的活动能力和业务能力，以及企业的管理理念和制度是否符合现代化发展等。

（2）企业内部是否有潜力产品和代表产品、能否迎合国外市场和消费者的需求、企业产品的生产能力、产品原料的供货情况以及产品研究和开发方向的分析等。

（3）企业当前和将来的流动资金来源、资金转移能力、企业可能获得的利润目标、企业对产品的成本控制和预算等。

（4）企业现有的产品市场、产品的销售情况、海外的分销渠道、企业实施的促销措施、竞争策略等。

四、制订目标

企业在对外部环境和内部能力进行分析之后，可以了解自身在国际市场上的地位，根据自身的优势和劣势分析企业在国际市场上的机会及威胁，从而为企业制订战略目标。企业制订有效而科学的营销目标应符合以下原则。

（1）以国际市场为导向。企业的战略目标应着眼于国际市场，国际市场需要什么，就生产经营什么。有效的目标应以市场为出发点，根据市场需要制订营销战略。

（2）具有必要的方针措施。企业战略计划不仅要提出明确的目标，而且要列出为了达到目标而采取的方针和重大措施，以使企业全体员工在重大问题上达成共识，齐心协力为企业的发展而奋斗。

（3）富有激励性。企业的战略目标应有鼓励全体职工奋发努力的作用，使职工振奋精神，同心同德，为企业的发展多做贡献。

五、结论

对制订的国际营销策略进行总结。

【文案范例】

"××服装"国际市场营销策略书

一、公司背景

"××服装"主营业务为服装纺织品国际进出口贸易，每年出口创汇××亿美元。20××年被列入世界进出口创汇榜的前500名，更是连续多年被中国服装品牌行业评为"最佳品牌"和"最具出口贡献"奖，是我国出口服装的重点骨干企业。

二、SWOT分析

优势："××服装"实力雄厚，品牌知名度较广，而且整个企业的进出口销售流程和管理都非常完善和详细，产品的质量也是同行企业中的佼佼者。

劣势："××服装"的服装设计技术含量较低，市场进入壁垒低的状况，容易造成产品同质化，潜在竞争者也在逐渐增多。

机会：×国的服装市场前景较好，市场上还未出现主导品牌，这对于"××服装"的发展有很大的帮助。

威胁："××服装"作为外来服装，受到当地市场的排斥。

三、政治环境

"××服装"所在市场为×国市场，×国是联邦制国家。从国民思想来看，消费者的思想更加自由和现代，因此对"××服装"的发展会起到很积极的作用。

四、经济环境

×国是一个工农业较为发达的国家，国民经济增长快速，居民的经济水平和消费能力较高，这对于"××服装"在×国市场的发展会起到推动作用。

五、营销目标

"××服装"在×国的快速发展，让"××服装"的品牌为×国更多的消费者所知。而企业要想获取更多的效益，只依靠微薄的利润是不可能的。"××服装"在×国市场上的利润并不高，因此必须实现大量的销售才能保证企业获得足够的利润。"××服装"在进行国际市场营销策略分析之后，决定大量发展在×国市场的连锁经营店铺，包括×国并不发达的西部地区和待开发地区，实现全面覆盖的方式，在×国开拓新市场，增加企业的效益。

六、总结

本次国际营销策略主要针对"××服装"在×国市场的营销发展提出一些要点和建议，具体实施事项会另行制订。

【写作要点】

（1）信息性。国际市场营销策略是在掌握大量信息的基础上制订的，因此，掌握准确的市场信息和情况是企业制订国际市场营销策略的关键。

（2）时机性。企业的国际市场营销策略既要做到"适时"，又要做到"适度"，要把握好时间和空间两方面的情况，换句话说就是讲究"天时、地利、人和"。

（3）创新性。国际市场营销策略的制订要运用创新思维和方法，对企业在市场中存在的问题找出解决方法，并且要创新营销策略和经营理念，唤起消费者的购买意识。

第 2 章
市场营销计划文案

市场营销计划书

"凡事预则立，不预则废"，任何事情想要成功都必须提前做好计划。如果在进行营销活动时不能提前做好准备工作，那么结果必然不尽如人意。很多企业想扩大自己的经营，赢得更多的利润，就必须通过一些市场活动来完成；而在进行市场活动前，最重要的环节就是做好市场营销计划书。

市场营销计划书是企业开展市场活动的重要部分，有了市场营销计划书，企业在后期执行市场活动时才有依据。市场营销计划书的制订是建立在企业充分了解内外部环境并能准确进行分析的基础之上的，是针对市场营销活动的方向、战略目标以及具体实施方案的一个计划和准备。

市场营销计划书是市场活动计划的书面文件，在制订市场营销计划书时要尽量使用简洁明了的语言，把企业的营销环境、市场现状以及竞争状况完整清晰地表达出来。在制订市场营销计划书时要遵循以下七个要点。

一、计划摘要

顾名思义，计划摘要就是在制订市场营销计划书时，对即将展开市场活动的企业进行简明扼要的概述，并对接下来要实施的市场活动进行概括，以帮助市场活动人员迅速准确地了解计划的主要内容。

二、营销现状

企业的营销现状是市场营销计划书中最重要的组成部分，在这一部分，要明确说明企业当前的市场状况、产品状况、竞争状况以及消费人群状况等，针对企业的营销环境做一个清晰明确的分析。

三、机会和问题

从企业的产品线出发，找出企业在营销过程中可能会遇到的机会和威胁，以及面临的问题等。

四、目标

企业在市场营销计划中，一定要对目标做出正确合理的决策。目标包括以下两个方面。

1. 财务目标

例如，明确企业未来年度销售额或者产品利润等。

2. 营销目标

财务目标也可以转化为营销目标，例如企业的产品价格、产品销售量以及品牌的影响力等。要注意的是，进行市场活动一定要把营销目标具体量化，这样企业的营销目标才具有可操作性。

五、营销战略

企业在制订营销战略时，要根据市场的需求状况，明确消费者的需求，继而制订符合市场需求的营销战略活动。一般而言，企业在制订营销战略时，要考虑企业的目标市场、产品的定位和价格、分销渠道等方面，要积极地与企业相关部门进行商量和协调，确保营销战略计划的可行性。

六、活动方案

活动方案是指为某次活动所制订的书面计划，包括具体行动实施办法、细则、步骤等。在制订市场营销计划书时，一定要有主要的活动方案。活动方案的实施是为了确保能够完成营销目标，因此在制订活动方案时要特别强调具体的实施程序，如什么时候执行、在什么地点执行、谁来执行等。

七、预算

预算是市场营销计划中非常重要的一个部分，它反映了企业这次营销计划的成本状况。在市场营销计划中，必须明确计划中的所有预算，对任何一个环节都不能放过，再小的数目也要统计出来，方便作为之后评测的依据。

【文案范例】

××品牌手机市场营销计划书

一、计划摘要

××品牌手机是一家以"音乐手机"作为卖点的多功能智能手机。随着现代社会的快速发展，智能手机的普及率越来越高，各种多功能手机层出不穷，"音乐手机"也应运而生,成为新一代年轻人最喜欢的智能手机之一。

今年 4 月,"××手机"新推出一款前置"1200 万像素"的多功能音乐手机,预计通过一系列的市场营销活动,将新款"××手机"的形象扩散至全国各地,打响首发的第一炮。

二、营销现状

随着市场经济的快速发展,人们的生活水平也在不断提高,对数码产品的需求也越来越大。而政府在全国各地实行各种改革措施,也让人们的购买力随之提高,从而促进了智能手机行业的发展。

"××手机"拥有 1 亿元的注册资金,财力非常雄厚,在中国手机行业中属于市场竞争力相当强大的一家智能手机企业。多年来,"××手机"一直致力于开发各种独特的功能,企业内部也培养了一批营销精英,有着相当丰富的营销经验,能够为此次营销活动提供很大的帮助。

三、机会和威胁

虽然智能手机的品牌层出不穷,但是以"音乐手机"为卖点的手机品牌却只此一家,而"××手机"的高像素功能更是市场上独一无二的优势。因此,只要针对这一特性进行大力宣传,相信"××手机"在市场上肯定会赢得更多的客户。

但是基于"××手机"的卖点来看,"××手机"的受众客户群明显较小,因为当初走的产品路线就是"年轻、自由、享受",所以和其他同行企业相比,"××手机"的消费群体就被大大限制了。

四、目标

从"××手机"之前的销售情况来看,"××手机"在市场上还是非常受年轻人欢迎的,甚至一些中年人也在逐渐加入,因此,今年的营销目标可以相对提高一点。

预计在年底销售手机 ×××万台;销售额达到 ×××万元。

五、营销战略

(1)目标人群:高中生、白领、爱音乐和爱自拍的年轻群体。

(2)产品定价:根据手机的内存和手机尺寸的大小进行定价。

(3)宣传类型:网络宣传、广告宣传等。可以选择当红明星作为手机品牌的形象代言人,以增加品牌的影响力和认知度,借助明星效应提高消费者的购买欲望。

（4）营销人员：××名。

（5）竞争对手：同行业内与"××手机"的外观、功能相似的手机品牌或者同等价位的手机品牌。

六、活动方案

（1）活动时间：×年×月×日—×年×月×日。

（2）活动主题："××手机"新款来袭。

（3）活动范围：全国各县市级手机卖场、手机直营店等。

（4）参与人员："××手机"全体销售人员。

（5）活动内容：多种促销手段或惊喜好礼相送等。例如，前100名购买手机者可以享受9折优惠等。

（6）风险预测：活动过程中可能会出现的状况等，要提前做好防范措施。

七、预算

广告预算：×××元。

场地预算：×××元。

明星代言费：×××元。

……

【写作要点】

一、做好市场调查

制订市场营销计划书是为了加大企业的宣传力度，赢得更多的效益。因此，在制订市场营销计划之前一定要对市场进行调查和了解，全面掌握市场的资料，保证市场营销计划的可行性和可操作性。例如，了解市场的人口密度、人群的文化程度、年龄层次以及当地的经济状况等；对市场的整体消费水平和能力要做详细的调查，分析是否符合企业产品的定位。

二、竞争对手分析

在制订营销产品计划书时一定要注意了解自己的竞争对手。明确自己的优势和劣势，以及竞争对手的优势和劣势，并做出详细的分析和比较，有针对性地进行营销宣传，避实击虚，增大自身产品的优势。很多时候，企业会把同类的产品都作为自己的竞争对手，其实不然，只有和企业产品价格相等、功能相似的企业才是重点竞争对手。企业只有找准竞争对手，才能突出自身产品的特性，赢得更多的消费者。

三、注重事实

最重要的一点是，市场营销计划书的制订一定要符合事实，不要模糊企业的劣势和缺点，要正视自己，明确自己的不足之处，及时做出整改和修正，制订符合自己情况的市场营销计划，开展有效的市场活动。避免自视甚高，盲目执行。

市场长期营销计划书

【写作导引】

市场营销计划指的是企业对市场营销环境进行调研分析，并根据得到的数据制订企业及各业务单位的市场营销目标。市场营销计划书就是企业对营销目标以及实现这一目标所应采取的策略、措施和步骤的明确规定和详细说明。

市场营销计划一般分为市场长期营销计划书和短期营销计划书。市场长期营销计划的期限一般是 5 年以上，其目的主要是确定企业未来的发展方向以及企业奋斗目标的纲领性计划。

一、计划概要

计划概要是企业对市场长期营销计划的简短摘要，目的是使阅读者能够迅速了解该计划的主要内容，抓住计划的要点。

二、营销状况分析

这部分内容主要是企业营销人员提供与市场、产品、竞争、分销以及宏观环境因素有关的背景资料，包括以下几点。

（1）市场状况。列举目标市场的历史发展现象以及现在的发展状况。

（2）产品状况。列出企业即将进行营销的产品状况，包括产品的成本、价格、利润等。

（3）竞争状况。识别出企业的主要竞争对手，并且分析竞争对手的情况，包括竞争对手的企业规模、营销目标、市场份额、产品质量、价格、产品营销方法等。帮助企业分析和了解竞争对手的发展方向、行为等，判断竞争对手的变化趋势。

（4）分销状况。企业根据自身的营销状况选择相应的分销渠道以及各个类型的销售渠道，并对其进行描述。

（5）宏观环境状况。营销人员对企业所处市场的主要宏观环境状况以及主要发展趋势做出简要的分析，包括人口因素、经济因素、政治因素、技术因素、社会文化因素等。

三、机会与风险分析

企业必须对计划期内市场营销所面临的主要机会和威胁进行调查和分析，包括对企业营销环境的优势和劣势进行系统分析。

四、制订营销目标

制订营销目标是企业市场长期营销计划的核心内容，企业在市场分析的基础上对营销目标做出决策，包括制订财务目标和营销目标。营销目标必须可以量化或者细化，以及注意目标的可实现性和合理性。

（1）财务目标。财务目标即确定每一个战略业务的财务报酬目标，包括投资报酬率、利润率、利润额等指标。

（2）营销目标。营销目标包括销售收入、销售增长率、销售量、市场份额、品牌知名度、分销范围等指标。

五、营销策略

企业制订长期的市场营销计划时，必须首先制订企业将采用的营销策略，包括目标市场选择和市场定位、营销组合策略等。企业制订的营销策略必须明确企业的目标市场是什么，以及企业将要采用什么样的产品和促销策略等。

六、行动方案

企业制订营销策略之后，可以对各种营销策略的实施制订详细的行动方案。例如，企业将要怎么做，什么时候开始做，什么时候可以完成，什么人来实行，包括具体说明每一时期应执行和完成的活动时间安排、任务要求和费用开支等。务必把营销策略落实到行动中去。

七、营销预算

预算是市场长期营销计划中非常重要的一个部分，它反映了企业长期营销计划的成本状况。在市场长期营销计划中，企业必须明确计划中的所有预算，对任何一个环节都不能放过，再小的数目也要统计出来，方便作为之后评测的依据。

【文案范例】

"××电器"市场长期营销计划书

一、计划摘要

"××电器"是一家以质量好、价格低作为卖点的多功能家用电器公司。随着现代社会的快速发展，人们对生活水平的要求越来越高，各种各样的家电企业层出不穷。而"××电器"就是众多电器企业中的一匹黑马，仅用了 10 年的时间就一跃成为中国电器市场上最受欢迎的电器品牌之一。

二、营销现状

随着市场经济的快速发展，人们的生活水平也在不断提高，对于家用电器的要求也越来越高。而政府在全国各地实行各种补贴的措施，也让人们的购买力随之提高，从而促进了电器行业的发展。

"××电器"拥有 10 亿元的注册资金，财力非常雄厚，在中国电器行业的竞争力非常强大。由于最近几年的强有力的宣传，更多的消费者知道了"××电器"的名字。

三、机会和威胁

虽然家用电器的品牌层出不穷，但是以价格低为卖点的电器品牌却很少，"××电器"正是抓住了这一市场竞争力，才能在众多电器品牌的光芒下打造出属于自己的市场，占据了大量的市场份额，俨然成为电器市场中的佼佼者。

但是"××电器"毕竟成立的时间太短，很多忠实于老品牌的消费者对于新兴品牌还存在顾虑，因此"××电器"品牌也面临着一个很大的威胁，就是竞争对手"YY 电器"。"YY 电器"已有 50 年的历史，是中国电器行业中一个众所周知的品牌，对于"××电器"来说有很大的威胁。

四、目标

从去年"××电器"的销售情况来看，"××电器"在市场上还是非常受消费者欢迎的，甚至其他一些企业的老客户也逐渐加入其中。因此，企业制订的长期营销计划目标必须有一定的难度。

长期销售目标：预计在 5 年内，"××电器"的品牌进军国际市场，并且企业的销售额能够达到每年 ××× 亿美元。

五、活动方案

略。

六、预算

略。

【写作要点】

（1）做好市场调查。制订市场长期营销计划书是为了让企业能够更好地发展，同时加大企业前进的速度。因此，在制订市场长期营销计划之前，要对市场进行详细的调查和了解，明确企业实行营销计划的目标市场。

（2）竞争对手分析。在制订市场长期营销计划书时一定要充分了解企业竞争对手的状况。明确自身企业与竞争对手的对比情况，优势在哪里，劣势在哪里，这样才能做出正确的判断，才能有效地制订营销计划。

（3）目标的可行性。企业的市场长期营销目标是企业基于市场状况以及自身情况的分析依据之上确定的，因此，企业在制订市场长期营销计划时，企业想要达到的营销目标必须具备可行性。

市场年度营销计划书

【写作导引】

制订市场年度营销计划书是为了让企业能够借鉴之前的营销经验和效果，对接下来的市场营销管理和销售进行规划，正确地带领企业领会年度营销计划的精神。市场年度营销计划书是企业进行年度营销计划的最终研究成果，是营销计划的书面文件。在通常情况下，制订市场年度营销计划书时要包括以下重点内容。

一、计划摘要

对市场年度营销计划书的主要内容做一个简明扼要的概括，以便阅读者能够快速了解计划书的内容。

二、营销状况

1. 市场状况

提供当前市场状况的有效数据，包括市场的发展趋势、市场的需求量等。

2. 产品状况

企业在过去几年中产品的主要销售量、效益等。

3. 竞争状况

企业需要分辨主要的竞争对手，包括它们的规模、目标、经营状况以及营销战略等。

4. 宏观环境

宏观环境的调研主要是对影响企业产品前途的各种宏观因素进行分析，包括人口环境影响、经济环境影响、政治环境影响、社会和文化环境影响等。

三、机会和问题

企业要从产品线出发，找出企业所面临的主要机会和威胁、优势和劣势以及产品面临的问题等。对这些数据进行分析，才能通过营销渠道来改变和解决企业面临的难题。

四、目标

企业必须对营销的计划做出决策，并且制订相应的营销目标，使其符合企业的发展趋势，这也是企业验证营销计划是否成功的关键依据。

五、营销战略

营销战略是企业制订市场年度营销计划最重要的一个部分，企业的营销战略制订得是否合适和完善，是决定企业营销计划是否成功的关键。在制订企业营销战略时，要经过大家共同协商和讨论，以保证营销计划实施的可行性。

六、实施方案

企业制订市场年度营销计划时，要对具体的实施方案进行介绍，体现出主要的营销具体实施过程。

七、预算

在市场年度营销计划中，要标明计划的预算。

【文案范例】

"××饮料"市场年度营销计划书

一、计划概要

"××饮料"是一款营养型饮料，自创立以来一直广受消费者的青睐。今年，本公司要继续保持销售和利润的高速增长，销售目标暂定为××万吨，利润目标为××亿美元。为了实现这一目标，必须扩大企业的规模以及消费者的需求量，因此企业必须加大营销力度，把淡季变成旺季，这样才能在原来的基础上获得更多的市场效益。

二、营销状况

1. 市场需求状况

目前市场上的消费者对于"××饮料"的需求量相对较高，据调查分析得知，"××饮料"在市场上的占有率为20%，预计未来一年将达到30%左右。营养型饮料主要的消费者群体为大中型城市的儿童、少年、女性消费群体，因为营养型饮料不但好喝，而且对身体很好，有保健功能，是消费者的最爱。最重要的一点是，产品的价格属于中档消费。然而在口味上，很多消费者不太喜欢，所以接下来需要企业对这一方面加以重视。

2. 竞争状况

目前本公司面对的主要竞争对手是 A 饮料企业。A 饮料是目前国内最大的饮料公司，企业的发展历史比"××饮料"更悠久，因此，很多消费者在选择品牌时会优先选择 A 饮料。而在对广大消费者的市场调查中，"××饮料"与 A 饮料的比例一直是不相上下。在新的一年的营销计划中，必须重视对竞争对手的竞争策略。

3. 客观环境分析

随着人们的收入越来越高，饮料尤其是营养型饮料和功能性饮料的品种越来越多，消费者的需求也越来越多。但是随着更多的饮料品牌进入市场，对于企业造成的竞争也是非常大的。

三、机会与问题

1. 优势

（1）企业在销售渠道和宣传上有很大的优势。

（2）企业有很强大的资金优势。

（3）企业的成本相对较低。

（4）本企业有区别于其他企业的独特特点——"可以加热的饮料"是其他企业没有涉足的。

2. 劣势

（1）本公司的目标市场太过窄小。

（2）本公司的产品线太过单一。

3. 机会

（1）消费者越来越重视饮料的营养价值。

（2）家庭消费市场的增长加快。

4. 威胁

（1）其他饮料品牌纷纷进入市场。

（2）其他饮料品种层出不穷。

（3）"××饮料"的口味受到限制。

（4）更多假冒伪劣产品抢夺市场。

四、目标

（1）总年度营销目标：企业的投资收益率增长 10%。

（2）总年度财务目标：企业的销售量达到 ×× 万吨；销售额达到 ×× 亿美元。

五、战略实施

企业将利用各种节日和招商的机会，拓展更多的市场，将企业的规模不断壮大，取得更好的业绩，让更多的消费者能够了解、认识企业的产品，从而选择购买。

1. 产品年度策略

由于企业的产品线相对单一，没有统一的规划，而目前市场竞争较为激烈。因此，在结合公司的实际资源情况下，对现有产品加以改进，打造高端营养型饮料，即加入更丰富的营养物质的饮料。

2. 价格年度策略

针对市场消费情况的调查，以及本公司产品的成本，将产品价格定在 ××× 元 / 瓶。建议全国统一零售价，不得出现随意更改的现象，以保证所有产品价格的统一性。

3. 经销渠道年度策略

结合目前本公司的经营状况，将选用可操控性经销模式，减少企业在市场竞争中受到的压力。而且在每个城市只设置一家经销商，以保证产品销售渠道的可操控性。

六、预算

略。

【写作要点】

（1）可执行性。在制订市场年度营销计划书时必须对市场进行调查和分析，通过对市场的调查和研究，掌握有效的资料，为后期制订的营销计划提供依据，保证企业年度营销计划的可执行性。

（2）针对性。企业的年度营销计划必须具备针对性，只有和企业旗鼓相当的同行才是企业需要重视的，因此在制订营销计划书前，要对市场或企业进行斟酌和筛选，并且有针对性地制订计划书，以达到企业的营销目标。

（3）正视自身。企业必须正视自身的优势和劣势，只有做到这一点，企业才能在市场开发或者营销计划中制订符合自身发展的实施方案，克敌制胜。

国际市场营销计划书

【写作导引】

国际市场营销计划指企业对自身发展情况与国际市场之间的各项经济活动进行详细的规划和安排，帮助企业充分发掘自身的优势和资源，利用自身的有利因素来组织企业在国际市场上进行营销活动，协调好企业与国际市场相关的各项工作，实现企业的国际营销目标的这一过程。

国际市场营销计划书的内容包括以下几个方面。

（1）目标的概述：企业目标的汇总情况、企业营销目标的汇总情况、企业特殊目标的概述等。

（2）企业现状分析：企业现今的市场状况、经营状况、企业的竞争对手情况、当前的政治现状等。

（3）企业的机会和威胁：企业的市场发展机会、企业的产品服务、企业相关的财务需求等。

（4）企业营销计划：计划的时间、计划的具体步骤、计划的预测等。

（5）计划的评价与控制：整体计划的财务控制、营销计划的成本控制、营销计划的目标评价等。

国际市场营销计划流程是一种企业管理的方法，在制订营销计划时，要懂得思考三个问题：企业的现状、企业打算进军的市场、企业将要实现的目标。任何企业在制订营销计划时，都不可避免地要思考这三个问题，这些问题是帮助企业对未来的市场进行预测和准备，让企业能够更好地发展下去。

国际市场营销计划的制订，主要包括以下几个步骤。

1. 信息的收集和分析

在制订国际市场营销计划前，要对市场的信息进行收集和分析，这是前提条件。企业只有了解市场的现状和发展历史，才能预测市场未来的发展。因此，在制订国际市场营销计划之前，一定要仔细地收集市场信息，充分把握各种市场信息，将这些信息转化为对企业有用的信息。

2. SWOT 分析

收集和分析市场信息之后，要根据市场的情况对企业自身的优势和劣势以及未来的发展潜力进行详细的分析，同时对企业的内外部环境的变化以及可能会给企业带来的机会和威胁进行分析。最后，利用企业自身的优势，把握住市场机会，补救企业的劣势，避开市场的威胁，选择合适的国际市场营销战略组合。

3. 制订国际营销目标

企业通过基本营销战略方法的特征分析企业所处市场的结构和特点，包括对竞争对手的分析以及企业具备的各项优势等，可以确定企业将要选择的营销战略模式，并根据企业的现状和条件对企业在市场中的占有率、品牌影响度、经销网络等进行判断，并确定企业的营销目标。

4. 基于国际营销目标制订的营销策略

企业在制订国际市场营销计划中，制订目标后，接下来最重要的就是如何实施企业的营销策略。如果企业有很好的优势，制订了很高的营销目标，但是没有一个正确的营销策略，那么企业的国际市场营销计划就会面临失败，企业会离营销目标越来越远。因此，企业在制订营销目标之后，一定要制订相应的营销策略或营销策略组合，这样才能保证企业的战略目标圆满完成。

5. 计划的制订和完成

企业的所有营销目标和营销策略制订好以后，企业国际市场营销计划的主要部分就完成了。接下来企业要做的就是对细节和流程等方面进行详细的观察和重视。一份真正可行的国际市场营销计划书不是一次就能制订成功的，而是要不断地修改和审核，不断地完善，才能达到要求。

【文案范例】

"××快餐"的国际市场营销计划书

一、引言

随着经济的快速发展，人们的生活节奏越来越快，甚至连吃饭的时间都开始大大减少，在这种情况下，快餐时代就应运而生了。快餐最早起源于美国，1921 年，美国有了第一家快餐店，其后美式快餐开始逐渐向欧亚扩张，经过这么多年的发展，已经逐渐趋向成熟。而中国的快餐业起步相对较晚，因此，"××快餐"要想进军国际市场，必须制订一份详细的国际市场营销计划。

二、营销环境分析

高效率的生活节奏不仅是现代人的生活方式，同时也是现代人的工作方式。对于国际市场来说，只要有人的地方就需要快餐。而国外很多人对于快餐的要求也很独特，他们不会过度地要求快餐美味，更多的是要求快餐简捷、便利等，尤其是上班一族，他们的所有食物基本上都是快餐。因此，对于国际市场来说，快餐是很有发展潜力的。我们必须把握好这样的机会，争取在国际市场站稳脚跟。

三、竞争对手分析

与"××快餐"竞争的两家最大的快餐产业，当属"×德基"和"×当劳"。这两家在国际市场上占有非常大的市场份额，其地位也是不可撼动的。如果我们要进军国际市场，不能与之硬碰硬，成为它们的竞争对手，而是要避开它们，在更多的其他小市场发展我们的产业。

据调查，目前国际市场上还有很多中小型快餐品牌。这类快餐品牌价格适中，覆盖范围小，知名度一般，我们可以和这类快餐品牌竞争。

四、营销策略组合

1. 连锁经营策略

要想获得更多的利润，必须增大企业的规模，不断地开拓新市场，增加企业的销量，让更多的人能够了解"××快餐"。

2. 促销策略

由于在国际市场上，我们属于新入驻的快餐品牌，很多当地的人还不太了解我们的产品，因此我们要加大产品的宣传力度和促销力度，吸引更多的消费者，扩大企业的品牌影响力。

3. 广告宣传

主要在国际网络、国际电视频道中增加宣传力度，聘请拥有更高知名度的国际知名人士作为企业的品牌代言人。

五、结论

在国际市场中，快餐是一个非常受欢迎的行业，但是相对的竞争也非常激烈。在这种情形下，要想站稳脚跟是非常困难的，因此我们要突出自己的优势，让"××快餐"能够在发展中逐渐为更多人知晓。

【写作要点】

（1）国际市场调查。国际市场营销计划是为了让企业在国际市场上能够顺利发展而制订的，因此对于国际市场营销计划来说，最重要的就是做好国际市场调查，这样才能保证企业快速地在国际市场上站稳脚跟。

（2）竞争对手分析。做好国际市场调查之后，要对市场上的竞争对手进行详细的分析和了解。知己知彼，方能百战不殆。

（3）实事求是。企业在制订国际市场营销计划时一定要实事求是，不要用虚假的数据和结果来掩盖自身的不足，而是要明确自己的短板，及时做出改正，才能有效地制订国际市场营销计划。

第3章
市场调查文案

市场调研计划书

【写作导引】

市场调研计划书，就是指企业为了确保对市场进行调研活动时能够顺利开展而提前制订的文书。通常情况下，市场调研计划书必须内容详细、立场客观，这样才能保证对后期展开市场调研起到有效作用。

市场调研计划书包括以下几个方面内容。

一、摘要

对即将进行的市场调研活动做一个高度概括的总结。用简练的语言，简明扼要地阐述计划书的基本内容。

二、目的

调查目的是此次市场调研活动想要达到的目标任务、想要解决的问题等，调研活动的每一个环节都是围绕这个目的来进行的。在进行市场调研活动时，必须明确调研的目的，否则会给整体活动带来不好的影响。

三、内容

内容包括对本次调研活动的内容进行详细的描述、说明调查的主要内容、规定所要寻找的信息，以及主要的调查问答题和相关的理论假设。

四、调查范围以及调查对象

在制订市场调研计划前，要确定调研的范围和对象。不可能对每一个地区或者对象都做到全面调查，因此要从中选择若干极具代表性的样本，以供研究。

五、调查法

由于每次市场调研想要研究和调查的目的、对象不同，所采取的调查方法也会不同。在进行市场调查之前，一定要选择合适的调查方法，这样才能保证调查结果相对准确。一般来说，调查方法分为观察法、访问法、实验法等。

六、时间

在进行市场调查之前，必须提前选择好进行调查工作的时间，这样才能保证整个调查工作合理有效进行。

七、预算

在市场调研计划中有三个重要内容，即样本、经费、人员。经费是其中的重要因素，经费影响着企业进行市场调研的成本，因此在制订市场调研计划时，一定要尽可能考虑到各方面因素，以免在之后的调查过程中出现经费短缺的状况。

【文案范例】

×× 健身房市场调研计划书

一、前言

随着经济的快速发展，人们的生活水平越来越高，人们不但追求各种各样的消费体验，也更加注重自己的身体健康状况。在这样的客户心理影响下，健身房作为人们的健身首选场所越来越受到欢迎，发展空间也越来越广阔。

某连锁健身房决定扩大自己的经营，在 A 市成立一家"×× 健身房"品牌连锁经营店。为配合"×× 健身房"顺利进入 A 市，必须提前对 A 市的营销环境进行调查、评估，并根据调研结果来制订合适的广告策略及营销策略。因此，"×× 健身房"相关营销人员决定从市场、竞争者、消费者三个方面来进行调研。

二、调查目的

（1）为该连锁健身房能够成功打入 A 市，以及新店开业之后的广告宣传等一系列活动，提供客观有效的依据。

（2）为该健身房制订销售策略提供客观有效的依据。具体从以下五个方面进行。

① 了解 A 市健身房市场环境的真实情况。

② 测算 A 市对健身感兴趣的消费者人数，以此来评测健身房市场的潜力和

容量。

③了解 A 市消费者对健身和运动的看法以及消费习惯。

④了解 A 市消费者中已经成为当地现有健身房会员的情况。

⑤了解竞争对手在健身房广告宣传上的力度和经营策略。

三、市场调查内容

1. 消费者

（1）按照消费者的年龄、性别、收入、消费水平、家庭等方面进行调研统计。

（2）按照消费者的健身方式、健身习惯、健身频率、健身地点等方面进行调查。

（3）按照消费者曾购买健身卡、购买门店、购买套餐等方面进行调查。

（4）询问消费者对健身房的看法。

（5）了解消费者对健身房宣传方式的看法和意见。

2. 市场

（1）调查 A 市健身房的品牌、地点、经营状况。

（2）调查 A 市消费者对健身房的真实需求及消费水平。

（3）调查 A 市健身房的营销渠道状况。

3. 竞争对手

（1）了解 A 市现有的健身房，以及健身房的品牌、规模和套餐。

（2）对不同品牌、不同地点的健身房门店的主要消费者进行详细描述。

（3）竞争对手的广告策略和销售策略。

四、调查对象及抽样

因为健身房属于新兴健身场所，尤其准备进入 A 市市场的"××健身房"属于高端企业的连锁品牌，消费水平比较昂贵，很多爱健身的工薪阶层朋友支付不起，一般面对的消费者都是经济能力相对比较高的人群，所以在进行对象调查时，一定要选择合适的目标消费人群。调查对象组成及抽样如下。

消费者：500 人，其中消费者月收入 10000 元以上的占 60%。

消费者样本要求如下。

（1）接受调查的人员中没有人在其他健身房办了会员。

（2）接受调查的人员中没有人在相关市场调研公司任职。

（3）接受调查的人员中没有人在相关广告公司任职。

（4）接受调查的人员中没有人在最近半年中接受过类似健身行业的市场调研测试。

五、市场调查方法

市场调查方法主要以访谈调研法为主。对访员要求如下。

（1）五官端正，仪表整洁，举止得体、大方，态度亲切，语言沟通能力较强。

（2）进行过专门的市场调研问答培训，具备专业素质。

（3）具有市场调查访谈经验者优先。

（4）对待工作必须认真、负责、热情。

六、市场调查时间

×年×月×日—×年×月×日（节假日），人口相对密集。

七、经费预算

略。

【写作要点】

（1）针对性。市场调研计划必须具有针对性，营销人员在制订市场调研计划前要注意两个方面：一是制订的市场调研计划书一定要详细，明确调查的内容和目的。任何市场调研计划都是有目的的，要么是解决某一类问题，要么是说明某一类现象。二是市场调查一定要明确调查对象，调查的对象不同，他们的关注点也不同。

（2）新颖性。在制订市场调研计划时，要有了解市场活动的新主题、新思路。不要照搬别人的调研方法，要有企业自己的特色，要足够吸引调查对象的目光和兴趣，这样才能确保市场调研得到相对准确的结果。

（3）时效性。市场调研并不是任何时候进行都合适的。有些时候，市场调研没有选择合适的时间，调查结果就没有了用处。企业一定要选择最合适的时间，这样才能及时了解信息，确保市场调研结果具备时效性、准确性。

市场调查问卷

【写作导引】

企业在进行市场营销活动前，必须事先对市场进行调查。企业只有经过详细、客观的调查之后，才能制订真正符合企业发展的营销活动。而在企业进行市场调查时，问卷调查法是最常用的一种调查方式。

企业通过调查问卷的方式对调查对象进行全面、客观的了解，往往能够帮助企业制订有效的营销活动；在调查过程中，还可以培养双方之间的好感度，达到意想不到的结果。但是必须注意的是，调查问卷的问答设计一定要新颖、有趣，这样才能吸引调查对象的兴趣，使其愿意接受调查。

随着互联网时代的快速发展，人们的生活节奏也越来越快，很多时候，人们不愿意停下脚步做一份调查问卷。因此，营销人员一定要把传统的问卷调查方法与网络联系起来，让调查进行得更加顺利和圆满。

一份完整的市场调查问卷并不是随随便便设计几个问题，而是包含具体的题型、结构、版式等。虽然每份问卷的问答题都不相同，但是在结构上，一般都是由开头、甄别、提问、背景和结尾构成的。

一、开头

问卷的开头是指问卷的标题、编号、问候语、填写说明等。

（1）标题。问卷整体要达到高度简洁、明了。因此标题的设计一定要用词准确，让调查对象一目了然；不要过多地修饰、夸大，应该简明扼要，点明主旨。

（2）编号。无论是纸质问卷还是网页问卷，都要制订问卷编号，包括问卷编码、访问员的编号、审核员姓名、录入员姓名、访问时间等，证明此次调查问卷的真实性。

（3）问候语。问候语的作用一方面是表示对调查对象的礼貌，另一方面是消除调查对象的提防心，让对方愿意参与其中。问候语包括称呼、基本的问候语、访员的自我介绍以及本次调查的目的、保密工作、致谢、署名和日期等。

（4）填写说明。帮助、指导调查对象完成问卷。问卷中有些题目需要特别回答或者有特别要求时，需要在题目之后注明填写要求。除此之外，填写要求应尽量放在问卷前面，方便调查对象阅读。

二、甄别

问卷中甄别部分的主要作用就是寻找符合调查对象要求的目标，筛选到合适的调查对象，也可以称作筛选。

三、提问

提问是调查问卷的主体，是问卷中的重要一个环节，它的质量会影响调查问卷的结果。问题的表现形式一般分为问答题、单项或多项选择题等。

四、背景

问卷背景通常放在问卷的末尾，也可以放在问卷的开头。主要内容包括调查对象的个人资料，比如其性别、年龄、收入、婚姻状况、所在城市等。可以根据具体调查问卷的目的进行合理设计。

五、结尾

问卷的结尾主要记录调查对象对调查问卷的个人看法、感受以及建议等，以帮助访员了解调查情况。

【文案范例】

×× 品牌汽车用户体验调查问卷

编号：BJ000188

亲爱的客户，您好！我们全体工作人员对您愿意参与本次问卷调查表示衷心的感谢！本次调查的主要目的是研究"××品牌汽车"用户体验，从而不断改进、优化产品，以带给"××品牌汽车"用户更完美的体验。本次问卷共两部分，18道题。填写整套问卷只需耽误您几分钟的时间，谢谢您的配合。

对本次调查问卷的内容我们会遵守保密原则，不会外泄，请您认真填写！

一、选择题

1. 您的性别是？

（　）男

（　）女

2. 您的年龄？

（　）18 ~ 28 岁

（　）29 ~ 39 岁

（　）40 ~ 50 岁

（　）50 岁以上

3. 您的月收入是？

（　）目前没有收入

（　）5000 元以下

（　）5000 ~ 10000 元

（　）10000 元以上

4. 您驾驶"××品牌汽车"大约有多长时间？

（　）一年以内

（　）一年以上

5. 您是通过什么渠道了解"××品牌汽车"的？

（　）门店介绍

（　）社交网站

（　）报纸、杂志等的广告宣传

（　）朋友或亲人介绍

6. 您觉得"××品牌汽车"哪方面的特点吸引您购买？（多选）

（　）耗油量低

（　）外观漂亮

（　）性能稳定

（　）保修服务

（　）价格优惠

（　）其他_____（请详细描述）

7. 在驾驶"××品牌汽车"的过程中，您对它的哪方面最满意？（多选）

（　）操控性

（　）安全性

（　）动力性

（　）舒适性

（　）其他_____（请详细描述）

8. 在驾驶"××品牌汽车"过程中，您对它的哪方面最不满意？（多选）

（　）操控性

（　）安全性

（　）动力性

（　）舒适性

（　）其他_____（请详细描述）

9. 如果"××品牌汽车"决定提价，您能接受的最高提价范围是？

（　）10000 元以下

（　）10000 ～ 50000 元

（　）50000 ～ 100000 元

10. 您是否会持续关注"××品牌汽车"的最新动态？

（　）是

（　）否

11. 除了"××品牌汽车"，您还关注哪些汽车品牌？（多选）

（　）奔驰

（　）宝马

（　）奥迪

（　）福特

（ ）大众

（ ）其他_____（请详细描述）

12. 您觉得"××品牌汽车"的最大竞争对手是谁？

（ ）奔驰

（ ）宝马

（ ）奥迪

（ ）福特

（ ）大众

（ ）其他_____（请详细描述）

13. 您对"××品牌汽车"的未来展望是怎样的？

（ ）一般

（ ）前景乐观

（ ）不是很乐观

（ ）悲观

14. 您接受过"××品牌汽车"的售后服务吗？

（ ）是

（ ）否

15. 您觉得"××品牌汽车"的售后服务如何？

（ ）满意

（ ）不满意

16. 您是否愿意贷款购买"××品牌汽车"？

（ ）是

（ ）否

17. 请问您对于本次调查问卷活动还满意吗？

（ ）满意

（ ）不满意

二、简答题

18. 请问您对于"××品牌汽车"，有什么想说的话或者什么样的建议？（请根据真实感受回答）

_____

_____

【写作要点】

（1）明确六要素。在设计调查问卷时，要保证所有问题清晰明了，牢记六个要素，即什么时间、什么地点、什么人、做什么、为什么做、如何做。根据这六个要素进行问卷设计，可以保证调查对象一目了然，不会产生歧义。

（2）逻辑要清晰。问题的设计和排列要有逻辑，要懂得跟着调查对象的思路来设计问题，不能想到哪个问题就填上哪个问题，要有一定的规律和逻辑可寻，前后连贯，先简后难，避免由于混乱的逻辑造成调查对象的反感和排斥。

（3）用词要严谨。在问题中不要使用过多的口语或不确定的形容词，否则会让调查结果大打折扣。运用定量的描述来代替形容词，既准确又严谨。

问卷调查分析报告

【写作导引】

问卷调查分析报告指企业在对调查对象进行问卷调查之后，对调查出的结果进行分析，并且用书面材料的形式将问卷调查的分析结果书写出来。

一般情况下，问卷调查分析报告主要包含以下内容。

一、问卷调查分析报告的标题

标题通常有两种写法。一种是规范化的书写格式，比如"××关于×××的问卷调查分析报告""关于×××的问卷调查分析报告""×××调查"等。第二种是自由式标题。自由式标题包括陈述式、提问式和正副题结合使用三种情况。陈述式标题的格式如《××大学毕业生就业情况问卷调查》；提问式标题的格式如《为什么××企业的产品如此受欢迎》；正副标题结合的格式一般为：正标题陈述问卷调查分析报告的主要结论或针对某一现象提出的中心问题等，副标题一般会标明问卷调查的对象、范围、问题等，如《××企业发展重在技术建设——×××部门问卷调查分析报告》等。

二、问卷调查分析报告的主要内容

调查时间：××。

调查地点：××。

调查对象：××。

调查方法：××。

调查人：××。

调查分工：××。

三、问卷调查分析报告的正文

正文部分一般包含前言、主体、结尾三部分。

1. 前言部分

前言的书写有三种格式：第一种是描述进行问卷调查的起因或目的、问卷调查的时间和地点、问卷调查的对象或范围、问卷调查的经过与方法，以及问卷调查小组人员等，从中引出问卷调查的中心思想或基本结论来；第二种是描述问卷调查对象的历史背景，发展经过等基本情况，进而提出问卷调查的中心思想或基本结论；第三种是开门见山，直截了当地概括出问卷调查的结果。

2. 主体部分

主体部分是问卷调查分析报告中最主要的部分，在这一部分，要详细描述问卷调查研究对象的基本情况、具体操作过程、得到的经验，以及分析问卷调查结果所得出的各种具体认识、观点和基本结论。

3. 结尾部分

问卷调查分析报告的结尾格式也有多种写法，可以对问卷调查分析出的结果进行提问和总结，也可以是企业下一步工作的建议和意见，或者是对问卷调查的整个内容的总结，也或者是提出问题，引发人们的下一轮思考等。

【文案范例】

"××房地产"调查问卷分析报告

调查时间：20××年×月×日—20××年×月×日。

调查地点：W市。

调查人："××房地产"营销小组。

调查负责人："××房地产"营销经理。

调查对象：W市居民。

调查方法：随机抽样调查。

调查分工：调查问卷由"××房地产"营销小组×××负责，全体员工讨论通过。

报告整理："××房地产"文员×××。

问卷调查分析报告结果如下。

一、问卷调查的背景

在2017年的下半年，W市召开了第十届房地产博览会，"××房地产"协同W市的"民声电台"针对参加本次博览会的W市居民展开了关于购房置业的问卷调查活动，真实地反映了 W 市的购房者的消费心理情况。

二、问卷调查的目的

为了能够了解 W 市居民的购房心理、购房计划以及购房预期，"××房地产"决定对 W 市的居民进行一次全面而又详细的问卷调查，帮助企业在接下来的购房风潮中能够稳定地把握住风向标。

三、问卷发放和回收情况

本次"××房地产"针对 W 市的房地产博览会发放的问卷调查共计 2000 份，其中回收了 1912 份，有效问卷为 1897 份。

四、问卷调查结果分析

（1）房地产博览会上参加者主要以中年人为主。和以往房地产博览会不同，此次参加问卷调查的人员中，年龄大部分在 40 岁左右，其中 25 岁到 40 岁的人群占总人数的 50%，而 40 岁到 50 岁以上的人群占 35%。其他年龄层占总人数的 15%。图（略）

（2）房地产博览会上参加者主要以公司职工为主。在对问卷调查对象的身份进行整理分析之后，我们发现此次参与问卷调查的人员多以公司职工为主，其中教师、医生一类职业的人员占总人数的 5%，公务员占总人数的 3%，个体经营者占总人数的 17%，其他职业的人员占总人数的 75%。图（略）

（3）六成以上的参与者的购房目的为改善居住环境。经过调查，我们发现，自己购买房产为结婚使用的和父母为子女准备婚房的共同比例为 25%，购买房产用来增值的比例为 19%，而购买房产用来改善居住环境的比例占 56%。图（略）

（4）购买房产的资金来源靠自己支付的对象最多。在购买资金来源这一问卷调查上，我们发现，主要依靠父母或者其他人资助的购房者的比例占 10%，而完全依靠自己工作存款支付费用的购房者的比例占 55%，其他支付方法要么是贷款，要么是自己支付一半，父母支付一半。而这种情况也与本次参与问卷调查的对象普遍年龄较大，拥有完全支付能力有关。图（略）

（5）希望购买房产地段中城南地区最受欢迎。在对问卷调查结果进行分析之后，我们发现参与问卷调查的对象中，喜欢城南区域的占总比例的 32%，喜欢城北区域的占总比例的 23%，喜欢城西区域的占总比例的 20%，喜欢城东区域的占总比例的 15%，喜欢其他地区的占总比例的 10%。图（略）

五、结论

从本次调查结果来看，"××房地产"位于 W 市的城南和城东交界处，是消费者相对满意的一个地段，且小区周边设施齐全，绿化环境也相对较好，虽然不是消费者心目中最满意的地段，但是也占据相对优势。

【写作要点】

（1）图文并茂。写问卷调查分析报告时会涉及很多数据，这些数据可以采用图表或者表格的方式展示出来，这样可以让阅读者一目了然，提高阅读速度和理解能力。

（2）结构完整。问卷调查分析报告没有统一的格式，但是在书写时我们也要注意报告的布局要恰当，结构要完整，按照一定的顺序进行观点或者结论的阐述。做到有头有尾，首尾呼应。

（3）通俗易懂。问卷调查分析报告就是要让阅读者能够清晰明了地知道问卷调查的结果，以便企业能够做出相应的营销对策，因此在叙述上，提倡采用通俗易懂的语言，不要滥用一些深奥的专业名词。

市场调查报告

【写作导引】

市场调查报告是企业根据市场调查研究活动的结果，写出的一份完整的、客观的书面报告。对于企业来说，市场调查报告有两点重要之处，一是有利于企业掌握市场的最新动态、竞争对手的经营状况、消费者心理等，这样才能保证企业在激烈的市场竞争中占据有利地位；二是还能帮助企业清晰地判断自身的实力，了解自身的经营状况，明白自身的短处，扬长避短，根据调查结果做出相应的营销策略，从而实现企业价值最大化。

在撰写市场调查报告时一定要注意做到语言简练，条理清晰，让阅读者能够一目了然。一般来说，市场调查报告分为以下三种。

一、市场需求调查报告

市场需求调查报告主要研究市场对于企业生产的产品的需求量和需求因素，包括购买力、购买动机和潜在需求这三个方面。购买力就是消费者的购买能力，也是市场需求调查报告的首要任务，购买动机就是消费者对于产品的需求，这就要求企业在调查中能够使潜在需求变成现实需求。

二、竞争对手调查报告

竞争对手调查报告主要针对企业的同行竞争对手，包括调查竞争对手的经营状况、竞争对手的创新能力、竞争对手的发展方向等。企业通过对竞争对手的调查和分析，找准自己的优势和劣势所在，并且制订相应的竞争策略，从而提高市场竞争力，战胜竞争对手。

三、经营政策调查报告

经营政策调查报告主要是企业针对公司生产的产品、价格、质量、营销策略以及售后服务等方面进行调查，而这类调查报告的目的是帮助企业更好地了解消费者对于企业的印象，以及消费者是否适应企业的营销策略等。

当然，无论是哪一种调查报告，在撰写报告格式上都是相同的，一般来说，市场调查报告由以下几个部分构成。

1. 标题

标题是对调查报告的概述，常为公文式标题，也可使用双标题的格式。

2. 目录

企业在进行调查报告分析时，如果调查的内容很多，可以适当给调查报告设计目录，这样既能保证调查内容不会遗漏，也能方便阅读者阅读。

3. 引言

引言是对所调查的内容的简明概括，包括与调查相关的所有情况，如调查目的、时间、地点、对象和范围等，也可以是对市场调查报告的基本观点或结论进行概述。引言的目的就是引起读者的兴趣，吸引读者深入阅读。

4. 正文

正文是市场调查报告的主体部分，包括调查情况和调查者的观点。在撰写报告的过程中，企业应根据实际资料进行合理排序，用来增强报告内容的逻辑性，正文应具备以下内容。

（1）基本情况。基本情况包括调查对象的历史情况和现实情况。简要地对调查对象进行历史回顾，可以更好地帮助企业总结调查对象的发展规律，基于此，在对调查对象进行现实情况介绍时，也能承上启下，帮助企业更客观地判断调查对象的现实情况。

（2）前景预测。市场调查虽然不是为了对市场进行前景预测，但是在反映市场现状的基础上，可以简略地对市场进行前景预测，展望其市场前景，作为企业参考的依据。

（3）措施建议。在对调查对象进行详细调查之后，接下来要做的就是提出措施和建议，需要注意的是，措施和建议既要有针对性，又要具有可行性。

5. 结尾

结尾是调查报告的结束部分，也是对前言的照应，在结尾处主要是强调观点，加深阅读者的认识。

【文案范例】

"××品牌"功能性饮料市场调查报告

一、引言

"××品牌"饮料创建于1990年，发展至今，已经成为中国目前市场上最大、销售量最高、效益最好的食品饮料有限公司。近两年，中国食品饮料的年销售量持续增长，在销售量增长的同时，饮料的品种也越来越多样化，消费者的选择也更多。

由于企业发展历史的原因，"××品牌"饮料的发展主要集中在中国的二、三线城市以及一些农村市场，但是随着企业的规模不断扩大，企业需要对当下的食品饮料市场进行详细的市场细分，以进一步扩大市场份额，因此，"××品牌"饮料推出了一种功能性饮料，想要占领中国一线城市，扩大企业的市场份额。

二、调查部分

1. 公司市场现状

"××品牌"的功能性饮料在中国A市市场的认知情况：经调查，A市饮料市场有70%以上的消费者表示第一次听说"××品牌"功能性饮料；而在10～20岁的学生消费群体中，有54%以上表示听过"××品牌"功能性饮料；在20～40岁的年轻群体中，有80%以上的人知道"××品牌"功能性饮料；而40岁以上的消费者，有92%以上的人没有听说过"××品牌"功能性饮料。

2. "××品牌"的功能性饮料的促销方式

据调查，熟知"××品牌"的功能性饮料的90%以上消费者是通过电视台插播的广告了解的，这充分说明"××品牌"的功能性饮料通过电视广告来进行品牌宣传的策略是成功的。但也因为宣传方式太过单一，导致受众面又过于窄。

3. "××品牌"的功能性饮料的价格定位

据调查，20～30岁的消费者中，80%以上的消费者表示能够接受当下的价格。但是10～20岁的消费群体表示价格稍微有些高。

4. 主要竞争对手调研

"××品牌"的功能性饮料的竞争对手：目前在功能性饮料市场上，"××品牌"的功能性饮料的主要竞争对手是"YY"。在对"YY"品牌进行调查之后发现，它的年度销售量是"××品牌"的功能性饮料的4～5倍。

5. 措施建议

（1）调研结论。"××品牌"的功能性饮料可以把15～35岁年龄段的人群作为目标消费群体。

（2）存在问题。"××品牌"的功能性饮料广告宣传模式太过单一，知名度不够，要加大企业的品牌宣传力度。

【写作要点】

（1）实事求是。企业在进行市场调查分析时一定要坚持实事求是的原则，这样才能保证调查报告的真实性和权威性。

（2）统一观点和材料。调查报告的撰写不能只满足于网上的资料，而是要有自我的观点和依据，保证二者相互依存，相互补充。观点统率材料，材料说明观点，切忌观点和材料脱节，更要防止二者相互抵触。

（3）做好总结。在调查报告的结尾一定要深入分析，对调查对象做好措施和建议，不能单纯地停留在陈述事实上，而是要从调查结果中提出全面周到的结论和建议。

营销决策方案

【写作导引】

营销决策方案指的是企业在选择目标市场之后，在接下来的产品、价格、品牌和销售等活动中，把在营销过程中发现的那些有价值、有前景的营销方法提供给企业领导者所形成的一种建议性文书。

营销决策方案是企业在发展过程中，克服盲目和主观的有效措施，能够对企业起到积极影响作用。在现在竞争激烈的市场中，企业如果竞争力弱，经济效益不好，营利能力差，就必须遵循科学的决策原则，运用有效的决策方法，使企业强大起来。

企业营销决策方案按照内容可以分为企业产品决策方案、价格决策方案、促销决策方案和分销渠道决策方案等。按照内容的写作范围分类可以分为微观决策方案和宏观决策方案。按照其作用的写作范围可以分为促进式决策方案和反馈式决策方案。按照其写作性质可以分为确定性决策方案、非确定性决策方案、风险型决策方案、竞争型决策方案等。

营销决策方案在写作结构上，分为以下几个部分。

一、标题

标题是由主体内容和文体组成的，标题内容要做到简洁明确，文种也要名称明确。对于要求不是很严格的报告来说，也可以用表明其文体性质的称呼来代替。有时"营销决策方案"也可以用"对策""策略""战略"等一类的文体性质称呼来取代文种。

二、正文

正文部分是报告最重要的部分，一般分为引言、主体两部分。

1. 引言

引言又可以称为导语、导言等，作为营销决策方案报告的开头，这部分在写作中，要简要概述与标题内容相关的问题。一般营销工作者在报告的引言部分会对撰写报告的目的、解决问题的办法等进行描述。

2. 主体

营销决策方案的关键内容是要突出既定目标、追求优化、选择方案、实施方案等，包括小标题的归纳、主体内容的叙述以及小结等。

在小标题的归纳上，要注意结构最好相似，字数最好相同。小标题的要求要能概括出新意，以及明确反映出所写部分的全部内容。

在主体内容部分，常常把内容叙述和小结相结合，根据企业的材料围绕每一个内容进行阐述，以便阅读者明白其内容的合理性，作为议论阐述和小结的基础，以求真实性。但是在这部分的书写上，并没有固定的格式，可以根据材料和目的的不同，做出改变。

三、结尾

营销决策方案的结尾多用来总结全文，或者补述某些内容，强调某些观点等。

【文案范例】

"××公司"产品决策方案

一、引言

本次决策报告主要是"××公司"依据企业营销诊断阶段定量与定性分析，结合市场的现状以及竞争对手的情况，提出面对新阶段"××公司"新产品的决策方案。

二、新产品上市的市场分析

市场调查结果显示，低度酒的市场潜力是十分巨大的，而随着消费者对于健康与养生的重视度增加，以及生活的日益享受，人们对于低度酒的消费需求越来越大，而"××公司"的××产品就是这样一种基于市场需求而研发的新产品。

目前，在低度酒这一块还有很多的市场潜力没有被开发出来，以中国南方为例，人们对于低度酒的认知还只停留在葡萄酒和米酒一类，但是这些酒类明显度数太低，并不能满足消费者的需求。因此，低度酒的市场还有待开发，并且开发的潜力还非常巨大。我们应该对这些待开发的市场和消费者进行产品引导，使目标市场更加明确化。

三、新产品的普及程度

目前对于低度酒的使用率相对较高的是葡萄酒等果酒，但是这类酒的市场占有率只有 5%，很明显还有很大的市场潜力没有被开发出来。低度酒对于人们的身体健康有帮助，而且又不同于葡萄酒等果酒度数过于低，可以说 ×× 产品是能够满足大众消费需求的一款低度酒。因此，应该通过提高低度酒的使用率来扩大市场容量。

四、新产品决策方案

1. 酒精饮料

研发一种"饮料型低度酒"，既是饮料又是酒，但是又不同于葡萄酒等果酒那么普通。这是一种有度数的碳酸饮料，并且度数低，不会对人体健康造成伤害。

2. 口味丰富

消费者对于酒的需求会受到季节、场合、喜好等不同因素的影响，因此，酒精型饮料的口味也相对于葡萄酒等低度酒更加丰富，有各种水果口味的酒精饮料，有具备保健功能的酒精饮料，也有纯粹的酒精饮料，可以满足各种消费阶层的需要。

五、新产品宏观环境分析

目前我国饮料的人均消费量在 ×× 升（立方分米），仅为世界人均平均消费水平的 1/5；酒的人均消费量在 ××× 升，也不到世界人均消费水平。据相关市场调查发现，超过 70% 的消费者在采访中表达了对酒精型饮料的需求，对于饮料工业来说，研发酒精型饮料起到非常重要的积极作用。

六、总结

现如今低度酒市场越来越受欢迎，我们应该抓住机会，顺应市场的潮流，调整企业的营销策略，尽快研发新产品以配合市场和消费者的需求，提高企业的效益，取得更大的成功。

【写作要点】

（1）客观性。营销决策方案是围绕着企业既定的营销目标来写的，其目的是为企业提供客观、真实、可靠的依据，企业以此作为未来营销实践的基础，因此，在占用大量数据和资料的前提下，必须保证其客观性。

（2）高效性。企业进行营销决策的目的是保证市场开发或者营销活动成功，取得规模经济的优势，保证企业的发展，产生更好的效益和利润，因此在撰写过程中要重视决策方案的高效性。

（3）新颖性。新颖性是企业制订营销决策方案的前提条件。企业只有不断地创新才能满足市场和消费者的需求，对于企业来说，占领市场的关键就是创新，只有创新才能帮助企业开辟出一条新的发展道路。

第4章
市场分析文案

市场分析报告

【写作导引】

市场分析报告属于市场调查研究报告的文体范畴。市场分析就是要客观地对企业的市场环境情况进行调查，包括调查的背景、时间、地点、过程和结果等。把调查之后的分析和结论加以整理，进行综合的分析、详细的记录，然后报告给相关部门或者读者。这种文字表述方式就是帮助读者认识市场、了解市场、掌握市场的主要工具之一。

市场分析报告主要是对各个行业的规模、市场现状、市场信息、市场的未来发展等资料进行详细的分析。它主要根据企业产品的市场情况、竞争对手和竞争力等对企业市场情况进行调查和预测，分析企业的产品是否能够吸引客户，以及采取什么样的营销战略才能实现销售目标，赢得更多的效益。

市场分析报告主要包括以下几个要点。

一、标题

标题一般分为两种形式：公文式和新闻报道式，一般用一句话表示最为合适。在撰写分析报告时可以使用单标题，也可以使用双标题。双标题一般分为正题和副题，正题是用来概述分析报告的主旨的，副题是点出分析的对象、内容的。

二、导语

导语也可以称作前言、开头。市场分析报告必须有导语，这样才能说明此次市场分析的目的、对象、范围、结论等，可以有所侧重，不必面面俱到，但一定要按照市场分析的主旨内容进行概述，扣住主题，使读者能够有总体的认识。语言表达要吸引人，让读者有阅读的欲望。

三、主体

主体是市场分析报告的主要环节，这部分内容要突出调查分析的主要情况、过程、经验或遇到的难题等。如果分析的内容较多、篇幅较长，要合理地把它分成若干部分，用号码标注好，加上小标题，方便阅读。主体部分有以下四种基本结构。

（1）分述式。这种书写方式主要从事物的多角度、多侧面进行分析，是一种多向思维的描述方式。

（2）层进式。这种方式表现为一层一层地对事物进行逐层分析，是一种收敛性思维方式，能够挖掘出事物的根本。

（3）三段式。这种方式是把报告的主体分成三个部分，即现状、原因与对策。

（4）综合式。这种方式是把上述所有结构融合在一起，加以综合运用。

四、结尾

结尾的写法一般有以下几种。

（1）自然结尾。有时候主体已经把观点或建议阐述清楚了，这时可以直接作为结尾，不必再专门加上结尾。

（2）总结性结尾。为了加深读者对分析报告的印象，深化主题，总结前文，强调观点和意见，要做出结论性的收尾。

（3）启示性结尾。可以在写完报告后，对某些问题进行提问，引起读者的思考。

（4）预测性结尾。对调查结果进行分析后，做出预测性的结尾，以扩展主题。

【文案范例】

"××水果"市场分析报告

一、前言

随着天气逐渐变暖，人们对水果的需求也越来越大，水果含有很高的营养成分，能够补充人体的各种营养，而且水果种类也丰富多样，能够满足人们的不同口味。所以"××水果"公司准备对水果市场进行调查，分析出哪个消费市场存在更大的潜力，以便公司采取相应的营销策略，为企业赢得更大的效益。

二、调查目的

1. 了解 A 市人们对水果的需求

2. 了解 A 市人们在水果方面的消费情况

3. 了解 A 市的人口数量，预测水果市场的容量及发展潜力

三、调查数据分析

1. 对调查对象的性别进行分析

由于 A 市购买水果的人的男女比例约为 3∶7，基于客观实际，所抽取的调查对象中，男性占总人数的 29%，女性占总人数的 71%。

2. 对调查对象对水果的喜爱程度进行分析

经过对 A 市人口的抽样调查，得出以下结果：

76% 的人喜欢吃水果；

20% 的人对水果感觉一般；

4% 的人不喜欢吃水果。

从调查结果分析来看，大多数人喜欢吃水果，所以水果市场很有发展前景。

3. 对消费者的购买行为进行分析

对 A 市购买水果的消费者进行调查后，发现以下问题：

40% 的消费者关注水果的口味；

25% 的消费者关注水果的价格；

20% 的消费者关注水果的种类；

15% 的消费者关注水果的营养价值。

从调查结果分析来看，人们在购买水果时最为关注的是水果的口味。水果的口感好，才能吸引更多的消费者，这是必须抓住的机会点。

4. 对消费者的购买频率进行分析

对消费者的购买频率分析后发现以下情况：

9% 的消费者每天购买水果；

49% 的消费者两到三天买一次水果；

35% 的消费者一周买一次水果；

7% 的消费者很少买水果。

从调查结果分析来看，最好两到三天就要更新水果品种，这样既能保证水果的新鲜，又能保证消费者买到自己喜欢的水果。

四、结论

通过调查 A 市消费者对水果的看法，从而得出结论，消费者对水果的口味比较重视，价格也是消费者选择水果的重要因素，同时消费者也更偏重于选择新鲜的水果，保证身体的营养均衡。

因此，"××水果"公司要注意水果的新鲜程度，价格定位要合理，让消费

者能够以满意的价格，吃到健康、美味、营养的水果。

【写作要点】

（1）真实性。市场分析报告一定要真实，对于研究对象的背景、发生、发展都要依据真实的研究结果，这样才能正确、客观、有效地反映市场的情况。

（2）评析性。在市场分析报告中一定要做出简明扼要的评论和解析，不能只叙述事件，还要有自己的观点和建议，要系统、全面地对事件发生的过程进行调查分析和评论。

（3）科学性。市场分析报告是用来说明市场情况的，市场调查是分析市场的基础，而这个基础一定要建立在科学上，如果不能科学地对市场进行实际调查，是不能写出真实的分析报告的。

市场预测报告

【写作导引】

企业在进行营销策划时，如果没有对市场进行充分调查和预测，就不能确定市场的信息来源，营销策略是不会成功的。对于企业来说，市场调查是实施营销战略的前提，那么市场预测就是制订营销策略的基础。市场预测是运用科学合理的方法，找出对企业造成影响的众多因素，企业通过市场预测分析并预见市场的发展趋势，掌握市场的需求变化，为企业制订科学有效的经营决策提供依据。

一份完整的市场预测报告，主要由三部分组成。

一、标题

标题体现市场预测的项目、产品、地区及目的等，一般分为以下两种形式。

（1）公文式。这种格式包括范围、对象、时间和文种名称四个部分。文种名称可以写作"预测"，也可以写作"预测报告"。如果市场预测报告公开发表，可以写作"预测"；如果市场预测报告用于内部则可以加上"报告"两字。

（2）文章式。这种格式的标题更加灵活多样，文种名称可用"走势""趋势""展望"等词语，若不出现推测性词语也可。

二、前言

前言也可叫作引言，就是指预测报告的开头，是对市场预测对象或结论进行简要概述，起到引出下文的作用。前言可有可无，也可直接进入正文。

三、正文

正文是市场预测报告的主体部分，由基本情况、预测分析、结论建议三个部分构成。

（1）基本情况。市场基本情况是市场预测的基础，必须用真实、具体的材料来对当下的市场进行说明，必要时，要联系历史发展规律，以便更好地了解其发展趋势。

（2）预测分析。在对市场基本情况充分了解掌握之后，要针对预测结果进行科学合理的分析和研究，从而预测经济活动的趋势和规律。

（3）结论建议。企业进行市场预测的最终目的是找到市场的发展趋势和轨迹，根据这些预测结果总结出相应的对策。因此，在市场预测结尾，一定要针对预测分析的结果，提出切实有效的具体建议，为读者提供有价值的参考信息。

【文案范例】

"××"记账卡市场销售预测报告

一、前言

"××"记账卡是企业针对当下的市场需求以及客户的消费习惯推出的"先消费，后付款"服务模式。自从"××"记账卡面市以来，销售就保持稳定增长的状态，然而近两年，却开始出现销售缓慢下滑的趋势。因此企业决定对市场销售进行预测，来分析市场的发展现状，预测市场的未来发展趋势，帮助企业及时调整营销战略，稳定发展。

二、整体市场拓展状况分析

1. 市场拓展基本情况

在企业推出"××"记账卡的十年间，每年的销售量都一直保持稳定增长的状态，甚至在20××年，该卡的单年持有量超过了100万张，这十年间，"××"记账卡的持有量总共超过500万张，预计到今年年底，该卡的持有量将超过800万张。

从目前"××"记账卡的整个发展趋势来看，"××"记账卡在发展方面有两个特点：一是客户持有量一直以稳定的趋势增长；二是该卡的营销渠道以直营渠道为主，合作渠道为辅，方便客户购买。

2. B 市购买力统计

（1）随着现代经济的快速发展，人们的生活水平越来越高，对于奢侈品的需求也越来越大，特别是房屋、车辆等的需求，让消费者对"××"记账卡的需求也越来越多，短时间内，B市就增加了数十个"××"记账卡直营营业网点。

（2）B市企业规模和数量的变化，对"××"记账卡的直销大客户发展产生有利影响。

3．B市市场的拓展现状

（1）营业网店拓展现状。20××年，人们对奢侈品的需求带动了"××"记账卡的销售，实现了销售稳定增长。

（2）大客户直销现状。自20××年开始，B市政府加大了招商引资的力度，不断地邀请外来企业在B市落户，企业客户数越来越多，"××"记账卡的销售量明显增长，销售幅度也将越来越大。

三、市场销售预测

"××"记账卡在B市的直营营业网点已经全面覆盖了B市所有乡镇和城市，覆盖率高达90%，而"××"记账卡的售后服务模式也在不断地提高，日渐趋向成熟，虽然成本在不断增加，但企业规模也在不停地扩张，在服务质量和服务态度方面也有所提高，当地政府也对其非常关注，保守预测，在20××年，"××"记账卡的销售额增长幅度为30%～40%。

四、"××"记账卡的市场拓展建议

1．加大营业网店建设

B市的直营营业网点必须加大销量，相关人员必须做好"××"记账卡的服务工作，让更多的消费者在使用"××"记账卡过程中得到更好的服务，吸引更多的消费者购买；同时B市相关人员必须加大营业网店的扩张，以便更好地销售"××"记账卡，提升销售量。

2．进行大客户结构调整，进入新的直销工作阶段

目前"××"记账卡的大客户直销工作依然集中在B市一些大型企业用户，经过调查发现，很多中小企业也可以作为"××"记账卡的销售对象，而市场预测也显示，20××年将是销售对象从大型企业向中小型企业转变的过渡期。因此，无论是大型企业还是中小型企业都必须作为销售的重点对象。这样才能占领更多的市场份额，帮助企业销售量平稳增长。

3．开发团购新型销售模式

随着人们生活水平的不断提高，人们对奢侈品的需求越来越多，企业可以通过加速发展团购模式，吸引更多的企业进行合作，保证该卡持有量的增加。目前，我司正在和众多大、中、小型企业共同洽谈，预计在20××年年底，和

"AA"企业达成友好合作关系，实现"××"记账卡销量的快速增长。

【写作要点】

（1）关注市场环境的变化。企业在营销过程中，市场的需求是在不断变化的，企业产品的价格、质量、服务等都是引起市场变化的因素，而市场一旦发生变化，企业必须及时做出战略调整，这样才能保证企业适应市场的发展趋势，稳定局面。

（2）展望公司的未来。在对市场进行预测之前，企业一定要明白自身的未来发展趋势，只有对企业的未来发展模式有了一定的想法和判断，才能在市场调查时有针对性地进行研究和预测，顺应企业的未来发展。

可行性研究报告

【写作导引】

可行性研究报告是指企业在进行某种经济活动或投资之前，从参与双方的经济状况、生产技术、销售渠道以及市场环境、政治环境等一系列因素进行详细的调查、研究、分析，确定所有的有利因素和不利因素，确定项目的开发是否可行，项目成功的概率又有多少，将这些因素一一书写下来，上报上级，作为决策的依据。

可行性研究报告是一项非常具有决定性意义的工作，决策者在进行经济活动或投资之前，必须对拟建项目进行经济分析的科学验证，验证结果显示与拟建项目有关的经济、技术、生产等指标都具有可行性时，再在此基础上，分析财务的营利性、经济的合理性、技术的先进性等。一般情况下，可行性研究报告包括以下几个方面。

一、概要

无论什么样性质的企业，在决定生产一个新的产品或者投资新的项目时都必须提交一份可行性报告以供决策。

二、内容

可行性研究报告的内容主要包含以下几个重点。

（1）总论。

①项目总称；

②外资方式；

③主办单位；

④相关部门；

⑤项目负责人；

⑥项目背景等。

（2）产品的生产与销售情况。

①产品名称；

②产品规格性能；

③市场需求状况；

④生产规模的方案；

⑤横向配套计划；

⑥销售方式；

⑦产品价格等。

（3）技术与生产设备的来源。

对产品生产技术、工艺、设备等做出最佳选择，包括技术和设备等相关条件和来源。

（4）选定项目实施的定点方案。

①地理位置；

②气候和地质；

③资源状况；

④交通规定等。

（5）企业相关人员。

①人员配置及培训；

②组织机构与定员；

③人员投入计划与来源；

④人员培训计划及要求等。

（6）拟建项目对于选定定点位置的环境保护等内容。

（7）拟建项目所需要的资金以及资金来源，包括共同合资的双方或多方之间的投资比例、资金构成以及投入资金的计划等。

（8）拟建项目的具体实施计划，包括项目的实施进度以及承建的施工单位等。

（9）对拟建项目的经济指标进行计算与分析，包括财务静态指标分析、敏感性分析和外汇平衡分析等。

（10）拟建项目的最终综合评价结论。

【文案范例】

"××超市"选址可行性研究报告

一、摘要

现在社会的发展越来越迅速，超市成为人们日常生活必不可少的重要因素之一。超市不仅经营各种零食饮品，还逐渐扩展到服装和日用百货的销售。商品齐全，明码标价，既方便又快捷，消费者可以在超市买到大部分生活所需的商品，避免了很多的麻烦。"××超市"在对 C 市地理环境进行调查和研究之后，决定在 C 市建设一家"××超市"的连锁超市。

二、内容

（1）项目名称："××超市"选址可行性研究报告。

（2）主办单位："××超市"有限公司。

（3）项目团队："××超市"驻 C 市代表团。

（4）项目负责人："××超市"驻 C 市代表人，张总。

（5）选址位置：C 市五一南路 180 号。

新店选址位置位于 C 市的核心地段，这个位置交通便利，人口密集，人流量非常大，是一个相对比较成熟的商业圈，并且最为有利的一点是，这个地理位置的人口较多，也有一些小商店存在，但是却缺少一家大型购物超市。

而这个地段处在 C 市汽车站和火车站的中心，附近也有很多小区，甚至乘坐公交车的话可以直达各大高校和部分旅游景点，无论是坐公交车还是自驾都能很快找到，不管是在校学生还是到当地旅游的人们都能很方便地找到"××超市"。周边商业发展非常成熟，而且附近小区较多，居住人口也相对较多，租金不会太高，在这个位置建设"××超市"也没有太多的竞争对手，发展潜力非常巨大。不仅如此，10 公里之内正在建设新小区，这对于"××超市"的发展又添了一把新柴。

（6）选址面积：500 亩（约为 0.33 平方千米）。

（7）新店的商品类型：主要以日用百货为主，价格定位合理，要求学生、工薪阶层的人群都能够消费得起；其次根据周边人口的消费水平决定在超市内部设置高级专柜，作为超市的利益点，吸引更多的高消费群体；最后要设置具有"××超市"特色的经营产品，如一些进口食品、各地区土特产等，以便形成与其他小超市的区别，吸引更多的消费者。

（8）新店的未来发展评估与预测

新店目标定位明确，所经营的特色产品在未来的市场竞争中占据强大的优势地位，并且新店产品价格定位差异化，既有普通价位的产品又有高端大气的专卖店，不会陷入以低价取胜的价格战中。除去价格和产品优势之外，新店将以最优秀、最贴心的服务为消费者答疑解惑，站在消费者的角度着想，为消费者争取更多的利益，实现双赢。

同时五一路的整体经济正在不断地提高和进步，新店的经营环境会越来越有利，但随着五一路的经济发展，未来将会有更多的大型超市和购物中心进入本区域，这对新店的威胁是十分巨大的，因此新店要加强特色产品的经营，推出更具吸引力的产品和服务，才能吸引消费者，留住消费者。个人认为，新店只有不断地推出特色产品，提供更加优质的服务，才能始终立于不败之地。

【写作要点】

（1）设计方案。可行性研究报告的主要任务就是提前制订一份设计方案，并且针对这个设计方案的内容进行论证，所以一定要提前制订好设计方案，这样才能明确研究对象。

（2）内容真实。可行性研究报告所涉及的数据、信息必须真实有效、绝对可靠，不能有任何的虚假和隐瞒，要多次验证和核实，避免误差，因此项目拟建是一件非常大的工程，任何环节出现错误都会造成严重的损失。

（3）风险预测。可行性研究报告毕竟是一项还没有正式开始的活动，它的存在是为了验证项目是否可行，因此在研究报告中一定要突出项目实施之后可能会遇到的风险及威胁，并且对这些风险和威胁进行预测，提出有效的解决方案，这样才能确保项目的可行度。

市场营销环境分析报告

【写作导引】

什么是营销环境？企业的营销环境就是指企业在与目标客户进行交易时，影响企业市场营销管理能力的外在因素或者外在参与者，企业的市场营销环境决定企业是否能够有效地发展与维持。通常情况下，企业营销环境主要由以下部分组成。

一、宏观环境

宏观环境指的是企业所处的外在巨大的社会力量，包括社会人口、市场经济、自然状态、科技力量、政治因素、法律法规以及社会文化背景等，这些外在因素都会使企业的营销环境受到影响。

宏观环境下的经济形势包括当前的人均收入是否可以维持人们的消费水平，市场环境下人们惯常的消费模式以及市场上产品技术的创新和研发速度是否与时俱进等；政治形势包括当前市场环境下，国家允许的进出口政策、外汇与税收制度、国有化政策与社会治安等；社会文化背景是否具备健康开放的社会生活方式和积极向上的文化氛围等。

这些因素都可能影响企业的营销环境，企业在对营销环境进行分析时，一定要注意是否具有不利的政治因素影响产品的市场，是否有与企业文化相悖的社会文化，是否具有不利的法律规定影响产品的销售和宣传等。企业能否维持发展，就要看企业所处的营销环境是受到鼓励还是受到限制。

二、微观环境

微观环境指的是与企业关系密切，能够影响企业为客户服务的巨大影响力，包括企业的员工、企业的供应商和经销商、企业的竞争对手以及相关的公众群体。具体分为以下几个方面。

（1）企业自身的条件和资源。

（2）供应商与企业之间的关系。

（3）营销与企业之间的关系。

（4）客户对企业的好感与忠诚程度。

（5）企业竞争对手的情况。

三、市场概况

除了企业的宏观环境和微观环境，最重要的影响因素是当前的市场概况，但是这一点可以根据企业的性质选择是否分析。影响市场概况的因素具体分为以下几个方面。

（1）市场的规模：包括市场的总销售额、市场可能容纳的最大销售容量、消费者的总人数和总购买量等，这些因素每时每刻都在变化，时刻影响着市场的规模和企业未来的发展趋势。

（2）市场的构成：包括市场内所有主要品牌，各个品牌所占的市场份额，与企业相竞争的品牌等，这些因素的变化影响市场的构成因素。

（3）其他因素：包括市场的变化有无季节性或者其他突出特点。

【文案范例】

"××汽车"销售企业营销环境分析报告

"××汽车"销售公司成立至今已有30年的历史，与其他汽车品牌销售企业相比，仍处于幼稚期，在很多著名汽车销售企业的竞争下，"××汽车"想要突出重围，不断地追求卓越，赢得更多的市场，必须对企业营销环境进行分析。

一、宏观环境分析

（1）人口环境——当地的人口数量，正呈现出爆炸性的增长趋势，2017年的人口增长速度比前一年增长了1.5倍，而其中20～50岁的人口群体也在不断地增大，对于"××汽车"销售公司来说，这样的人口比例是非常有利于产品销售的。

（2）自然环境——由于人们对于车辆的需求日益增长，尾气的排放量越来越多，导致自然环境被污染，资源不断减少。现如今，世界各地都开始关注汽车等工业产品对自然环境的污染，成立了许多保护组织，制订了许多保护政策，使汽车等工业企业受到限制。

（3）经济环境——自改革开放以来，人们的经济水平不断地提高，消费品市场也一直维持快速增长的趋势，特别是汽车这样的高消费品市场。

（4）科学技术环境——随着全球工业技术的飞速发展，人们对于汽车的功能需求也越来越高，而汽车行业的研发技术也越来越步入高速创新时代，各种功能、性能的汽车层出不穷，这引起了消费者强烈的购买兴趣。

二、微观环境分析

（1）消费者分析——汽车行业竞争相当激烈，消费者的消费水平不断地提高，但是更多的消费者在选择产品时，仍然关注产品的价格问题。消费者会被企业的降价、打折等促销手段所吸引，而且消费者的品牌意识非常高，在选择汽车品牌上，更偏向高端、资深的汽车品牌。

（2）竞争者分析——同城的"YY汽车"销售公司，主要经营进口品牌汽车，历史悠久，口碑较好。同城的"ZZ汽车"销售公司，以销售服务闻名于市，很多消费者都被其友好的服务态度折服，回头客较多。

（3）替代品的威胁——由于购买、车险、停车费等问题，人们在汽车使用上投入的资金越来越多，加上现在很多国家和地区都在呼吁保护环境，少排放尾气，甚至一些地区开始实行"限号上路"的政策，导致人们驾驶私家车越来越不方便，很多消费者都后悔买车，一些还未买车的群体也都纷纷转向公共交通工具，不准备买车了。

（4）供应商分析——很多进口品牌汽车的供应商开始纷纷在国内建厂，为企业增加了很多的便利；供应商一般都会长期合作，企业想要退出汽车销售市场会有很大的阻碍；互联网时代的发展，为汽车销售企业与供应商之间的双向选择增大了空间；消费者越来越理性，对于汽车的功能需求也越来越多，供应商的压力开始增大。

【写作要点】

（1）客观性。市场营销环境客观存在，不能以企业的主观意志进行分析，对市场营销环境进行盲目主观的臆测必然会导致营销决策的失败。

（2）关联性。市场营销环境的各个因素之间是相互关联、相互依存的，在进行分析时要注意各个因素之间的依赖关系。

（3）不可控性。影响市场营销环境的因素是复杂多变的、不可控的，企业不可能随意将其改变，只能跟随这些变化做出正确的应对决策。

市场决策方案

【写作导引】

市场决策就是企业的领导者为了解决企业在重大活动中遇到的项目问题，对企业的规划、经营策略进行调查和分析后，做出的符合当前情况的最终决策。市场决策方案是市场决策的文本表现方式，在撰写市场决策方案前，要对市场情况等各种信息进行调查和预测，并且制订多份决策方案，从中选取最合适的一套方案进行书面报告，以供参考。

市场决策方案的书写格式要求不是特别严格，一般情况下，市场决策方案包括以下几个方面。

一、标题

标题一般包含以下几种要素：时限、单位、决策目标和文种等。时限可以是月度、季度、年度等，单位是决策企业的名称，决策目标是想要达到什么样的目标，文种可以是预测或者决策。也可以使用双标题，正标题要表示决策的内容，副标题要列出决策单位和目标。

二、签署

书写决策方案的人员、单位名称等，如果是个人决策方案，可以署名在标题下方，如果是组织团队决策方案，可以署名在行文后或者封面上。

三、正文

（1）决策目标：一般市场决策方案都是为了达成某种目的或要解决某种问题，所以正文要体现这一点，在叙述时要简明扼要，开门见山。

（2）依据资料：与决策相关的信息、资料，包括市场情况、市场预测及与决策相关的历史和现实资料等。资料一定要真实、全面、可靠。

（3）备选方案：对于企业要解决的问题或想要达到的目的肯定不能只有一个方案，还要有备用方案，以防方案实施之后可能会遇到各种风险。备选方案是正文主题部分，所选方案要包括构成因素、相关情况分析、实施条件等。

（4）分析论证：对每一套方案进行调查、分析、论证，要注意对每个方案的可行性进行充分的论证，要让读者一目了然。

四、结语

完成决策方案的正文后，可以用一句话或者几句话对报告进行总结，通常情况下，会以"请领导分析选择"等句子为结语。

【文案范例】

"××阅读 APP"市场决策方案

"××阅读 App"市场部

20××年×月×日

一、电子阅读产业现状

阅读是现代人的基本文化娱乐需求，从我国某出版研究所的市场调查情况来看，85%以上的人们认为阅读越来越重要，其中家中有藏书的家庭比例占50%。而随着技术的快速发展，人们的阅读方式也越来越多元化，比如纸质书籍、电子书籍、影像书籍等，从文字到声音、图像，人们的阅读方式越来越丰富。

而基于传统阅读方式的成本越来越高，包括编辑、排版、印刷等中间环节的复杂性因素，纸质书籍的出版费用越来越高。相对来说，电子书籍比传统书籍在成本费用上占据了很大的优势。因此，针对××阅读 App 进行的市场推广需要进行决策。

二、电子阅读市场分析

在对阅读市场进行调查分析之后，我们发现在所有被调查的参与者中，有70%的用户愿意在手机上下载电子阅读 App，其中将近 30%的用户已经在手机上下载了阅读 App。因此，电子阅读 App 虽然制作起来有很多门槛，但也有很大的发展空间。

三、电子阅读用户细分

从对阅读市场的调查分析结果来看，基于用户需求，可以把用户群细分为以下几种。

（1）年龄 18 ～ 22 岁，大学生。这类人群非常注重流行，追求高品质的文化娱乐生活，乐于接触很多新鲜事物，对电子阅读的认可度非常高。而他们的阅读内容也倾向于网络文学、现代文学、生活时尚等。

（2）年龄 23 ～ 33 岁，公司职员。这类人群有相对独立的经济支付能力，非常偏爱奢侈品，并且追求高端的生活品质和高质量的娱乐体验，阅读内容倾向于新闻综合、现代文学、金融财经等。

（3）年龄 33 ～ 50 岁，成功人士。这类人群一般以家庭和工作为重，对电子阅读的兴趣相对较弱，他们平时最关注的是养生和保养类的体验，而阅读内容倾向于体育娱乐、健康生活、新闻综合等。

四、×× 阅读 App 设计理念

产品设计：下载、安装和使用方便快捷，色彩活泼，激发用户的兴趣。

阅读内容：选择战略性质的合作伙伴，多提供一些热门书籍和活动，增加产品竞争力。

版权：注重与作者签订版权协议，保护作者的权益，才能吸引更多的合作伙伴，建立本公司独有的营销渠道和传播渠道。

五、×× 阅读 App 功能

多媒体阅读效果：包括文本、图像、声音等效果，丰富用户的阅读方式。

即时在线交流：用户有任何问题都可以通过即时在线交流的窗口和企业工作人员进行谈话；还可以通过登录的方式和其他用户分享心得；也能够在登录的情况下给作者留言和鼓励。

在线推荐：可以通过对用户的爱好和阅读行为分析，实时向用户推荐适合用户阅读的书籍、好友等，给用户提供便利。

六、×× 阅读 App 市场推广

影响力营销：借助"全民阅读"的风潮，以 ×× 阅读 App 为平台，举办一场全民阅读运动，提高人们的阅读兴趣，加大 ×× 阅读 App 的影响力。

热点营销：和众多著名作者开展热点宣传，让 ×× 阅读 App 更有信服力。

体验式营销：通过体验有奖的形式，让更多的用户试用 ×× 阅读 App，从而增加宣传力度。

七、待决策事项

上述市场推广方式能否通过较长时间的大众公测以及发展体验用户来占领阅读市场的份额。

【写作要点】

（1）决策目标要明确。在撰写市场决策方案时一定要明确说明决策的目标，这样才能让读者清楚地知道应该把重点放在哪一个点上，从而重视决策的目标，做出正确的判断。

（2）资料要全面准确。市场决策方案的主要目的是要读者针对方案提出的目标做出准确的判断，因此，在撰写市场决策方案时一定要把相关资料全部明示出来，以便读者作为决策的依据。

（3）准备备选方案。在撰写市场决策方案时，不能只给一个方案供决策，而要多制订几个备选方案，将情况考虑得全面周到，以供决策时有选择的余地。

第5章
市场定位文案

市场定位报告

【写作导引】

简单来说，市场定位就是指在这个市场上，企业提供什么样的产品来满足客户群体什么样的需求。

市场定位又称"营销定位"，是企业用以在市场上的客户和潜在客户的心目中塑造产品或品牌形象的一种营销技术。企业根据竞争者现有的产品，以及产品在市场上的定位，针对客户群体对产品的某种属性的喜爱程度，塑造出一种有别于其他企业产品的突出产品，并把这种突出的属性传达给客户，从而使产品在市场上确定自己的位置。

市场定位报告中最突出的部分应该是企业在自己产品中找出比其他竞争产品更具有竞争力的优势。因此，在撰写市场定位报告时，可以通过以下三个方面来完成。

一、识别潜在竞争者

营销工作者在撰写这部分时要注意考虑三个问题，一是竞争对手的产品定位情况；二是市场上的客户和潜在客户的产品需求；三是针对市场上的客户和潜在客户的需求企业应该怎么做。因此，营销工作者必须对市场进行详细的调查、研究、分析，然后明确自身企业的潜在竞争优势。

二、核心竞争优势定位

核心竞争优势其实就是企业之间基于产品进行的实力比较过程，企业的核心竞争优势定位就是企业产品能够胜过竞争对手的特点。这种竞争优势既可以是明显的，也可以是潜在的。通常情况下，企业的竞争优势可以体现在企业的经营管理、产品技术、产品成本等方面。

三、战略制订

企业通过一系列的营销宣传活动，将企业自身独特的竞争优势准确地传达给每一位客户和潜在客户，并且能够在客户的心目中留下深刻的印象。而想要完成这一重要步骤，必须通过合适的营销战略让客户认识、了解、熟悉、认可、喜欢企业的产品，在客户的心中建立良好的企业形象。其次企业必须通过各种战略组合来强化目标客户的形象，保持对目标客户的了解，稳定目标客户和企业之间的友好关系。

在制订战略目标时，营销工作者一定要注意企业对于目标市场的定位要准确，避免因为对市场定位的错误理解而出现的目标客户混乱、模糊的情况。因此，在出现以下情况时，营销工作者要考虑重新对市场进行定位。

（1）竞争者推出新产品，而新产品的定位和企业产品的定位相似，占领了企业产品的部分市场，导致本企业的市场占有率降低。

（2）消费者的需求和偏好发生了变化，企业的产品销售量开始急速下降。

【文案范例】

"××可乐"市场定位报告

一、"××可乐"的潜在优势

1. 良好的渠道优势

"××可乐"将企业一线营销人员分为协助员和直销员，其中直销员是企业营销的主要力量，从事国内的各个区域市场的直销工作。而企业所有的营销人员的主要工作内容是客户拜访、营销管理、产品管理、货架整理、海报张贴和管理、采购成本管理等。与此同时，"××可乐"严格按照规范的营销拜访机制，不折不扣地实行企业的营销战略，与其他可乐企业相比，"××可乐"的营销渠道非常系统、规范、全面。

2. 灵活多变的促销优势

"××可乐"的促销策略非常灵活多样，针对消费者的不同需求和消费方式，制订了非常吸引消费者购买的促销策略，比如优惠券、礼品赠送等。

3. 严格的人员管理优势

"××可乐"企业有着中国百年沉淀的企业管理经验，基于企业建立的现代化营销管理体系，加上中国顶尖的营销管理团队，打造了一流高效务实的管理体系。而且"××可乐"的人才招聘也非常严格，每年都会在全国各地招聘各种各样的人才，待遇非常丰厚，所以很多人才也都愿意留在"××可乐"企业。

二、主要竞争对手

"**可乐"目前加大了广告宣传力度，邀请了中国受欢迎的著名演员作为品牌代言人，对我们的产品造成了很大的压力。而最近他们又推出了一系列青春、时尚的新品，使得企业的品牌形象更加具体、生动，其品牌价值也不断提高。

三、核心竞争优势

（1）"××可乐"有着百年的历史，品牌影响力比其他同行企业来说非常大，很受消费者的欢迎，很多消费者都比较信赖老品牌。

（2）价格低。因为成立时间久远，"××可乐"也一直秉持着物美价廉的传统美德，在价格上要低于很多竞争品牌。

（3）独特的糖浆配方，经历了百年的历史沉淀，有着独一无二的口感，是其他竞争企业模仿不了的。

四、营销策略

"××可乐"的营销策略中的关键推广策略是基于可乐和美食的想法，制订一种长期推广策略，从一种新型的思路中建立"××可乐"与美食的关联，让客户在饮用"××可乐"时，能够感受到享受美食的幸福感，从而引导消费者在寻找美食或者食用美食的过程中能够自然而然地想到"××可乐"。

五、市场形象定位

"××可乐"的主打宣传色是红色，象征着美味和活力，同时也和我们中国的传统颜色相同，更能引起消费者的兴趣。

【写作要点】

（1）产品差别化战略。在撰写市场定位报告时，可以从产品的质量、产品的款式、产品的价格等方面突出本产品和竞争产品之间的差别，强调本产品的特征，吸引消费者的青睐。

（2）服务差别化战略。除了从产品差别化区分企业产品和竞争产品的区别，还可以从企业的服务方面进行竞争。企业的服务越好越体贴，企业的核心竞争力就越强，企业的市场差异化也就越明显，对于企业市场定位也很有帮助。

（3）人员差别化战略。企业可以通过聘用和培训企业内部营销人员，增强企业员工的销售能力，区分企业的市场定位。

（4）形象差异化战略。如果产品的其他特性和竞争者的没有太大的区别，无法实现市场定位的话，可以从企业的品牌形象进行比较，实现产品差异化，确定企业的市场定位。

产品定位报告

【写作导引】

产品定位，是企业预估和确定自身产品在目标客户和潜在客户心目中占有的地位。其重点是企业对于未来潜在客户的分析，并且针对潜在客户的需求，对企业产品进行定位。在对产品进行定位时，要从产品特征、包装、服务等多方面来考虑，包括分析企业竞争对手的情况。

在市场中，很多人会混淆产品定位与市场定位的概念，认为两者之间没有区别，其实产品定位和市场定位还是有一定区别的。具体来说，市场定位就是目标市场定位，指的是企业针对产品的特质和诉求对目标市场进行定位，而产品定位指的是企业对于目标消费者或目标消费者的市场需求来判断企业要推出什么样的产品。从理论上讲，企业在进行产品定位之前，要先进行市场定位。产品定位是企业对目标市场的选择与产品属性相结合的过程，是将市场定位产品化、企业化的过程。

企业在进行产品定位时，要以市场定位为基础，对产品定位的计划和实施加以确定，产品定位受市场定位的指导，但比市场定位更深入人心。通俗来讲，企业进行产品定位就是要在目标客户的心目中为产品赋予一定的形象，加上企业的特色，用来满足客户一定的需要和偏好。

产品定位报告就是企业进行产品定位的书面报告，在产品定位报告中，可能涉及以下内容。

一、产品的功能属性定位

产品功能定位指的是企业在进行目标市场选择和市场定位的基础上，根据企业产品的特性以及潜在客户的需求特征，对企业自身的产品应具备的基本功能和辅助功能进行定位的过程，其目的是使企业的产品更加受到客户的喜欢。

产品属性定位指的是企业产品本身所拥有的属性，以及产品在其他不同领域的差异性的集合。产品的每个属性在不同的领域有不同的性质，而呈现给消费者的属性也是不同的。因此，在撰写这部分内容时，企业必须解决产品主要是满足消费者什么样的需求，对消费者来说其主要的产品属性是什么等问题。

二、产品的产品线定位

产品的产品线指的是与产品相关的产品，这类产品的功能可能相似，所面对的目标客户也可能是同一类型，或者价格在同一范围内。企业在撰写这部分内容时要解决产品在整个企业产品线中的地位，本类产品需要什么样的产品线，或者解决产品深度和宽度的哪些问题。

三、产品的外观及包装定位

产品的外观和包装指的是产品的大小、规格、颜色造型以及包装等。产品的外观和包装也是非常重要的，如有的产品是针对女性消费者的，那么产品的外观和包装一定要高端、好看。

四、产品的卖点定位

产品的卖点指的是产品具备其他产品没有的特点，或者与众不同的属性等，这些卖点可以是产品生产出来就有的，也可以是企业重新赋予产品的，不论卖点的来源是哪里，企业都要提炼出产品独特的属性，落实到产品定位中，让消费者能够快速地被吸引。

五、产品的基本营销策略定位

企业需要确定产品的基本营销策略，是做市场领导者、挑战者、跟随者还是补缺者？除此之外，企业还要确定相应的产品价格策略、沟通策略与渠道策略。

六、产品的品牌属性定位

产品的品牌定位指的是企业基于顾客的生理和心理需求，寻找出产品及其品牌独特的个性和良好的形象，从而巩固其在消费者心目中的地位，占据有价值的位置。产品的品牌定位是针对品牌的，其核心要素是打造品牌价值。

【文案范例】

"××零食"产品定位报告

一、企业背景

"××零食"创建于中国南方，是中国第一家互联网食品品牌，代表着天然健康。而"××零食"的创始人花费10年的时间，以较强的企业营销理念及艰苦奋斗的创业精神打造品牌，能够在竞争激烈的市场上迅速开辟一片天地，在互联网界有品牌倡导者的美称。

二、产品定位

"××零食"的产品定位非常明确，产品的客户群定位是"80后""90后"的互联网消费者，因此企业根据消费者个性张扬、追求时尚的需求和原则制订了符合消费者需求的产品特点。

三、产品定价

"××零食"的品牌形象普及全国，其中最大的一个因素就是产品的价格追求大众化、平民化，非常贴近市场，一般人都可以消费得起。企业在产品定价上，主要采取的是以需求为导向的定价策略和竞争策略。"××零食"的产品无论是保鲜度还是货架的摆放都务必做到迎合消费者的喜好，方便消费者的选择，因而成为了不折不扣的互联网品牌体验式营销的代表。

四、营销策略

"××零食"的重要营销策略就是依靠"双十一""双十二"或者其他节假日的促销活动，通过与消费者的网络互动传播企业的产品信息，企业的产品定位更加清晰，达到引起消费者购买产品的欲望，引导消费者购买的效果。

【写作要点】

（1）全面挖掘产品本身的特点。企业对产品进行定位的主要依据就是产品的特点，因此企业要研究透彻产品的属性，力求在市场上让消费者产生强烈的购买欲望。

（2）充分研究消费者对产品的价值追求。企业在对产品进行定位时要充分研究消费者在购买产品时最关注产品的哪些属性和特质，了解之后再对产品进行定位，才能引起消费者的购买兴趣。

（3）大力加强定位的宣传沟通工作。企业在进行产品定位后，并不意味着工作就结束了，而是要加大对产品的宣传，让消费者在有某种消费需求时能够第一时间想到企业的产品。

品牌定位报告

【写作导引】

品牌定位就是企业在进行市场定位和产品定位的基础上，对企业的品牌文化和品牌差异进行定位。企业的品牌定位建立在企业与目标市场有关的品牌形象的解读过程和结果上。企业进行品牌定位就是将企业的产品转化为品牌，以便企业品牌能够利于企业目标客户的正确认知。

企业要想让消费者记住自己的品牌，就必须建立一个成功的品牌，赋予品牌独特的属性，让消费者能够轻易记住企业的品牌。而每一个成功的品牌都有一个特征，就是将品牌的功能与消费者的需求结合在一起，通过这种方式将品牌定位的信息准确地传达给消费者，因此，企业最初可能会有很多种品牌定位，但是只要建立对目标客户最有吸引力的品牌竞争优势，并且通过有效的手段传达给企业的目标人群，就能让企业的品牌影响力更进一步。

品牌定位必须建立在消费者的需求上，当消费者一旦产生需求时就会立刻想到企业的品牌形象，因此在进行品牌定位时，企业一定要树立一个明确、清晰、区别于企业竞争对手的品牌形象。

企业在进行品牌定位时要考虑目标消费者的需求，基于对目标消费者消费行为的调查、分析，了解目标消费者的生活形态和消费习惯。由于每个消费层次、消费类型、消费偏好的不同，企业的品牌定位策略也不同，因此企业在品牌定位时要从客观因素出发，寻找适合企业品牌战略发展的品牌定位。

根据企业的目标市场进行市场细分，满足企业不同目标市场的目标人群的消费需求，找准市场需求空隙，细化市场品牌，让企业的品牌定位能够突出自身的特性。品牌定位一定要抓住客户的消费心理，唤起他们内心真正的需求，这才是企业进行品牌定位的重点。

【文案范例】

"××服装"品牌定位报告

"××服装"涉及从生产到销售的一系列环节和流程，所有直营店铺产生的库存囤积都由企业董事长一人承担，所以"××服装"的直营店能够大胆运营，不用担心存货问题。"××服装"生产的服装样式多为休闲装，而这种样式的衣服不会因为潮流的更替而落后，这样的产品样式使企业的库存能够相对趋向稳定，不会产生更大的风险。

"××服装"成立于19××年，最初，公司的创始人把"××服装"的品牌定位于休闲服装市场，因为在他看来，企业想要取得更大的成就，就一定要面对更大的格局。当年我国的经济增长速度非常快，因此"××服装"创始人基于国人的消费水平，决定把"××服装"的品牌定位提高到高端品牌。但是后来由于消费水平的限制，对"××服装"的高端品牌造成了一定的压力，因此"××服装"创始人改变品牌定位策略，将"××服装"品牌定位于中档消费水平，结果事实证明，创始人的这一决策是正确的，"××服装"非常受消费者的欢迎。

调整服装的品牌定位让"××服装"在经济危机中闯出了一条道路，当其他高端品牌企业的销售额不断减少时，"××服装"的中档品牌则给企业带来了更多的效益。

"××服装"不仅走中档品牌路线，还把不同材质和不同色彩的东西拼接在一起，打造出完全不同于其他服装风格的"混搭"风格。而且"××服装"不仅在中国有着很高的知名度，在世界各地也有着很高的影响力。而在国际扩张的过程中，"××服装"创始人的品牌战略也非常高明。在为直营店选址时，创始人也非常高明地把"××服装"和其他一些中档的品牌放在一起，与高档品牌区分开来，这样的品质扩张战略，让"××服装"在国际市场上受到更多人的青睐。

"××服装"自成立以来，就在中国迅速发展起来，主要原因就是它的品牌定位准确，在中国的服装市场上找到了自己的正确位置，这种正确的品牌定位战略为"××服装"在中国的发展做出了积极贡献，截至目前，"××服装"在中国已有300家门店，是中国目前分店最多的一家服装企业。

"××服装"虽然是中档品牌消费水平，但并不表示"××服装"只能吸引收入水平不太高或者经济消费水平中档的客户，"××服装"的某位区域经理曾说过，"××服装"的中档品牌消费不是一种经济的歧视，而是一种生活态度，有的人喜欢享受高端产品，而有的人喜欢消费中端产品，这并不是他们的经济水平不够，而是他们的喜好、想法和追求不一样。

最初，"××服装"只是一家小企业，正是"××服装"的正确品牌定位战略，才让"××服装"成为著名的服装品牌之一。

【写作要点】

（1）功效性。在对企业品牌进行定位时，一定要强调企业产品的功效性，即企业产品具有什么样的功效，这个功效不仅是产品的功效，还要在企业的品牌定位上体现出来，让消费者一想到企业的品牌就能自然而然地联想到企业产品的功效。

（2）独特性。企业进行品牌定位是企业吸引消费者的一种手段，而品牌定位的独特性指的是企业向消费者展示的品牌魅力是其他竞争者没有的东西，是只有企业自身拥有的独特属性。

（3）相关性。企业在进行品牌定位时，一定要把企业的品牌功能和消费者的消费需求相关联，这样才能保证企业的品牌功能对消费者具有吸引力和影响力，才能让消费者愿意购买。

市场细分报告

【写作导引】

市场细分指的是营销工作者通过对市场进行调查，对消费者的消费需求、消费行为和消费习惯等方面进行分析，并参照这些数据把企业某一产品的市场整体划分为若干消费群体。每一个消费群体就是一个细分的市场，而每一个细分市场的消费群体都有类似的消费需求。

一般情况下，在细分市场时，会按照以下因素进行。

一、按地理因素细分

按照地理因素进行市场细分就是按照消费者所在的地理位置或地理环境等因素进行细分。因为在不同的地理环境或地理位置的消费者，对于相同产品的需求也会有不同的偏好。因此，对消费者市场进行地理因素细分是非常必要的。

（1）地理位置。按照地理位置来细分的话，可以按照方位来细分，比如南方、北方、东方、西方；也可以按照地理区域来细分，比如省、自治区等或者内陆、沿海等。在不同的地理位置，消费者的需求也存在着很大的差异。

（2）城市级别。可以按照一线城市、中级城市和乡镇进行划分。

（3）地形和气候。按照地形可以分为平原和丘陵等；按照气候可以分为热带、温带、寒带等。

二、按人口统计因素细分

由于人口的变数比其他的变数更容易测量，并且适用范围较广，因此在进行市场细分时，按照人口统计因素进行细分是非常方便的。

（1）年龄。不同年龄阶段的消费者，由于性格、爱好、经济状况不同，对消费品的需求和消费水平也不同，因此可以按照年龄将市场划分为不同的消费群体，如幼儿市场、少儿市场、青年市场、老年市场等。

（2）性别。按照性别进行划分的话，可以把市场划分为男性市场和女性市场，有些产品在用途上是有非常明显的性别区别的，比如男性服装和女性服装等。而在购买产品的习惯和动机上，男性和女性也有很大的区别。比如女性比较在意产品的外表、包装等，男性比较在意产品的质量和实用性等。

（3）收入水平。收入影响消费者的需求和消费水平。收入水平不同，消费水平和支出水平也不同。

（4）民族。世界上有很多民族，中国也是多民族的国家，每个民族都有自己的传统和习俗，以及生活习惯，这些变数也影响着每个人的消费需求和习惯，按照民族将市场进行细分，才能满足各个民族的需求，并进一步扩大企业的市场。

（5）职业。职业不同，喜好和工作方式及生活习惯也不同，因此，按照职业来细分市场，也能满足不同的消费需求。

三、按心理因素细分

消费者的性格及生活方式也会影响消费者的消费心理。

（1）性格。消费者的性格有外向和内向、乐观和悲观等不同的性格。消费者的性格不同，对产品的需求也不同。

（2）生活方式。有的消费者属于节俭型的，有的消费者属于奢侈型的，所以按照消费者的生活方式进行市场细分，也能满足消费者的不同需求。

四、按行为因素细分

按行为因素细分，就是按照消费者购买产品的时间、数量、频率等变数来细分市场。

（1）购买时间。产品是有生命周期和消费时间的，因此，可以根据消费品的生产时间、销售时间或使用时间来进行市场细分。

（2）购买数量。有些产品是有规定的购买数量的，因此可按照产品的购买数量来细分市场。

（3）购买频率。根据消费者经常购买、有时购买、不常购买产品的频率来细分市场。

【文案范例】

"××快餐"市场细分报告

"××快餐"作为国际快餐行业的巨头之一，创始于美国南部。由于当时"××快餐"的创始人及时抓住了机会，在当时快速发展的美国经济下为一些工薪阶层的消费者提供他们需求的方便快捷的餐食，并且对快餐市场进行精准的细分，从而对产品的定位一举成功。目前"××快餐"已经享誉国际，拥有2万多家连锁经营店，年营业额达到了××亿元。

一、根据地理要素细分市场

"××快餐"分为美国国内市场和国际市场，因此"××快餐"的消费群体有地域上的差别，他们不同的消费习惯和文化背景也影响了他们对快餐的需求。

比如在我们中国市场，"××快餐"了解到中国人在牛肉和鸡肉的选择上，更喜欢吃鸡肉，因此在"××快餐"进入中国市场之后就开始把牛肉换成鸡肉，而这种转变也非常受中国人的欢迎。

二、根据人口要素细分市场

"××快餐"对人口要素进行细分，主要是把消费者的年龄作为市场细分的主要依据。"××快餐"主要以孩子为中心目标消费群体,十分注重儿童市场的消费忠诚度。"××快餐"还经常会在各个店铺举办各种有趣的活动,吸引小朋友,让小孩子能够更加喜爱"××快餐"。

三、根据心理要素细分市场

"××快餐"根据消费者的生活方式进行市场划分,通常快餐业都有两个潜在的细分市场:方便型和休闲型。在这两个方面,"××快餐"都做得很好。

比如针对方便型市场,"××快餐"提出"一分钟快速服务",即从客户开始点餐到拿到食品总共时间最多为一分钟。

而针对休闲型市场,"××快餐"对店铺的布置也很讲究,力求让客户能够享受到休闲、舒适的时光。

四、总结

"××快餐"对地理、人口、心理要素的市场细分是相当成功的,他们不仅取得了很好的成就,还积累了很多丰富的经验,从而能在国际快餐行业保持领先的地位。

【写作要点】

(1)可衡量性。市场细分的变量是可以衡量和识别的,必须有明显的区别和合理的范围,这样可以更容易地确定市场消费群体的特征。

(2)可进入性。企业选择的市场一定是可以进行有效促销和分销的,可以实现一切销售活动,这样才能保证企业通过销售渠道进军该市场。

(3)可营利性。企业是营利组织,企业进行市场细分必须确定企业能够获利,并且确定市场有可开发性,能够方便企业实现营销目标,给企业增加效益。

目标市场选择报告

【写作导引】

目标市场选择指的是企业根据消费者的需求将市场划分为不同的目标市场,并根据企业产品的状况选择其中一个或多个细分市场。目标市场选择报告是将这些资料整理成书面报告,以供读者决策。

企业确定目标市场一般分为三个步骤:市场细分、确定目标市场、市场定位。

一、市场细分

市场细分就是企业根据市场需求的多样性和消费者的购买行为的差异性,

把整体市场按照不同的消费需求划分为若干个具有某种相似特征的顾客群体，企业通过对市场的认识，结合自身的情况，将整体市场划分为不同的目标群体。

二、确定目标市场

确定目标市场指的是企业在市场细分的基础上，根据自身产品的优势，从众多细分市场中选择一个或若干个子市场作为企业的目标市场，并针对选定的目标市场具备的消费特点展开一系列的营销活动，力求能够满足顾客需求，并且实现企业经营目标。

三、市场定位

市场定位指的是企业在选定目标市场后，从市场情况出发为产品创造特定的市场形象，使其区别于竞争对手，具备自己的特色，在消费者心目中留下深刻的印象。

【文案范例】

"××女装"目标市场选择报告

一、前言

现在经济越来越发达，中国女装行业的发展也越来越迅速，因此女装企业也越来越注重提高服装的质量，同时在服装的设计创新上也加入了很多新颖元素，让女装的发展空间越来越宽阔。女装品牌随着消费者的品牌意识增强而逐渐占领了一定的市场，在女装市场上，时尚流行元素在不断变化，各式各样的女装品牌层出不穷。这就导致女装品牌在市场上的竞争越来越激烈，而众多年轻品牌的入驻，占领了更多的市场份额，面对女装市场的营销问题，必须对女装市场进行细分。只有了解了女装市场，才能选择合适的目标市场来增加企业的效益。

二、细分市场

年龄细分如下。

不同的年龄阶段，人们对服装的要求也不同。根据不同年龄阶段的群体，可以把市场分为童装、少女装、青年女装、中年女装、老年女装等。在这些消费群体中，消费者的年龄不同，对服装的需求也不同。

（1）童装品牌服装在市场中占据的份额不算太大，虽然有一些专门卖童装的服装品牌，但是产品的价格相对较低。

（2）18～20岁的女性是女装市场上的主要消费群体，这类消费群体对于女装的需求是非常大的，因此在这个年龄段的女装品牌，是竞争最为激烈的。

（3）30～45岁的消费群体也是女装市场上竞争相对激烈的目标市场，而且这类消费群体的收入较稳定，有一定的消费能力，生活比较精致讲究，对于服装的价值和品味要求也很高。

（4）老年女装的需求量一般不大，老年人已经过了爱买衣服的阶段，也相对比较节省，在服装上的消费不会太高。

生活方式细分如下。

女装品牌还可以根据消费者的生活方式进行细分，在不同的场合需要选择不同的服装风格，因此企业要根据消费者的生活方式、出入的场景、所在的环境等因素，对消费者进行市场细分，满足消费者的风格喜好。

（1）休闲款。休闲款一般是消费者在家中或者参加户外活动时会搭配的风格，这类服装穿在身上会让消费者感觉很轻松、很享受，减轻消费者的紧张感。

（2）正装。公司职员或者参加一些商务活动的人员会选择比较正式的服装。

（3）时尚款。年轻的消费者就喜欢这种时尚感和潮流感很丰富的服装，这类服装品牌一般设计比较前卫和独特，深受年轻女性消费者的喜爱。

三、目标市场的选择

目前大多数的女装品牌都把目光放在最受欢迎的18～30岁年龄段的消费群体上，因为这个消费群体占据了女装市场的大半比例，并且这类消费群体能够紧跟时尚潮流的变化，购买欲望较强，比较爱花钱，追求流行元素，非常自主化、个性化，容易跟风购买。"××女装"想要选择这个目标市场，就必须根据年轻消费者的观念和时尚的特点，来应对激烈竞争的目标市场。运用更多的想象力和创造力来打造属于自己品牌的独特魅力和形象，针对年轻女性消费者的需求，设计出更符合消费者喜爱的服装，满足她们的消费需求。

女装市场的发展空间非常大，因此在这个目标市场的女装品牌也非常多，"××女装"选择18～30岁的目标市场，虽然面临非常激烈的竞争，但是同时竞争与机会并存，只要能够打造出高品质、高质量的潮流个性服装，形成不同的独特风格，就能吸引更多的女性消费者。

四、市场定位

目前女装市场的年轻消费群体占总人群的55%，是整个女装市场的主导群体，因此我们要打造一款全新的休闲装，突破以往的款式风格，结合正装的特色，抓住流行因素，争取在目标市场中打造独属自己的女装品牌，抢占更多的市场份额，增强企业自身的竞争力，为企业创造更多的效益。

【写作要点】

（1）符合企业的发展。企业在选择目标市场或拓展目标市场时一定要选择符合企业发展路线的目标市场。目标市场的发展情况如果与企业发展存在冲突，那么企业在接下来的发展路线中就会受到阻碍。

（2）符合产品的诉求。企业选择目标市场的目的是想要企业的产品能够受到更多消费者的喜爱，因此目标市场的诉求一定要符合产品的诉求，这样才能满足消费者的需求。

（3）符合企业营利的原则。企业是营利机构，因此企业做的任何营销策划或经营策略都是建立在企业营利的目的之上的。企业选择的目标市场一定要符合企业营利的目的，这样目标市场的选择才是正确的。

第6章
产品开发管理文案

新产品开发企划书

【写作导引】

新产品开发企划书就是企业拟写的一份对即将开发的新产品的理念和要求等，新产品开发企划书中必须包含对新产品进行开发的各项实施步骤，需要的各种资源以及在开发过程中需要的时间和存在的风险等。

新产品的可行性分析、产品定位设计、品牌策略以及营销策略等是新产品开发企划书的重要组成部分，新产品的开发决定着企业是否能够在市场中生存。随着知识经济时代的快速发展，技术创新是企业能够在激烈的市场竞争中立于不败之地的重要因素。企业想要实现企业效益的持续稳定增长，就必须重视新产品的开发问题。

新产品的开发是极其严格和复杂的工程，涉及方方面面，内容也相对丰富，因此在制订新产品开发企划书时一定要认真、谨慎，新产品开发企划书除了要注意书写的内容，还要注意书写的格式、逻辑等。在撰写新产品开发企划书时，包含以下几项内容。

一、企划导入

企划导入包括新产品开发企划书的标题、前言、目录等。

二、新产品概述

对即将开发的新产品进行简要描述，包括所开发产品的名称、商标、用途、功能、包装等，让读者有一个初步的认识。

三、市场分析与目标市场

制订企划书时一定要重视市场分析，通过对市场进行分析来确定新产品的目标市场。

四、新产品的外在分析

新产品的外在分析是指新产品与竞争对手的产品之间进行比较，从而提高新产品的竞争力等。

五、新产品的市场定位企划

新产品的市场定位决定了新产品在投放市场时，是否能够取得成功。

六、新产品的基本内涵企划

新产品的基本内涵指的是，新产品的开发概念、品牌理念、产品周期等。

七、新产品的开发策略企划

新产品的开发策略包括新产品的产品制程策略、产品营销策略，产品促销策略等。在这阶段要注意新产品开发的种类，制程控制、质量管理、开发技术以及设备更新问题，还包括专利申请、知识产权保护等方面。

八、新产品的价格企划

新产品在定价时一定要考虑资源成本和人工成本，结合产品利润、产品服务、消费者认知、市场细分等因素进行合理定价。

九、新产品开发的组织机构企划

新产品开发所涉及的相关组织机构，必须在新产品开发企划书中体现出来，以便新产品开发工作能够顺利进行。

十、市场导入策略企划

市场导入最关键的因素是选择合适的营销渠道，其次是销售策略、广告宣传策略和公共关系等因素。

【文案范例】

"××日用品"有限公司

新产品开发企划书

编号：　　　　　　　　　　　　　　　　　　　　　　　　年　月　日

新产品名称／规格				
新产品简要描述 （产品功能、产品外形／颜色、 产品重量）				
产品价格	预计成本		人员成本	
	所需资源		产品定价	
市场分析	目标市场／客户		产品价值	
	竞争对手分析		竞争情况	
	预计成本		市场份额	
	营销战略分析			
产品时间表	开发概念		产品设计	
	产品制程		产品上市	
总经理指示：				

【写作要点】

企业开发新产品主要是为了抢占市场份额，获得更多的效益，因此在决定开发新产品时一定要事先进行市场调查，了解市场的需求，确定市场是否接受新产品，消费者是否接受新产品，这才是新产品开发企划书的重要因素，在制订新产品开发企划书时，一定要重视以下几个要点。

（1）提前做好市场调查，对调查结果进行科学分析，确定新产品开发的可行性。

（2）开发的新产品要在新产品开发企划书上突出显示新产品能给消费者带来的利益。

（3）必须对新产品的效果和价值进行科学论证。

（4）在新产品企划书上要标明新产品的质量、效果、功能等。

新产品开发报告

【写作导引】

新产品开发报告比新产品开发企划书要复杂得多，内容更加丰富，涉及的因素也更多，撰写起来也要花上更多的精力。新产品开发报告指的是，对新产品进行开发的团队向上级主管的汇报，汇报内容是关于整个新产品上市的构想的。一般情况下，新产品开发报告包含以下几个重要方面。

一、市场概括

（1）市场的规模：当前市场的销售总额以及市场能容纳的最大销售量，包括消费者总量、消费者的购买总数等。

（2）市场的构成：构成当前市场的主要竞争品牌以及各品牌所占据的市场份额等。

（3）市场构成的特性：市场构成因素有无季节性？有无暂时性？有无其他突出的特点？

二、企业概括（略）

三、企业营销环境分析

1. 企业营销环境中的宏观因素

（1）企业所处目标市场的宏观经济形势、消费趋势等。

（2）行业分析：包括行业结构、行业绩效、行业前景分析，以及识别行业竞争公司，辨别竞争公司的营销战略和竞争公司的营销目标。在评估竞争公司的优势与劣势之后，要选择有效的营销战略进行进攻和防守，此外还要对竞争公司的市场占有率、品牌优势、市场区域、产品定位、广告宣传、促销活动、销售渠道、定价策略等方面进行——分析。

（3）市场的政治形势：分析当前市场的政治环境是否有利于产品进入市场。

（4）法律背景：国家颁布的法律法规是否会对新产品进入市场造成阻碍？

（5）文化环境：当前市场情况下的文化环境是否会影响新产品的销售和宣传？

2. 企业营销环境中的微观因素

包括企业与供应商之间的关系，企业新产品的中间商问题，企业与消费者之间的关系，企业新产品与竞争产品之间的关系等。

四、与竞争者比较

从企业的规模与组织结构，企业的内部管理制度，到企业新产品的推销与服务、新产品的包装和特点、新产品的成本和定价、新产品的生产周期和速度等方面进行比较。

五、企业 SWOT 分析

1. S——优势（Strength）

2. W——弱势（Weakness）

3. O——机会（Opportunity）

4. T——威胁（Threat）

5. SWOT 分析总结

六、新产品开发情况

1. 新产品基本情况

（1）新产品名称；

（2）新产品编号 / 规格；

（3）新产品外形图；

（4）新产品介绍；

（5）新产品样品等。

2. 新产品开发人员

3. 新产品开发负责人

4. 新产品开发费用

5. 新产品开发进度

6. 新产品开发制程

7. 新产品制造成本

8.新产品开发相关部门意见

七、新产品营销战略

1.营销理念

2.营销目标

3.目标市场

4.营销策略组合

5.营销渠道

八、财务分析（略）

九、备选方案与效果评估（略）

【文案范例】

"××日用品"有限公司

新产品开发报告

编号：   年　月　日

新产品名称／规格		新产品描述 （功能、外形、重量等）	
新产品外形图展示		市场概括分析 （包括市场规模、市场构成）	
企业概括分析（企业规模、人员、性质、生产经营状况等）			
营销环境 分析	宏观环境		
	微观环境		
SWOT 分析	优势		
	劣势		
	机会		
	威胁		

（续）

开发团队		开发负责人	
开发费用		制作成本	

新产品开发进度/制程：

新产品营销渠道：

待改良事项：

结论：

总经理指示：

【写作要点】

（1）语言简练。新产品开发报告是针对企业新开发的产品进行描绘，在这份报告中要体现各方面的情况，如果叙述较为啰唆的话，会加大读者的压力，也会影响整个报告的质量。

（2）逻辑清晰。什么地方该写哪些东西一定要有清晰的逻辑思维，不能随随便便地写，要由浅入深，由小到大，一层一层递进式地进行描写。

（3）图文并茂。由于新产品开发报告的严谨性，在撰写时，可以运用大量的表格、图片等进行描述，让读者一目了然。不要用冗长的语言叙述，避免读者失去阅读兴趣。

新产品开发可行性分析报告

【写作导引】

新产品开发可行性分析报告指的是，在进行新产品开发之前，要基于企业的现状和市场当前环境状况等，对新产品的开发进行具体分析，研究产品的可行性和可操作性，以及预测新产品上市之后可能达到的效果和具体实施步骤，将所有资料整合在一起，撰写出新产品开发可行性分析报告。

一般情况下，新产品开发可行性分析报告包括以下几个方面。

一、开发项目名称

二、产品开发承办单位

三、开发项目负责人

四、可行性分析

（1）市场分析：调查企业所处市场的历史发展和现状，分析企业新产品上市之后适合哪个阶段的市场发展。

（2）价格分析：调查市面上已存在的同类产品的价格，进行分析。

（3）竞争分析：调查当前的市场总份额及竞争对手所占的市场份额，分析新产品能占多少市场份额；调查竞争对手的市场经营状况、营销策略、研发技术、资金支持、品牌影响力等。

（4）消费者分析：分析消费者的喜好、需求、消费方式等。

（5）政策分析：调查市场当前的法律背景、政治形势等，分析是否会得到政府或者其他机构的支持或干扰。

五、技术可行性分析

（1）技术指标：新产品的技术要求、技术含量、网络结构、技术目标及新型研发技术等。

（2）技术队伍：新产品开发的技术研发队伍、技术人员及技术团队的负责人等。

六、资源可行性分析

包括新产品所需的资源和开发时间等，要对新产品开发的资源进行详细的介绍，并且要有足够的资源以备不时之需，在新产品开发时间上要注意控制开发过程，保证新产品的开发拥有足够的时间。

七、知识产权分析

企业自主研发新产品，在注意不牵扯其他专利或产权的基础上，也要保证自己的产权受到保护，在新产品的开发分析报告中要体现出对于新产品的知识产权保护意识，或者申请专利等措施的相关意见与建议。

八、新产品的基本情况

（1）新产品开发的生产规模。

（2）新产品开发的生产设计方案以及生产设备方案。

（3）新产品开发的制作过程及进度。

（4）新产品的价格分析。

（5）新产品开发的成本估算、投资估算以及资金筹措等。

【文案范例】

"××汽车"有限公司新产品开发可行性分析报告

编号：　　　　　　　　　　　　　　　　　　　年　月　日

新产品名称		开发数量	
新产品规格／型号		开发单位	
企业概况分析（企业规模、企业性质、人员数量、生产车间、经营状况等）			
市场对新产品的需求分析（新产品外观、尺寸、功能、材料等）			
市场竞争对手分析（竞争对手的市场份额、经营状况、营销策略、产品价格等）			
消费者对新产品的认可度及接受度分析			
市场预测分析（新产品开发进度、制程、试验结果等）			

（续）

开发人员信息（设计开发部门、质量检测部门、资源采购部门、技术负责人等）	
新产品的设计理念和制作技术的设想过程	
新产品试验和设计问题及风险评估分析	
新产品开发进度分析	
年度效益分析（新产品成本估算、价格估算、年产量等）	
投资分析（新产品人员投资、资源投资等）	
现产品销售策略分析	
总结	

审核：		制表：	

【写作要点】

（1）内容真实。新产品开发可行性分析报告是企业对即将开发的新产品做出的基于当前营销环境下的详细调查，在报告撰写过程中，所有需要用到的数据、资料、信息都必须是真实有效的，不能有任何的虚假和夸大。只有对报告内容做到真实有效，才能真正确定新产品开发的可行性。

（2）未来预测。新产品开发可行性分析报告毕竟是企业用来增加效益或扩大规模的一种策略，在对新产品是否具备可行性操作的分析时，必须对将来实施具体方案做出预测，这样才能保证新产品在之后的开发制作过程中能够顺利进行下去。

产品包装策划方案

【写作导引】

产品包装策划指的是企业在对产品进行包装之前，根据企业的产品特点、功能、价格等因素，结合市场与消费者的需求，对产品包装的方式、档次、条件等，进行整体性、规划性的设计和策划。

包装是对产品的外部进行包装，是企业实施产品策略的一个重要因素，产品的包装要具备识别性、便利性、美观性、安全性等功能。包装是产品不可或缺的重要部分，产品只有经过包装之后，才是真正的生产结束。包装是一项兼具复杂性和艺术性的工作。包装设计要符合消费者的心理、宗教信仰和风俗习惯等。包装人员在对产品进行包装时一定要达到这些效果：凸显产品的特色和风格、与产品的价值和价格保持在同一水平、既要安全美观又要便于运输和传递、消费者使用方便等。

对于企业而言，产品包装是一种附带的营销策略，包装甚至成为了一种非常重要的营销工具。包装的基本功能主要是保护产品不受损害，但随着消费者心理需求的变化，近年来，产品的包装越来越复杂多样，既要能够保护产品，又要能够吸引消费者的眼球，因此在进行产品包装策划时一定要包含以下几个方面。

一、包装标签

包装标签一般是指挂在或者贴在产品包装外面的文字、图案等标志性说明。标签可以设计得很简单，也可以设计得很复杂，无论是简单还是复杂，都一定要注意标签的内容要富有想象力、吸引力，能够让消费者在识别产品功能的同时，也能被标签的设计所吸引，从而达到促销的作用。

通常情况下，包装标签要包含这些内容：生产单位、销售公司、产品名称、商标、产品的组成成分、产品的特点和功能、产品的使用方法及用量、产品编号、产品贮存条件、产品质检标志、产品的生产日期及有效期等，有些产品在包装上也包含产品的设计理念等。

二、包装标志

包装标志指的是产品在运输过程中的外部图案、文字等说明。包装标志一般分为如下几点。

（1）运输标志：又称唛头，指的是在产品的外部包装上印上收件人或者寄件人的姓名缩写、参考号码、运输目的地或中转站、产品件数、运输批号等。

（2）指示性标志：指的是在产品运输过程中，运输人员在装卸、搬运产品等时应该注意的事项，比如轻拿轻放、小心翻滚、不宜用力等。

（3）警告性标志：指的是运输的产品有可能是易燃、易爆、易腐蚀的危险品，运输人员在运输过程中可以通过这些警告性标志了解产品的危险性。

三、设计构思

产品包装构思是设计的灵魂，每件产品包装的设计构思都是独一无二的，没有任何的公式和程序可参考，只能依靠自己的想象和创造。在产品包装的构思过程中，一定会经历多次的失败和否定，需要不断地进行修改和补充，这个过程是漫长的，也是可贵的，如果产品包装上能够体现出产品包装设计构思的过程或者构思理念和想法，一定能够让产品得到更好的宣传。

【文案范例】

"××电子"产品包装策划方案

一、"××电子"包装构思

电子产品的包装设计一定要基于产品安全这一点，在这一基础上进行包装设计美化等。电子产品是非常易碎、易坏的产品，任何一点轻微的碰撞都有可能导致电子产品的损坏，因此在产品的包装设计上，我们决定运用美学原则，通过对电子产品的形态、颜色等要素的改变，设计一款既能吸引消费者的眼球，又能完全保护产品不受外力影响，同时还拥有公司品牌形象和标志的包装容器。

二、产品分类包装设计

1. 大型产品包装设计

在大型电子产品的包装上，我们决定以瓦楞纸箱为包装材料，辅以全木桨牛卡材料，将大型电子产品包装在内，底部设置防震装置板及缓冲泡沫板，这样既可以减轻运输过程中的挤压力度，又能够实现成本低、工序少的流程。

2. 中小型产品包装设计

中小型电子产品包装起来相对简单，在包装设计上，我们会在外部包装材料上呈现产品的图片，让消费者能够对包装盒内的产品一目了然，满足消费者的好奇心；同时会在包装盒内部填充气泡薄膜，起到防震、防潮的作用。

3. 配件类产品包装设计

这类产品的尺寸较小，包装非常简单，我们决定在这类产品的包装上尽可能地凸显品牌风格和魅力，采用科技性与时尚性的元素，力求给消费者一个视觉冲击。

三、产品文字包装设计

电子产品外部包装上的文字设计可以适当地采用一些高科技展示技巧，但是要具备可读性和可视性，不宜过于夸张。

在产品外部包装设计上，我们会在包装盒的主展示面印上企业的名称、产品名称、广告宣传语等。字体相对较大，同时又富有品牌个性，能够快速引起消费者的兴趣。而在包装盒的侧展示面，我们会印上产品的注意事项，字体会设计得相对较小，风格会相对内敛，采用规范性的语言和格式，给消费者留下一个好印象。并且在包装盒内也会放入详细的产品使用说明书，方便消费者阅读。

【写作要点】

（1）尊重事实。消费者最关心的不是包装的价值，而是产品的价值，产品在包装上如果不注重事实，一味追求高端，特意运用一些有歧义的标签或图片说明产品，很容易引起消费者的误解。

（2）成本不宜过高。随着消费者对产品包装的重视，越来越多的厂家开始在产品包装上大花心思，导致很多产品的包装成本远远高于产品价值，这样的包装对于消费者来说非常具有欺骗性，容易引起消费者的不满。

（3）注重环保。很多产品的包装材料五花八门，虽然看上去非常有吸引力，但有些材料的污染性很强。现在我们提倡环保，在产品包装上要尽量采用一些环保、安全的包装材料。

产品需求说明书

【写作导引】

产品需求说明书指的是，为了方便产品使用者和开发人员对产品有全面的了解，便于使用和交流而编制的一套文档。产品需求既可以作为产品开发的依据和基础，也可以作为产品测试和验收的依据。在编制产品需求说明书时，要包含以下内容。

一、文档概述

文档概述是对产品需求说明书的简要概述，包括产品说明书的目的、范围、参考文档和专业术语解释等。

（1）文档目的：阐述编制这份产品需求说明书的目的，或者想要达到怎样的期望。这部分主要是为了定义产品需求说明书的特性和需要。它涵盖了产品目标用户需要的产品功能以及需要这些功能的原因，另外要详细叙述产品的设计约束、非功能性的需求以及产品的关键外部流程等。

（2）文档范围：产品需求说明书的范围、相关产品需求以及产品需求说明书中包含或影响到的其他产品。

（3）参考文档：在产品需求说明书中标注所有参考，或者引用的其他文件和资料，完整地列出这些参考资料的来源，可以通过参考附录的形式列举出来。

（4）专业术语解释：为使用者提供正确的术语、产品名称缩写和缩略语，对产品需求说明书中的专业术语进行解释。

二、产品介绍

产品介绍是对产品的整体描述，如果产品需求说明书是升级版本，可以直接引用基础版本，如果产品需求说明书是全新的版本，需要对产品进行重新描述。

（1）产品背景：详细介绍产品的开发背景，分析产品背景对产品的影响。

（2）产品定位：详细概述产品在市场中的定位，用于向开发人员和使用者展示产品的重要性。

三、相关方和用户说明

明确在需求流程中所有的相关方和用户，以便有效地提供符合相关方和用户的产品需求说明和服务。在这一部分要提供参与产品的相关方和用户的简要资料，以及站在用户角度提出需要解决的难题和请求。

四、产品功能概述

（1）产品效果：在这部分要将产品的效果进行详细的说明，如果产品有许多配件，要详细说明配件之间应该如何进行组合安装，确定各个接口之间的配合。如果产品是一个整体，要对产品的总体效果进行详细说明。

（2）产品功能：总结产品的功能，包括产品的优点，帮助读者快速了解产品的功能。

五、产品功能性需求

（1）功能性需求概述：在这部分列出产品的特性，特性是为了让读者能够获得更高级的系统功能，一般情况下，这种功能是需要借助特别的方式或一系列输入来实现的预期结果。产品功能性需求的详细介绍必须使产品架构设计人员和软件需求设计人员能够轻而易举地读懂，并且根据说明设计出满足这些需求的产品。

（2）产品各个功能性需求描述：对产品所有的功能性需求进行详细描述。

（3）产品功能关联：将产品的功能性需求详细叙述之后，要对这些功能之间的关联进行描述，这部分建议采用图文并茂的形式来详细说明。

六、产品质量需求

详细描述产品的质量需求，包括产品的性能、安全性、便捷性等，便于相关方和用户都能清楚地了解产品的质量。

七、文档需求

说明为支持产品成功开发或升级而必须制订的文档，包括产品说明书、用户手册、安装指南等文档。

八、附录：需求确认

这部分包括需求评审和需求承诺，产品必须通过需求评审步骤，才能获取责任人的需求承诺。

【文案范例】

"××"软件开发有限公司

新产品需求说明书

一、封面

文件状态	文件编号：	
	文件版本：	
	文件编制：	
	编制日期：	
	审核人：	
	审核日期：	

单位名称：

单位地址：

二、目录（略）

三、正文

1. 目的

本文档的目的在于，以详细的产品需求使"××"App参数能够展示用户的身体健康信息。

2. 定义

"××"App是一款由GPS和iOS系统联合开发的个人运动定位的软件，它占用内存小，精确度高，一旦下载，可以终身使用，让用户能够时刻了解自己的运动情况和健康情况。

3. 参考资料

（1）图书：《xxxxxxxxxxxx》《yyyyyyyyyyyyyyyy》《zzzzzzzzzzzzzzzzzz》

（2）网址：××××××××××××××××

4. 术语解释

术语 / 缩略语	解释

5. 产品介绍

"××"App 是一款全新开发的健康 App，能够让用户更轻松地了解自己的运动情况和健康状况，还能帮助用户制订运动计划，并提醒用户完成计划。它主要将用户的位置定位和软件自带的数据分析系统结合在一起，识别用户的健康状况。

（1）产品定位：这款 App 适用于任何用户，只要拥有手机就可以随时下载使用，不收取任何额外费用。

（2）产品使用规范：请在产品规定的情况下安全使用此 App，具体情况可参考产品使用手册。

6. 相关方和用户说明

（1）相关方说明

相关方	说明

（2）用户说明

用户	说明

7.产品的功能性需求

（1）功能性需求分类

功能类别	功能标识	操作描述	补充说明
功能 A			
功能 B			
功能 C			

（2）各个功能的详细介绍

（3）功能之间的关联

8.产品的非功能性需求

（1）用户界面需求

名称	详细描述

（2）产品环境需求

名称	详细描述

（3）产品质量需求

产品属性	详细描述
安全性	
隐私性	
可靠性	
兼容性	
可扩展性	
……	

（4）其他需求

名称	详细描述

9. 需求确认

（1）需求评审

需求评审报告	
需求文档	
评审结论	
评审意见	
评审人	

（2）需求承诺

需求承诺报告	
需求文档	
客户承诺	
项目团队	签字：　　　　日期：
项目负责人承诺	签字：　　　　日期：

【写作要点】

（1）一致性。保证产品需求说明书的各个需求之间不会产生矛盾的情况。

（2）必要性。产品需求说明书中的各项需求对于用户来说是必要的，这样的需求才有存在的必要，在制订产品需求说明书时要尽量取消那些画蛇添足的需求。

（3）可实现性。产品需求说明书中承诺的各项需求必须具备可实现性，满足产品的质量、费用、技术等约束，对于客户提出的一些完成不了的需求不要一味承诺，而是要有所选择。

产品使用说明书

【写作导引】

产品使用说明书是介绍产品安装、调试、使用、维修保养的应用文本。它是一种有关产品知识和使用须知的科技应用文体。一般按照用户的认知习惯和认知程度以及一定次序准确阐述。它被广泛地使用在各类产品上，是科技应用文中使用范围最广、适用面最宽的一种文体。不同类型的产品，对产品说明书的要求也不一样，生活用品及部分医药品的说明书内容简单，篇幅较短，具有广告色彩；生产、科研产品、专用产品、仪器设备产品的说明书内容较为详细，具有一定格式。

产品使用说明书一般有两种类型：一类是包装式，把产品说明印在产品的包装上；另一类是内装式，印制的纸质产品说明书，装订成小手册置于产品包装内。

把产品的功能、用途、使用方法和维护方法等用文字的形式书写下来，印制成册，可以方便用户阅读，也能进一步增进用户对产品的认识和了解，熟练掌握产品的操作方法和使用方法。产品使用说明书其实是在开发者和用户之间建立起的一座桥梁，能够让双方心意相通。产品使用说明书中的产品知识介绍得非常直观，而且产品使用说明书在一定程度上也能起到一种广告宣传的作用，帮助企业吸引更多的消费者。

产品使用说明书的类型不同，书写的格式也有所不同，但是在通常情况下，产品使用说明书的文本结构如下所示。

一、标题

标题可以是产品名称、产品商标、产品编号等。

二、前言

前言起到引起正文的作用，主要简述产品的适用范围、目标人群等。

三、正文

产品使用说明书的正文一般包括产品的制作原理、产品的主要成分/构成、产品的技术指标、产品的使用说明、产品的维护等。在正文部分要适当地配以图片介绍，便于用户直观地了解产品。

四、落款

最后落款部分要交代产品企业的名称、地址、邮编、联系方式等，表示对产品和用户的负责。

【文案范例】

"××电器"有限公司

一、封面

"××冰箱"使用说明书

使用该产品前请详细阅读本说明书

请妥善保管，以备参考

本产品解释权最终归本公司所有

二、内容

致用户公开信

尊敬的"××冰箱"用户：

您好！非常感谢您选择了"××冰箱"。"××冰箱"质量上乘，品质卓越，绝对是您最正确的选择。为了您能够安全使用本产品，请您在使用前仔细阅读产品使用说明书，按照说明书的步骤操作产品。在使用过程中，有任何问题都可以按照说明书后面的联系方式，联系我们。我们将竭诚为您服务。

产品特点

1. 全频技术

本产品具有噪声小、冷冻快、保鲜效果好等功能，且相互促进，性能更加优越。本产品还可以根据用户的室内温度进行自动调节，还能够自动调节压缩机的变频速度，让冰箱一直处于最好的工作状态。

2. 温度区域

本产品具有常温、冷藏、冷冻三种温度区域，可以满足用户的所有保鲜需求。

3. 智能报警

一旦本产品出现问题，报警系统就会发出警告，以便用户能够及时查看冰箱的异常状态。如下图所示。

正常状态：图（略）

异常状态：图（略）

4. 低能消耗

冰箱在晚上10点之后会自动开启低能消耗运行，在保证基本功能的基础上帮助用户节省能源。

5.可清洗功能

本产品采用专门的制作技术，确保您的冰箱能够时刻保持清洁，让您能够放心使用。

拆装流程：图（略）

产品配件说明

图（略）

安全标志

图（略）	禁止标志
图（略）	警告标志
图（略）	注意标志

安全注意事项

（1）本产品使用交流电×××V/××Hz电源。如果超过电源范围，可能会造成产品不启动或者烧坏的情况，请谨慎使用。

（2）不要损坏电源线，在拔掉电源时要握住电源插头，不要仅拉扯电源线。不要用外物挤压或者踩踏电源线。

（3）当电源线破损时，要立即停止对本产品的使用，应尽快前往门店或联系商家更换新的电源线。

（4）在对本产品进行维修和清洗时，要注意拔掉电源线，将电源线放置好，不要沾到水。

（5）本产品主要功能是保持食物的新鲜，切忌把易燃、易爆、易腐蚀等物品放入其中。

（6）不要在本产品的上部放置过重的物品，以免产品倒塌造成意外。

放置环境

（1）将本产品放置于平坦地面。切勿将产品包装内的泡沫板作为放置垫，如果需要加高，要选择坚硬、平坦、有摩擦力的放置物。本产品底脚可以调节高度，建议用户将产品高度保持在一定范围内，以供用户更好地使用。

（2）不要将产品放在阳光直射的位置，以免对产品性能造成损坏。产品应放置于通风处，保证空气流通。

（3）食物不要存入太多，请在本产品容纳的范围内放置食物，以免影响产品的保鲜功能。在开关冰箱门时请注意力度，不要过度拉扯或大力拍打。

功能介绍

图（略）

三、背面

商标：图（略）

商家名称："××"电器有限公司

商家地址：×× 省 ×× 市 ×× 街道 × 号 ××××

联系方式：185×××××××

电子邮箱：××××××××@163.com

【写作要点】

（1）知识性。要详细地描述产品的性能、用途、使用方法等。

（2）责任性。在产品使用说明书上要印上真实的产品名称、公司名称、产品编号、产品商标、产品批号等。

（3）通俗性。产品使用说明书是面向所有用户的，用户人群的文化程度、知识水平都是不统一的，在语言的运用上要注意通俗些，尽量使大多数用户都能够读懂、看懂。产品使用说明书的存在就是让用户能够清楚该怎么用。

（4）多样性。产品使用说明书的样式有很多种，有单页、活页、手册、卡片等，在印制上，尽可能多地采用图片、彩印等方式，方便用户阅读，做到图文并茂。

第7章
产品价格文案

产品成本分析报告

【写作导引】

企业对产品价格或者服务价格的各个部分进行客观的分析之后，将分析出的结论用书面材料的方式记录下来，形成产品成本分析报告。

在产品分析报告的撰写中要注意以下几点。

一、定价目标

定价目标指的是企业通过对特定产品的价格进行判定或调整，达到预期的目标。企业在制订定价目标时要注意以下几点。

1.追求效益最大化

2.维持或者提高企业市场占有率

3.实现企业预期的投资回报率

4.实现企业的销售增长率

5.适应市场价格竞争

6.维持企业的营业额

7.维护企业的品牌形象

二、成本构成分析

成本构成主要包括产品的技术成本、人工成本、配送成本、客户成本、法律成本、风险成本等。

产品的成本分析报告格式一般由以下几点组成。

1. 标题

标题是由进行产品成本分析的单位、分析的时间、分析的内容三方面构成的。比如《××企业××年的××产品成本分析报告》等。

2. 数据表格

有些企业的产品成本分析需要借助图片或者表格的形式体现。产品成本分析的数据表格一般包括产品原材料成本表、产品制作费用成本表等。

3. 分析说明

分析说明主要以表格数据为分析基础，对产品的成本进行分析。一般情况下，影响产品成本的因素有：企业固有的因素、市场宏观环境、企业经营管理因素、企业生产技术因素等。在进行产品分析时要对这几种因素进行具体的分析，说明哪些因素对产品的成本造成了影响。

4. 提出建议

产品的成本分析报告主要从影响产品成本的因素进行分析，找出影响产品成本的因素之后，针对产品成本的升降原因，提出控制产品成本的建议和措施，以供读者参考。

【文案范例】

"××电子商务"成本分析报告

一、电子商务的定价目标

电子商务的主要成本包括上网费、信息费、网上支付以及配送费等，所有在电子商务活动中产生的费用都是网上购物的成本。只有当电子商务的总成本低于传统成本的总和时，消费者才会愿意选择网上购物方式。

此外，产品的外观、包装和配送时间以及售后服务等一系列购物操作，必须能够满足消费者的购物需求和心理，并且这种满足感必须高于消费者在传统购物模式下的满足指标。

因此，在对电子商务进行定价时，必须结合以上需求进行定价，让消费者能够享受到在传统购物模式下不能享受到的更快捷、更方便、服务更好的体验，让消费者能够放心、安全地进行网上购物，这才是电子商务最终的定价目标。

二、电子商务的成本分析

成本数据分析表格：略。

电子商务的成本指的是客户在网上应用其中的软件硬件配置、信息获得、网上支付、信息安全、物流配送、售后服务等产品在生产和交流过程中所产生费用的总和。

1. 技术成本

电子商务是各种网络技术结合的产物，在电子商务上的投资是非常昂贵的，其次，网络管理流程也非常复杂，包括网站或者产品的维护费用，使得很多传统企业望而却步。很多企业面对这种复杂的技术平台无法应对或者无法支付高昂的费用，因此造成电子商务的成本非但没有降低，而且投资的力度也大大减少。

电子商务的技术成本一般包括以下几点。

（1）软件硬件的成本。

（2）学习成本。

（3）维护成本等。

2. 安全成本

任何情况下，产品的交易安全性都是消费者最关心的问题，而电子商务这种高科技的虚拟交易流程更是受到消费者的怀疑，因此企业在进行网络交易时，一定要保证消费者消费的公平性和安全性，保证消费者的权益不受到损害，保证网上所有传递信息的完整性和保密性，这一点是不可或缺的，也是电子商务能够发展的关键所在。

电子商务的安全成本主要包括以下几点。

（1）软件硬件的安装使用。

（2）安全协议规章的学习。

（3）安全培训。

（4）技术学习等。

3. 配送成本

在电子商务中，最要解决的难题就是产品的物流配送问题。电子商务的配送成本一般包括以下几点。

（1）存储费用。

（2）运输费用。

（3）配送人员费用等。

4. 客户成本

客户在进行网上交易时会产生成本费用。客户成本虽然不列入商家的运营成本中，但是对于电子商务的发展也有着重要影响。电子商务的客户成本一般有以下几点。

（1）客户上网费。

（2）客户咨询费。

（3）交易成本等。

5. 法律成本

电子商务造成的法律成本也是非常大的，包括以下几点。

（1）网上购物纠纷的司法鉴定。

（2）跨国或地区网上交易时法律的适应性。

（3）安全支付与保密、授权认证中心管理。

（4）进出口及关税。

（5）知识产权保护。

（6）个人信息保密法律等。

6. 风险成本

风险成本是一种隐形成本，无法对具体事项进行界定，因此成本非常不易确定，只能提前对风险进行预估并预算成本。

三、问题分析

目前很多企业都把眼光定在电子商务的利润之上，有些企业为了增大利润而忽略了电子商务的安全性和服务性，大量缩减电子商务的成本，导致现在很多消费者对网上交易持怀疑态度。因此，企业可以选择缩减成本，但是前提是必须保证消费者的权益能够得到最大的保护。

四、建议与意见

略。

【写作要点】

（1）全面分析和重点分析相结合。在进行产品成本分析时，要有策略、有重点地进行成本因素分析，在全面分析的情况下，注重重点分析的重要性，让阅读者可以清晰地了解影响产品成本的具体因素。

（2）专业分析和群众分析相结合。在进行产品成本分析时，不仅要站在专业的角度，还要懂得站在消费者和群众的立场。特别是研究升或者降成本时，一定要全面考虑所有因素和影响。

产品定价分析报告

【写作导引】

产品定价分析报告指的是企业根据内外环境的分析情况并结合最终利润目标，确定产品的合理价格的文书。产品定价分析报告必须以市场为导向，对市场中产品的价格进行调查分析之后，以真实、可靠的市场调查结果为基础，进行产品定价。

通常来说，产品定价分析报告主要包括以下主要内容。

一、产品的定价目标和定价范围

产品定价目标指的是企业在对其生产或经营的产品制订价格时，要制订企业将要达到的目的和标准。产品的定价目标是指导企业进行价格决策的主要因素。不同行业的企业，在不同的时期、不同的市场条件下，产品的定价目标也有所不同。

产品定价范围指的是企业根据产品的成本、市场的供需、竞争对手的价格等因素来确定产品的定价范围。一般情况下，企业对产品的最终定价不会超过产品的定价目标范围。

二、公司的基本情况

公司的基本情况包括公司背景概括，比如公司的性质、公司的规模、员工的数量、公司的产品生产技术等；公司的发展状况，比如公司的发展速度、公司取得的成绩等；公司的主要产品，比如公司的产品性能、产品的特色和优势等。

三、行业的基本情况

行业的基本情况包括市场的发展趋势、市场的供需、市场的产品特质等。企业只有了解到行业的情况和变化，才能更加准确地对产品进行定位，从而对产品进行定价。

四、销售具体情况

销售具体情况包括企业生产的产品种类，各种产品的销售量等。企业的往年销售情况决定着未来企业的产品定价。

五、定价预测

企业想要制订合适的产品价格，就必须事先对产品进行定价预测。市场的变化是每时每刻的，这就要求企业不仅要着眼于现在，更应该关注未来，产品定价预测对于企业未来的产品定价活动与决策有着重要的指导意义。

六、其他事项

略。

【文案范例】

"××公司"产品定价分析报告

一、公司简介

"××公司"主要经营产品包装盒和包装袋，是目前中国最大的包装生产厂家。公司每年的产量规模和经济效益连续多年位居中国包装行业的首列，20××年，"××公司"被相关认证机构认证为高新技术企业，其后又被评为全国最优秀高新技术企业，更是中国 100 家大型科技公司之一。

二、基本情况

1. 有利因素

公司所属的包装行业，属于绿色环保包装范畴，是目前国际市场的发展趋势。据调查，在市场上，绿色环保包装更容易受到消费者的喜爱和国家的支持，而我国的消费者心理也在日益成熟，对于绿色环保的意识也越来越强，特别是一些保护环境的慈善或者公益事业，也都纷纷使用和宣传公司的产品，因此，整个行业的发展前景相对较好。

而且公司严格控制产品成本，原材料都是由合作公司提供，享受很多的优惠服务。另外，公司的产品回收工作也相对较成熟，回收工艺也非常先进，每年的生产废料不超过 × 吨，低于全国平均水平的 15%，这样既保证公司的成本较低，又符合公司绿色环保的理念。

2. 不利因素

随着中国加入 WTO，很多外资企业也随之涌入市场，公司的生产能力和速度与外资企业相比明显不足，规模效益不够明显。而一直以来，公司的资金运转就不够灵活，常常负债经营，因此，在目前这样的市场竞争之下，公司所经营的产品在短时间内很难有较高的盈利。

3. 产品分析

公司属于包装行业，成长空间较大，主要的包装产品在经济发展较好的城市销售较好，特别是在一线城市，产品拥有一定的性价比优势。

三、行业分析

包装盒的原材料为纸板，而造纸行业属于国民经济的基础原材料产业，与人们的生活息息相关，其增长速度高于整个国民经济的平均增长水平。我国一直是造纸大国，但也是消费大国，在纸板总量上一直是供不应求。根据国家相关机构的统计，每年我国对于纸和纸板的消费总量高达 ×× 万吨，位居世界第二，但是我国每年人均消费量为××千克，低于世界人均消费水平的一半。因此，我国非常重视造纸行业的发展，提出一系列优惠政策，希望能够促进造纸行业的良性发展。但是这种优惠政策却给公司带来了威胁，近年来，很多大纸厂都在进一步扩大规模，提高自身的产品质量并不断降低产品成本，使得纸板行业的竞争越来越激烈，对于公司的影响也越来越大。但是同样的，各种政策的出台，也使得纸板行业有着巨大的发展空间和潜力。

四、公司主要产品销售分析

据调查，自20××年起，公司的主要产品每年销售量为××万～××万吨，销售量和销售效益基本保持稳定，可见企业在激烈的竞争市场上并没有受到太多的压力，但是同样也没有进步。因此，根据公司新制订的战略规划，预计在明年年底，产品的销售量要达到×××万吨，公司要不断挖掘市场的潜在需求，增加自身竞争力。

五、产品定价预测

根据资料显示，公司20××年到20××年的产品定价情况如下表所示。

"××公司"产品定价情况表

年份	产品销售收入（万元）	利润（万元）	产品单价（元）
20××	×××××××.×××	×××.×××	×××
……	……	……	……
20××	××××××××.××	××××.××	×××.×

从上述资料来看，近几年的公司销售收入缓慢增长，每一年都比前一年增长3%左右，结合去年的销售业绩报告和市场调查情况，产品定价预测决定在去年的价格上提高4%，以便推动企业的发展。

【写作要点】

（1）成本分析。企业在撰写产品定价分析报告时，要根据企业产品的成本，包括原材料成本、人工成本等因素进行定价分析。定价不能低于成本，否则企业就无法达到营利的目的，但是也不能高于成本太多，不然会导致产品无法销售出去。因此，企业一定要对产品的成本进行详细分析，以此作为定价的依据。

（2）竞争分析。企业的产品在市场中，肯定会被消费者拿来和竞争者进行比较，企业如果对于竞争者没有一个详细的了解和分析，无法判断出自身产品相较于竞争产品的优势，就会导致企业在撰写产品定价分析报告时，缺乏定价依据，无法做出正确的定价预测。

（3）市场分析。市场分析包括市场需求分析和消费者需求分析。企业只有明确了市场需求才能明确产品的价值。因此，在撰写产品定价分析报告时，要对市场进行详细分析。只有了解市场的需求和消费者的需求，才能为定价预测提供可靠的依据。

产品定价方案

【写作导引】

产品定价是企业定价的一个重要环节。产品定价是否合理，不仅关系到企业的产品是否能够顺利地进入市场，吸引消费者，帮助企业取得较好的经济效益，还关系到产品本身的销售和企业的未来发展。一般情况下，产品定价可采用撇脂定价法、渗透定价法和满意定价法。

企业在进行产品定价时要考虑以下因素。

一、评估和量化利益

在进行产品定价时，企业应该准确地评估和量化产品能够带给消费者的利益，这些利益可能是功能性的，可能是与产品生产过程有关的，也可能是与拉近和客户之间关系有关的。关键问题是企业要从市场收集信息而不是轻信自身的主观理念。企业通过评估和量化利益，可以确定产品有效的价格上限，也可以在对比了市场上存在的其他竞争产品之后，确定自身产品的价格上限。总之，企业在进行产品定价时，了解相关产品的封顶价格是必要的。

二、衡量市场规模

衡量市场规模指的是企业为产品限定边界，确定企业产品的利益水平上的潜在市场规模。企业对潜在市场的准确衡量不仅是估计产品的生命周期的必要因素，还是企业分析产品成本的基本要素。

三、确定最低限价

有时企业面对无法确定和分析产品的价值，或者给产品制订怎样的价格才能保证企业的利益的情况，当面对这种情况时，企业必须建立正确的产品最低价，保证企业产品的定价要高于产品生产成本。

四、确定投放价格

企业对产品的定价界限确定以后，就可以开始确定具体的产品投放价格了，简单来说，产品的投放价格必须基于市场能够接受的价格。从本质上来说，企业产品的投放价格是可以被消费者接受的价格。对于企业的产品来说，投放价格可以是产品价目表、生产商建议的零售价或者其他先导价格等。对于某些特殊定制的产品来说，价格可以是基于某种特定功能水平而达到预期成本的全部感知。投放价格对于产品定位是非常重要的，因为它可以显示出产品的价值是多少。

五、预测竞争企业的反应

企业在对产品进行定价时，要预测竞争企业的反应，如果定价的产品是改进产品或者模仿产品，必须清楚地评估其他竞争企业可能做出的反应，以此来避免产品遭到抵制或者企业的效益遭到损失。如果企业的产品定价过低，可能会引起市场的排斥，影响市场的正常发展，因此，企业在投放产品价格前一定要事先对市场进行预测。

六、进入市场

企业产品进入市场之后，企业必须向市场巧妙地介绍产品的价格。在这个过程中，需要良好的耐心和沟通能力，尤其是企业的新产品或者企业的创新产品，消费者对于这些产品并不了解，也不懂得产品的价值，企业必须认真清楚地交代产品的价值和功能，这样才能打消消费者的疑虑。因为市场对于新产品总是持怀疑态度的，企业的产品价格定位一定要清晰、有效、易于接受，这样企业的产品才能顺利地进入市场。

【文案范例】

"××家电"产品定价方案

一、企业介绍

"××家电"目前在世界上拥有500多家连锁经营店铺，在全球30个地区都有专门的生产工厂，是世界排名前三的电器制作商。而随着家电市场的竞争越来越激烈，"××家电"开始加大生产和创新的力度，新推出了一种型号为"××-1"的智能冰箱。

二、产品介绍

"××电器"自20××年就一直是国际电器市场的佼佼者，而前不久新生产的"××-1"冰箱更是结合了"××电器"一直以来的生产理念，具备高度人性化和智能化的特点。冰箱的功能主打高效与安静，即使是在全速工作状态下，也不会发出过于嘈杂的声音。其次，产品的差异化特点也非常明确，采用智能恒温技术，少耗时、少耗电。

三、定价目标

"××-1"冰箱推出的主要目标是提高企业的销售量，扩大企业在市场竞争中的份额，以及扩展企业高端产品的销售路线。

四、产品成本分析

略。

五、方案实施

1. 具体实施过程

由于我国的经济发展水平并不均衡，且地域之间差异较为明显，因此对于此次制订的"××-1"冰箱的新价格在执行上要注意以下几点。

（1）在一线城市，人们的经济水平相对较高，消费也处于高端水平，购买能力很强，且追求时尚个性，因此在这些城市的产品价格制订上可以向上波动×××元。

（2）在二、三线城市，人们的消费水平相对处于中档次，而且消费者更看中产品的性价比，所以在这些城市，产品的价格按照规定价格执行，并且还要加大产品的宣传力度，让更多的消费者了解到新产品的功能。

（3）可以适当地安排一些促销活动，比如团体购买等，适当地给予消费者优惠，刺激消费者购买。

2. 价格控制

由于"××电器"是一家全球连锁的家电企业，因此拥有很多的经销商和代理商，在新产品价格出台之后，企业要做的就是告诫经销商们不允许随便改变价格，以防影响市场发展。

【写作要点】

（1）合理性。企业对产品进行定价时，会根据企业品牌的形象、产品成本、人工成本等因素进行考虑。有的企业会选择定高价，以此来给企业创造效益，但是在定价时，企业要注意产品价格的合理性。

（2）营利性。当有的企业为了吸引更多的消费者购买，或者想要依靠低价来赢得市场时，低价策略是可行的，但是企业的产品价格一定要保证其营利性。

（3）统一性。企业在进行产品定价时，可以按照不同目标市场的情况给产品制订符合目标市场消费情况的价格，但是在一定程度上，产品的定价要保证其统一性，不能随便定价，也不能任意改价。

产品调价通知书

【写作导引】

价格无论是对消费者还是对商家来说，都是一个非常敏感的部分。企业产品价格的高低不仅关系到消费者的购买情况、企业产品的经营情况，还会对企业在市场中的竞争发展产生重大的影响。因此，企业在制订和调整产品价格时，必须要慎重地考虑各种因素，在调查和研究之后，结合市场价格、原料成本、人力成本、行业竞争、营销策略等情况科学合理地进行定价和调价，这样才能保证企业的快速发展。

企业在经营过程中，有时候因为产品的成本增加或者市场需求增大会对产品进行涨价通知。也有的时候，企业为了回馈消费者和经销商，或者市场的需求减少、产品的成本下降而对产品进行降价通知。

一般来说，企业制订产品调价通知书时要包含以下内容。

一、实施日期

实施日期指的是企业根据市场的变化以及对各项数据的分析，确定出一个合适的调价日期，并且将这个日期体现在产品调价通知书中，以便读者可以明确地知道实施日期。

二、调整状况

企业在进行产品价格调整时，要在产品调价通知书中明确产品进行调价的原因，以及产品调价之后会带来什么样的效果等。

三、实施细则

企业对产品进行调价，要怎么样去实施调价的工作，从哪里先开始调价等。

【文案范例】

产品调价通知书

一、针对厂商

亲爱的××公司，您好：

我公司与贵公司多年来一直保持着良好的业务往来关系，在我公司的很多重大活动中，贵公司都帮助了我们很多，对此，我公司上下表示对贵公司的感谢。

目前我们的家具出口退税已经进行了大范围的调整，从之前的 ××% 降到了现在的 ××%，企业的盈利日渐微薄，今年又受到国家政策的影响，与我公司进行合作的外商纷纷要求我公司尽快对产品价格做出调整，他们的理由是，我国的进出口贸易价格已经在下降，而我公司的产品价格却未进行降价调整，他们表示，如果我公司不能及时做出价格调整，他们将取消与我公司的合作。然而我公司与贵公司合作的价格确实不低，这也导致了我公司的经营状况越发艰难。

面对市场上的风云变幻和不断增加的竞争对手，家具市场的形势越发严峻，面对如此强烈的市场竞争，我公司一直积极面对，不断开拓新的市场，不断进行成本压缩，抵御强烈的价格竞争带来的压力。公司内部也多次召开会议研究，讨论公司内部库存积压以及成本降低的问题，并进行裁员、考核等，重点针对市场价格竞争的形势做出快速整改。对产品库存较多的原因进行分析和调查，提出整改措施，不能使用的产品进行报废处理，能使用的产品尽快销售，以便渡过公司的难关。

此外，我公司也一直紧跟市场的步伐，及时清理库存，迎难而上，力求保证企业的效益，然而市场竞争越来越激烈，市场的变化也越来越快，我公司想要在市场中赢得主动权，就必须积极主动地采取措施，控制产品成本，这样才能和竞争对手进行竞争，才能使企业取得长久的发展。

面对家具市场的行情和国家政策，根据我公司财务、督查、物管等部门组成的市场调查小组对市场进行调查研究的结果以及我公司价格控制监督的规定，希望贵公司在 20×× 年 × 月 × 日之前能够降低供货价格，并希望贵公司能够理解和支持我公司。再次感谢贵公司的支持。

YY 家具经销商

20×× 年 × 月 × 日

二、针对消费者

尊敬的顾客朋友们，大家好：

首先感谢各位顾客朋友一直以来对我公司的支持和信赖。我公司本着质量第一、客户至上的经营原则，多年来致力于提高产品质量及调整产品结构，为广大顾客朋友们提供最好的产品和最优质的服务。而这么多年来，我公司也树立了良好的品牌形象和企业口碑，为我公司在市场上奠定了良好的基础。今后我公司也将一如既往地坚持质量第一、服务客户的经营原则，打造高标准、高品质的产品开发，建立合理的价格体系和管理体系，满足广大顾客更高的需求和要求，实现客户与企业双赢的局面。

由于这么多年来，广大消费者对于我公司的支持和理解，以及产区原料价格的适度降低，公司运营成本减少，我公司决定对企业产品的价格进行适当的调整，将于20××年×月×日根据产区的市场情况进行不同比例的调整。在此感谢广大消费者的支持和喜爱。

特此通知

×× 企业

20××年×月×日

【写作要点】

（1）语意清晰。产品调价通知书的目的是让读者能够清晰明了地知道企业想要表达的意思，因此在产品调价通知书的语言表达上，要注意语意清晰，不要使用模糊的词语和句子。

（2）有理有据。企业对产品价格进行调整是一件非常重要的事项，产品的价格不仅与企业的运营息息相关，还关系到整个市场的发展，因此企业的产品调价通知必须说明企业进行调价的依据和理由，要能让人信服。

（3）营利性。无论企业对产品的价格进行怎样的调整，其根本目的是给企业创造收益，因此企业在产品的价格调整上，要坚持营利的原则。

价格管理制度

【写作导引】

价格管理指的是国家通过出台价格政策和价格计划，颁布价格管理法规，建立价格管理体制，健全价格管理规章制度，对价格的制订、调整和执行进行有效的组织领导、协调和监督的总称。

企业的价格管理制度指的是，企业基于内部价格政策和价格计划，在企业内部颁布的价格管理法规，建立的健全的价格管理体制以及价格管理的规章制度。并且企业要求内部人员必须遵守价格管理制度，不能有任何的违规行为。

企业价格管理原则主要有以下几点。

（1）保持企业产品价格总水平的相对稳定，使企业核心产品价格的变动在市场竞争下不致失去控制，以利于企业总体经济的主要比例关系大体协调。

（2）有利于保护企业人员和部门的积极性，使企业的微观经济主体保持活力。

（3）在维护企业整体利益的前提下，兼顾生产者、经营者、消费者的共同经济利益。

（4）正确处理企业与各个竞争对手以及其他企业之间的竞争关系。

一般情况下，企业在制订价格管理制度时，会采用以下几种管理方法。

一、价格计划

企业根据市场经济的发展状况和价值规律作用的要求，在对企业产品的成本和市场对产品的需求度预测的基础上，制订或者调整企业产品价格的计划。价格计划是企业计划的一个重要组成部分。企业在制订价格计划时，要使价格对企业整体发展的调节作用得到充分发挥。价格计划的主要内容包括：综合企业产品价格总水平的指数计划以及针对各类具体商品价格的调整计划。价格计划反映计划期内企业商品价格的变动趋势和程度及其对企业经济发展和市场需求的状况，对于平衡企业产品价格总水平的稳定和其他企业产品价格竞争之间的合理比例关系有着十分重要的作用。

二、价格监督

企业在内部设立专门的价格监督部门，对不同部门在产品生产、销售或者其他经济活动过程中发生的价格关系实行实时监督。价格监督是其进行价格管理的一项重要内容。此外，价格检查是实行价格监督的一种有效手段。企业进行价格监督的目的在于，使企业经济活动中的价格关系符合市场价格政策和价格管理法规的要求，能够全面保障消费者的经济效益，维护市场价格的正常运行。对于违反价格政策和价格纪律的行为要进行严厉制裁，以便企业能够更好更快地发展。

企业的价格管理制度不但受到企业内部部门或员工的监督，还会受到国家相关部门的监督，如政府机构、物价局以及工商行政管理部门等机构。不仅如此，企业的价格管理还会受到消费群众的监督。因此，企业一定要对价格管理制度进行严格的执行，不要有任何违反规定的行为。

三、价格监督的对象

企业在制订价格管理制度时，要表明价格监督的对象，包括企业的员工、经销商、代理商等。

【文案范例】

"××公司"价格管理制度

为了规范本公司的价格制度，避免出现价格混乱等不良行为，本公司特地制订价格管理制度，以此来规范所有员工。凡是涉及公司任何产品的价格报价，一律按照价格管理制度执行，不能有任何人做出违反此项规定的行为，一经发现，必将严厉处罚。

一、价格制订

本公司所有产品的价格都必须由部门经理或者授权个人根据产品原材料的成本、生产费用、人工费用以及在公司设置的合理利润的情况下，进行产品价格的统筹核算，并根据所整理的资料和数据进行书面形式的公布，任何口头协议以及口头定价均视为无效信息，公司不予承认。

二、对外报价权限

享有对外报价权限的部门或个人为：×× 部门、yy 部门以及经授权的个人。凡是没有对外报价权限的部门或者个人对外进行报价，公司不予承认，一切后果自行承担。

三、报价方式

（1）任何个人不得对外口头报价或者以其他形式进行报价，一经发现予以严厉处罚。

（2）凡是有商家或者个人要求报价，必须索要对方的姓名、店名、地址、联系电话等信息，进行登记和核实之后，才能给对方邮寄或者传真公司的报价表，坚决禁止任何人不经登记随便报价。

（3）在对对方进行报价时不能以任何名义答应对方予以折扣或者优惠。除非有规定的折扣优惠政策，否则造成的一切后果，自行承担。

（4）公司内部员工享有内购价格，禁止任何员工给非个人内购的产品进行内购报价。一切非在职人员都不能享有内购价格。

四、报价表要求

（1）报价表必须统一从公司相关部门领取，不得随意制作。

（2）报价表的抬头必须与公章信息一致，不能有任何的错误，否则视为无效。

（3）报价表的内容必须属实，所有信息都要核实之后，由双方代表共同签字，予以生效。

（4）所有报价表在签字确认之后，必须交由相关部门领导签字，确认，予以生效。

五、价格保密

（1）公司所有产品的价格一律对外保密，任何人不得随意泄露价格。员工必须签订保密协议，否则视作违规处理。

（2）公司所有持有报价表的员工具有保管义务，对丢失者予以处罚。

（3）任何不相关的员工不得随意过问公司产品的采购以及其他成本价格。

六、责任追究

对于公司的价格管理制度所规定的事项，一旦有人违反，必须承担给公司造成的所有损失，以及辞退处罚。

本价格管理制度自签发之日起正式生效。

总管签字：

××有限公司

20××年×月×日

【写作要点】

（1）适用性。企业制订的价格管理制度并不仅仅是单独约束管理者或者员工，而是要具备适用性，所有相关产品涉及的部门和人员都要严格遵守价格管理制度，不得有任何的遗漏。

（2）公平性。对于违反企业价格管理制度的部门或个人必须予以严厉处罚，所执行的处罚力度在一定程度上必须具备公平性，无论是对于主管还是普通员工，都必须做到一视同仁，不得有任何的偏颇和维护。

（3）合理性。企业在处罚力度上还要根据制度的严重性和责任性进行相应的处罚，处罚力度不宜过高也不宜过低，要基于具体情况设置在合理的范围内。

第 8 章
产品推广文案

产品推广策划方案

【写作导引】

产品在进入市场之前，企业相关人员必须制订相关的具体实施方案，这个方案就是产品推广策划方案。企业相关人员在撰写产品推广策划方案时，要懂得侧重描写市场推广的大方向，把握推广的重点，可以从产品目标、产品定位、宣传定位等方面进行详细描述。

在撰写产品推广策划方案时，要注意产品推广策划方案的构成部分，主要有产品推广的主要内容、产品推广的基本原则、产品推广的过程以及产品推广的步骤等，这一系统流程表示产品从生产到销售的一个完整过程。

产品推广的主要内容是需要企业相关撰写人员所侧重的部分，其和企业想要通过产品推广达成的目的相关联。产品推广的目的不同，产品推广的主要内容也不相同，各有各的侧重点。一般情况下，产品推广的主要内容包括以下几个方面。

一、产品推广的市场调查

市场调查就是通过科学的方法对企业所在的市场环境进行详细分析，了解企业产品在市场中的经营状况、销售状况、市场份额比例等，并针对这些影响因素制订相关的广告宣传策划方案。在进行产品推广的市场调查时，可以首先从产品调查、消费者调查和市场条件调查等方面入手。在制订产品广告策划方案时，市场调查是最重要的方法之一，企业通过市场调查能够为产品的广告策略提供科学合理的依据，为产品推广策划的成本预算提供参考数据，这是企业必不可少的一项重要工作。

二、市场调查计划方案的撰写

市场调查计划方案主要是企业在进行市场调查之后，将已得到的数据制作成书面材料。一份详细的市场调查计划方案包括：市场调查的名称、市场调查的目的、市场调查的范围、市场调查的对象、市场调查的方法、市场调查的时间、市场调查产生的预算等。不仅如此，市场调查计划方案还要有完整的结果报告架构，以及所引用的参考资料的名称、出处、内容等。一般市场调查计划方案由产品推广策划项目负责人负责完成。

三、产品推广的市场定位

产品推广的市场定位指的是要选对产品销售的目标市场。要想产品有好的销路就必须谨慎选择目标市场，否则，再完美的产品推广策划，没有一个准确的目标市场，也很难销售产品，产品打不开销路，企业的效益就会受到损失。

四、产品推广的宣传

产品找到正确的目标市场之后，接下来最重要的就是进行产品宣传。一个产品的销售量，和它的宣传力度和宣传方法是紧密相关的。如果产品的宣传没有到位，产品再好，再适合消费者使用，消费者不知道内情，产品也卖不出去。要想产品被销售出去，就必须让消费者了解产品的功效，而让消费者了解产品的最简单方法就是大力宣传。

产品推广宣传是产品推广的决定性因素，产品推广的宣传是否到位，决定了产品推广是否能够成功。

五、产品推广的预算和效果测定

产品推广并不是花费的费用越多效果越好，要懂得产品推广的方法。想让产品有好的利润，就要注重产品在推广时投入与产出的比例。用最小的投入去赢得最大的利润，才是好的推广策划。因此在产品推广时一定要考虑到产品的预算。

产品推广策划实施之后，就要关注产品推广的效果如何，是否达到预期的设想。如果产品销售效果不理想，企业要及时对推广策略做出调整。

【文案范例】

"××饮料"产品推广策划方案

一、企业背景浅析

"××饮料"成立时间尚早，产品的宣传在一定程度上还不太完善，企业的知名度也不高，在市场中处于相对薄弱的地位。因此，必须制订一份符合当前营销战略的产品推广策划方案，来强化当前的企业销售战略，帮助产品在市场上得到更好的推广，为企业赢得更多的效益。

二、市场调查

现如今，我国的饮料行业处在一个发展的阶段，很多品种的饮料都纷纷进入市场，但是很多产品都缺乏自己的特色，大多是换个包装或者换个口味就着急上市，因此要发展"××饮料"的话，必须在制作工艺上打造拥有自我特色的饮料，充分体现我们产品的独特性。

三、产品优势

我们决定推出一款市面上目前没有的红酒味果饮，含有低含量的酒精成分，但是却不会伤害人体，消费者可以放心购买。新型饮料采用20道制作工艺，浓缩各种健康水果成分，经长期密封发酵而成，不添加任何防腐剂，口感独特，香味浓郁，回味无穷。并且在包装、规格、容量等方面都有所不同，方便消费者区分。图（略）。

四、产品推广策略

1. 平台推广

（1）新闻发布会。在新产品上市之前，召集各路记者召开"新产品上市"新闻发布会，借助新闻和相关部门，壮大企业的声势，提高产品的知名度，增强消费者对企业的认知度，为产品上市做好铺垫工作。

（2）产品展示会。制作形象的产品样图，进行展示，邀请众多企业前行观礼，打造新产品高端大气的形象，给消费者营造一种紧迫的销售状况，引起消费者的购买兴趣。

2. 信息推广

利用网络和广告等宣传手段，满足通路需求，使产品能够在短时间内通过网络传播的方式为众多消费者所知。信息推广能够充分借助网络和影视的力量为我们进行产品宣传，达到更好的宣传效果。不仅要在大量的网站发布广告，还要邀请当前较有人气的明星作为产品代言人，在多个频道的黄金时段进行重复宣传，让消费者能够在短时间内记住产品。

五、实施过程

（略）

【写作要点】

（1）市场背景分析。在进行产品推广策划之前，要对当前的市场环境以及消费趋势进行分析，要发现产品的销售点和消费者的购买特点等，对市场上竞争对手的产品进行分析，了解竞争对手产品的情况。

（2）企业背景分析。根据企业现状，分析企业当前的经营状况、新产品的特点以及进入市场可能会遇到的机会和威胁等。

（3）产品开发目标。根据当前市场的竞争状况，结合企业自身的优势，制订新产品开发目标，并在产品推广策划方案中具体体现出来。

产品市场开拓计划书

【写作导引】

企业在把产品推向市场之前，要对市场进行调研，经过相关部门的分析之后，对市场定位、产品定位、广告定位以及产品进入市场的具体实施步骤做出详细的描述，这份文字材料就是产品市场开拓计划书。

很多企业相关人员在撰写产品市场开拓计划书时会把计划书写成促销文案，这是一个常见的误区。需要注意的是，在撰写产品市场开拓计划书时要侧重产品在市场上进行推广的大方向，而不是产品的促销策略。市场定位、产品定位、广告定位要详细描写，而促销操作流程要简洁。一般情况下，产品市场开拓计划书包括以下几个方面。

一、市场现状分析

二、营销渠道分析

三、SWOT 分析

1. 优势

2. 劣势

3. 机会

4. 威胁

四、市场开拓目标

五、实施计划

六、损益分析

【文案范例】

"××服装"市场开拓计划书

一、市场现状分析

D省是一个工业比较发达的地区，共拥有10个地级市，100个县级市，各个市县之间发展较均衡，并且市场发展状态呈稳定增长趋势，是一个非常巨大的潜在市场，在D省开拓市场对于我们公司来说是非常有利的。

（1）消费者分析：D省是一个消费型省份，人们的平均消费水平相对较高，这使得无数的投资商纷纷前往D省进行投资开拓，而在前两年，D省也被封为全国第四大投资区。

（2）地理位置分析：D省位于××周边，附近相连区域较多，如果能够在D省成功开拓市场，也可以直接对D省周边的区域进行辐射和影响，进一步扩大我们的市场影响力。

（3）国家政策分析：随着我国政府对于贸易、运输等产业的投入和建设，各个省份地区的配套设施和贸易投资环境都在不断地提高和完善。而政府对于D省的免税措施也使得D省的经济发展迅速腾飞，由此带动D省的整个销售市场发展，同时也进一步提高了人们的消费能力，增加了人们的消费欲望。

二、市场SWOT分析

优势：D省市场目前的服装品牌有很多，其中D省当地的服装品牌只占整个市场份额的39%，大部分都是外来服装品牌，而这些外来服装品牌的销售主要来自江浙沪一带，其中江浙一带的女装、休闲装等占据很大的服装比例。而在各种各样的品牌组合下，D省形成了一个系统的、良好的服装操作、批发、销售氛围。外来品牌的入驻不会遭到本土服装的抵制，因此，我们在进行D省服装市场开拓时，可以更容易、更快速地占领这个市场。

劣势：D省服装市场的发展已经处于飞速发展的阶段，各种外来服装品牌蜂拥而至，导致D省服装品牌渐渐趋向饱和状态，这将给我们开拓市场带来巨大的压力。

机会：从政府对于D省的市场大力支持的态度来看，D省是一个非常利于发展的投资区，我们要在各大投资商反应过来之前，加快投资脚步，把握市场时机，寻找机会主动进入D省市场，这样才能先入为主，更早地进入发展状态。

威胁：D省外来品牌的增多明显增大了市场间的竞争力，由于市场中服装品

牌越来越多，产品逐渐趋向同质化，在进入市场之前，一定要选择具备竞争力
的产品。

从对 D 省市场的调查结果来看，我们在开拓 D 省市场前一定要慎重选择，
以我们的优势去与其他服装品牌进行竞争，这样才能更加快速和有效地推广、
发展我们公司的产品，才能更加快速地在 D 省站稳脚跟。

三、营销目标

预计一年内，在 D 省建立 5 家直营店铺，同时发展加盟店铺 2～3 家；

预计三年内，在 D 省建立 7～8 家直营店铺，同时发展加盟店铺 5～6 家；

预计五年内，在 D 省建立 10 家直营店铺，同时发展加盟店铺 9～10 家。

四、市场开拓策略

1. 建立完善的企业管理制度

（1）在企业内部建立完善的选人、育人、用人制度，聘请优秀的员工来为
企业服务。

（2）在企业内部建立完善的员工薪酬制度，让员工能够心甘情愿地为公司
服务。

（3）在企业内部建立完善的员工升职体系，以便员工工作起来更有动力。

2. 市场拓展和品牌运作方式

在对 D 省服装市场进行调查之后，发现当前服装市场开拓的方式主要是影
视广告＋地方展销＋人员拜访。在此基础上，我们决定加以改进，形成如下独
特的市场开拓模式。

（1）广告宣传。在 D 省各个城乡地区采用地方平面广告、宣传单页配合流
动车体广告的方式进行有针对性的广告宣传，促使消费者认识产品、了解产品，
最终购买产品，从而扩大区域的品牌知名度。

（2）渠道创新。旗舰店，前期以自营店铺作为产品市场开拓的主要平台，
再逐渐开设旗舰店铺，寻找多个经销商进行合作，培养扎实的经销商团队，共
同占有市场；加盟店，在当地寻找合作伙伴，以市场划分为基础，对当前区域内
的客户进行拜访，拓展企业的服装市场，增大企业品牌知名度。

（3）促销活动。在 D 省的各个城乡举办有规模、有组织的促销活动，如在
各大节日以及新产品上市等时段，组织全体营销人员在各大店铺举办有特色、
有影响的促销活动，如折扣、降价、发放优惠券等，对产品进行大力宣传，扩
大企业品牌影响力。

【写作要点】

（1）计划书要有明确的目的。撰写任何计划书都要有明确的目的，只有目的明确了才能思考企业接下来的战略，才能做出有效的决策。一份产品市场开拓计划书的首要任务就是明确市场开发目的。

（2）计划书要清晰地反映市场特性。无论是老市场还是新市场，每个市场都有不同的特性。市场的特性对于市场的开拓具有指导性意义，企业只有找到市场特性才能有针对性地开发市场。

（3）计划书要客观反映市场情况。市场的情况对于企业进行市场开发是非常重要的，在调查市场情况时要客观地反映市场情况，这样才能制订符合市场发展状况的产品市场开拓计划书。

产品上市建议书

【写作导引】

企业在将产品推向市场进行销售之前，需要对市场进行仔细调查，并针对市场调查分析结果，制订一份企业产品上市应采取的营销策略，这份具备参考性的文件就是产品上市建议书。

一般情况下，产品上市建议书的书写格式需要遵循以下格式。

一、前言

二、产品品牌设计

三、企业营销人员培训

四、产品广告媒体组合策略

1.媒体组合立体传播效应

延伸效应：产品使用媒体传播可以增加产品的覆盖范围，产品的广告覆盖面越大，产品的知名度也就越大。

重复效应：媒体组合立体传播还能起到重复效应。每一种媒体传播所能覆盖的对象有时会有重复，这样的情况可以增加消费者接收广告的次数，能够帮助产品更好地宣传。

互补效应：每一种广告传播都会有其优势和劣势，如果采用多种媒体广告宣传同一种产品，可以更好地弥补各自的缺陷，对于传播受众来说，其广告效应也是互补的。

2.媒体组合策略的方式

视觉媒体与听觉媒体的组合：视觉媒体是借助视觉要素进行表现的传播方

式，如可以看得见的报纸、杂志、公告等。听觉媒体是借助听觉要素进行表现的传播方式，如可以听得见的广播、音响广告等。也有很多传播方式是视觉和听觉的结合，如电视广告、网络广告等。相对来说，视觉传播的效果要比听觉传播的效果更具象，更丰富。

瞬间媒体与长效媒体的组合：瞬间媒体指的是广告在人们的眼前一闪而过，瞬时消息的媒体方式，如电视、广播等，不能保留下信息。而长效媒体传播就是可以将信息长久地保留下来，可供他人反复查阅的媒体广告，如印刷的杂志、报纸、海报等，这些都可以把信息长久地维持住，方便人们在任何时间阅览，信息传播的时长和效果也更好。

大众媒体与促销媒体的组合：大众媒体的特点是所有有条件的人们都可以接收到信息，受众面较广，传播速度也非常快，如报纸、网络、电视等，这些媒体传播方式虽然声势浩大，但是针对性不足，不能真正起到促销作用。促销媒体传播指的是一些传播范围相对固定，具有直接促销作用的传播方式，如展销会、企业告示、户外小广告等，这些媒体传播方式能够使点面结合，起到直接促销作用。

五、产品上市的利弊分析（略）

六、产品上市的建议（略）

【文案范例】

"××保健食品"上市建议书

一、前言

随着人们对健康生活越来越重视，中国的保健品行业也在逐渐发展当中，近几年来，保健品行业的市场竞争越来越激烈，且一步步向着稳定发展，一些信誉较高、品牌知名度较大的药品企业的发展如日中天。在这个时候，我们公司凭借百年的名号，进入保健品行业，显然是非常明智的。

从对保健食品市场的初步调查以及对几家竞争对手的调查分析来看，为了使我们的保健食品能够一经上市就站稳脚跟，帮助企业更好地发展，我们必须在产品上市之前制订一份详细的产品上市建议书，因此，我们针对产品上市做出了以下建议。

二、品牌形象设计

良好的品牌形象可以给消费者带来信任感和依赖感。消费者和企业之间只有建立了相对稳定的好感度和忠诚度，才能始终和企业保持合作关系，而这一切都是建立在消费者对于企业的信任度上的。特别是我们的产品是新兴产品，之前自身也没有销售过这样的产品，消费者的第一印象就更加重要。

因此在品牌形象设计上，我们力求设计一种好看、好听、好记、方便传播的形象，并在其中加入我们企业的特色，打造一种独特而又贴合主题的品牌形象，让消费者能够从产品品牌形象中感受到我们企业的文化价值观以及服务理念。

在产品品牌设计上，我们设计的要素包括以下内容。

（1）企业名称。

（2）企业商标图案。

（3）企业宣传语、口号。

（4）企业特色印刷字体。

（5）企业标准色彩。

而产品的品牌形象也会应用在企业产品的各个地方，包括以下内容。

（1）产品外部包装。

（2）产品零件包装。

（3）产品说明书。

（4）企业用品可视部位。

（5）企业招牌、标识牌。

（6）员工工作服。

（7）员工吊牌。

（8）企业建筑外观。

（9）企业专业车辆。

（10）企业宣传广告、海报等。

（11）企业产品展示台。

三、营销人员培训

产品上市之前，组织相关营销人员进行为期一个月的业务培训课程。每周会对营销人员进行业务知识和能力考核，具体培训内容如下。

第一周：

企业文化价值观、企业经营理念课程培训；

保健药品的产品情况、市场定位认识培训。

第二周：

锻炼营销人员的心理能力课程培训；

营销人员的销售谈判技能课程培训。

第三周：

客户服务技能和处理方案课程培训；

团队精神和合作精神课程培训。

第四周：

实践演习。

四、广告媒体组合策略

现如今市面上关于保健食品的广告铺天盖地，大大小小的广告中，保健食品的比重最大，但是并不是广告投入越大，收获的效果就越好。

根据我们对于市场的调查，发现广告直接宣传产生的购买率相当低，在江浙沪一带，广告宣传产生的消费者购买率仅占市场比例的8%，而其他地区也不过占有9%的比例。因此，在广告宣传上我们采取大众传播和促销传播相结合的方式。针对各个地区连锁店做出相对应的促销策略，同时运用网络媒体广告传播的方式，在各大网站进行为期一周的全面宣传，争取一次性将产品的知名度提高到最大程度。

【写作要点】

（1）天时地利人和。产品上市的最重要环节就是广告媒体组合策略，在这部分，要抓住时机，懂得觅势、造势、借势，运用自己的优势来进行广告传播。

（2）把握产品诉求。产品都具备各自的特点和优势，在进行广告投放时要抓住产品的诉求点，了解产品的重点，以及区分产品和其他同行产品的差异性，有针对性地进行宣传，做到事半功倍。

新产品质量分析报告

【写作导引】

新产品质量分析报告就是把企业的新产品按照产品的生产阶段划分出来，企业相关部门对这些新产品的质量进行小批量测试，包括产品生产检验、形式检验、客户使用等过程，并且对这些试验结果进行分析、整理、记录在册，形成新产品质量分析报告。

新产品质量分析的内容主要包括产品质量的分析、产品生产工作质量的分析、产品质量变动对于产值的影响分析。

在制订新产品质量分析报告时，要包含以下几点。

一、检验新产品质量的依据

对新产品质量进行分析时要依靠产品质量检验的依据，一般情况下，产品质量检验判定依据包括以下三个方面。

（1）默示担保：默示担保指的是法律法规以及国家规定产品必须符合保障人体健康、人身财产安全的强制性要求。这是判定产品质量是否合格的重要依据，也是产品必须具备的基本要素。

（2）明示担保：在产品标识中明确表示出产品的生产过程和生产技术，分析其是否符合执行标准和要求，以及新产品的实物样品的质量是否合格等，这些是企业必须向消费者交代清楚的关于新产品质量的明确担保。

（3）产品缺陷：任何产品都不可能是完美的，产品如果存在某些缺陷或者对人体健康有什么样的危害，以及可能会影响人身财产安全等危险，企业必须标明产品的产品缺陷，包括产品在设计或者操作中存在的缺陷，都要一一注明。

二、产品质量控制方法
三、产品质量状况
四、形式试验情况
五、综合分析

【文案范例】

"××家具"质量分析报告

随着经济的快速发展，人们在消费观念上已经开始慢慢转变思想，不再追求产品的价格低廉，而是更加注重产品的质量。产品的价格高一点也不用担心，只要产品的质量好就能够吸引消费者的兴趣。这对于企业来说是一种好现象，企业不用担心消费者接受不了产品的价格，而是做好产品的质量就能快速地占领市场。

但是对于消费者来说，用过的产品质量如何是很清楚的，但是对于那些没有用过的产品，或者企业研发的新产品，消费者就不一定清楚产品的质量了。因此，我们需要制订一份新产品质量分析报告，方便消费者能够了解到产品的质量，从而做出购买决定。

一、新产品情况

"××家具"已经成立一百多年，有着深厚的企业文化底蕴，目前在全国有500多家连锁店铺，生产的家具类型高达上千种。我们一直以来，只做木质家具，采用的都是天然的实木材料，对于人体无任何化学层面的危害，能够根据消费者的要求定制各种风格的家具，一直深受广大消费者的喜爱。

在对市场调查分析之后，为了迎合众多消费者的购买心理，我公司设计了一种新型木质沙发，目前已经生产出第一批，下面就研发设计的新型沙发的质量问题做出如下分析。

二、质量管理体系

"××家具"有切割、染色、组装等各个车间，从零件到成品形成了一整套的生产流水线，多年来一直以质量好、品牌响的优势占据家具市场的重要地位。每年的生产合格率都高达 88%，在去年，"××家具"的出口合格率高达 92%，这也意味着"××家具"的生产质量越来越高，而随着生产合格率和产品质量的提高，"××家具"在市场上的品牌口碑又更上一层楼。

"××家具"有一整套与生产系统紧密相关的质量管理系统，有专职的质量检验部门，其中包括 200 名质量管理检验员工，由部门总经理和产品工程师主抓产品质量工作，每个车间都配备相应的质量检验人员以及质量检验网店，由专门的质量检验部门的人员进行产品监督和检验的工作，并且每季度都会对质量检验部门和生产部门进行产品质量的考核，考核结果和员工的薪水直接挂钩，以增强每位员工的工作动力和责任心。

三、质量保证措施

"××家具"在原材料进厂之后就会对其进行质量检验，每一层操作流程都配备完善的检验设备，严格控制产品的质量问题，企业内部专门制订了《原材料产品质量管理条例》。在新产品质量检验过程中，全公司充分发挥各个车间和质量检验部门的配合作用，对新产品进行样品的质量把关，不允许出现任何一个漏网之鱼。同时企业广泛宣传新型沙发的质量检测结果，增强消费者的信任度。公司每周会定期召开一次产品质量分析会议，对新产品进行预测分析和质量问题处理，及时了解新产品的质量情况，并且邀请行业内著名的检测工程师来莅临指导。

四、质量水平分析

1. 新型沙发的气味检测报告（略）

2. 新型沙发的承重力检测报告（略）

3. 新型沙发的防水检测报告（略）

4. 新型沙发含有的化学物质检测报告（略）

上述问题在报告中都一一做了详细说明，均达到了国家规定的标准，而且产品健康指数明显高于其他同类产品，具有很好的安全性能。

五、问题和方向

新型沙发的质量检测虽然取得了很好的效果，但是还存在一些缺陷和问题。例如，在初步检测时，由于产品批量较小，受加工和制作经验的限制，在后续检测过程中，发现产品虽然质量问题得到了保证，但是产品的成色出现了一些问题，导致产品并不十分完美，距离预期的效果还存在一定的差距。目前我们已经找到了解决这个问题的办法，在今后的工作中会重点把握产品成色的问题，加大对产品的染色、安装方面的研究，使产品能够更快地适用市场，适用消费者。

"××家具"有限公司

20××年××月××日

【写作要点】

（1）实事求是。要想写出正确的、可靠的新产品质量分析报告，必须坚持实事求是的写作原则。写作者必须把真实的质量检测结果反映在新产品质量分析报告中，不能有丝毫的隐瞒和夸大事实的表现，对于一些产品质量检测数据要再三核实，做到准确无误。

（2）深入分析，做好总结。新产品质量分析报告的撰写重点不能只停留在叙述事实之上，还要对产品的不合格之处或者存在缺陷的地方进行深入的了解和研究，分析产品缺陷的问题所在，找出解决方法。

产品推介书

【写作导引】

产品推介书其实是销售人员向客户推销产品时简单介绍所推销的产品的一种解说性文书，其主要目的是为推销产品服务。

通常来说，产品推介书主要包括以下主要内容。

一、产品主要功能介绍

产品的功能指的是这个产品所具有的特定职能或用途。产品功能代表产品能够做什么或者达到什么样的功效。而客户购买产品时最关心的就是产品的功能和产品的使用性能。每一个产品都有不同的产品功能，而产品功能越独特越好。如果产品推介书中能够把产品的功能详细介绍出来，并且引起客户的兴趣，那么对于产品的推销是很有帮助的。

二、产品使用应注意的事项

每件产品不同，产品使用时应该注意的要求也不同。但是作为销售人员，在向客户推销产品时一定要把产品使用应注意的事项提前告知客户，以免客户在不知情的情况下，错误操作产品造成不好的后果。通常情况下，在产品推介书中对产品使用应注意的事项介绍中，基本分为这几种，如"产品应该在什么样的环境下使用""产品应该存放于什么样的环境""产品应该怎样操作"等。有些产品不仅要关注使用时注意的事项，还要关注使用前应注意的事项，根据不同的产品特性，所要注意的事项也各有不同。

三、产品保养、维修应注意的事项

产品买回来之后，除了使用应注意的事项之外，客户同样关注产品的日常保养和维修。特别是客户在购买大型产品或者一些奢侈品时，都会关注产品的保养和维修问题，也可以说是产品的售后问题。因此在产品推介书上一定要明确告知客户产品的保养和维修问题。例如，"如何更换产品的零件""如何清洗产品""如何增加产品的使用周期"等。这些问题在产品推介书上都要一一列举出来，让客户能够清楚地知道如何保养和维修产品。

四、产品的主要性能指标

产品的性能指标就是指产品具有的适合客户要求的物理、化学或技术性能的指标，如产品的强度指标、化学成分、产品纯度指标、产品功率等。产品性能指标通常包括两个方面，一个是产品的质量，另一个是产品的功能。这两种指标就代表了产品的性能指标。客户在购买产品时首先关注的就是产品的质量和功能，而产品的质量和功能转化为参数和数据之后，就是产品的性能指标。

五、产品工作原理及系统

产品工作原理和系统除了需要详细介绍产品的工作原理和工作系统之外，还包括产品的运作流程、产品的设计理念、产品的研发技术、研发单位等。

六、其他未尽事宜

略。

【文案范例】

"××自动洗衣机"推介书

随着经济的快速发展，人们的生活节奏越来越快，对于自助模式经营的店铺要求也越来越高。因为其自主、自助、便利的特性，受到了广大消费者的喜欢，这样可以使消费者节省更多时间来做自己的事情。因此，现在市场上出现了很多自动化产品，我们可以明显地感受到便利时代的来临。

而对于大部分人来说，除了每天的工作之外，还要时不时地打扫卫生、洗衣做饭，特别是洗衣服这件事，一直是很多人非常排斥的事情。洗衣服不仅耗时耗力，烘干衣服更是浪费时间，而每天需要清洗的衣服很多，还要进行各种颜色分类等，这些问题始终困扰着每一个人。

因此，我们的自动洗衣机是一种非常便利的产品。只需要购买一台这样的自动洗衣机，就能轻松解决洗衣服的难题，让你能够有更多时间来做其他的事情。

一、自动洗衣机的性能和使用介绍

（1）每台洗衣机只占用 0.5 平方米的位置，只需要与家中的自来水管道相连接，就能轻松使用。

（2）洗衣机的操作方式非常简单，运行快捷，全自动洗衣模式，从清洁、漂洗、甩干、烘干都可以自动完成。

（3）每次可以承受 4kg 的洗衣重量，整个过程只需要 48 分钟，非常方便。

（4）机内具有杀菌功能，同时安装高压高频臭氧发生器，能够快速除菌。

（5）非常节电节水。每次大概消耗 0.2 元的水费和 0.5 元的电费，耗水耗电量少，适合家庭使用。

二、自动洗衣机带来的好处

（1）可以帮助人们节省大量的时间，无论是单身人群还是家庭使用都非常适合。

（2）产品价格适中，保修时间长，不宜损坏，性价比非常高。

（3）操作简单，可以轻松使用，是每个家庭必不可少的生活必用品。

三、自动洗衣机使用应注意的事项

（1）在洗衣服时一定要注意衣服上的标签内容，辨别衣服是否可以水洗、机洗等，并根据衣服的材料选择相应的洗涤程序。

（2）自动洗衣机烘干衣服的容量是洗衣机洗涤容量的一半，一次不要放入过多的衣服进行清洗，避免衣服烘干后有折痕。

（3）洗衣服时水位要到规定的水位线，否则洗衣机不会运行。

（4）不要用热水洗衣服，水的温度最好不要超过 40℃，以免对洗衣机内部零件造成损坏。

自动洗衣机的功能非常全面，实用性很强，只要严格遵守使用方法，避免上述问题，就能很好地帮助用户清洗衣服。用户在使用之前，应认真阅读以上说明，严格按照说明书上的操作规范进行。

四、自动洗衣机清洗和维修

我们的自动洗衣机不需要用户浪费时间手动进行清洗，在洗衣机的功能键中有专门的清洗按钮，用户只需要根据自己的使用情况，选择定期的清洗功能就可以。

如果在使用过程中，产品出现任何的质量问题或者是解决不了的问题，都可以主动和我们联系，我们会派专门的维修人员上门维修。联系电话：185××××××××。

【写作要点】

（1）内容要负责任。在产品推介书上明示的事项必须真实、有效，秉持着对用户负责的原则，不能有一丝一毫的隐瞒和虚假。

（2）语言要通俗。产品推介书是面向所有产品用户的，鉴于用户的文化程度和理解能力的不同，在产品推介书的语言运用上就要尽量通俗易懂，最好不要使用太过专业或者艰涩的语言。

第 9 章
广告文案

广告策划方案

【写作导引】

广告策划方案是广告公司或广告策划人对广告委托者的广告标的进行广告策划，在广告策划中会以文字、图形、图表等书面形式表达出来，也会用影片、幻灯片等动态媒体形式进行表达，这样的一份文件就是广告策划方案。一般情况下，广告策划方案包含以下几点内容。

一、前言

前言又叫执行摘要。在前言部分，应该对广告活动的时限、任务和目标进行简明扼要的说明，必要时还包括广告委托者的营销战略。广告策划方案前言的目的是在开头把广告策划的要点提出来，让读者能够快速阅读和了解，并做出决策。因此，这部分的说明内容要尽可能简短，不宜过长。

二、市场分析

1. 企业经营情况分析
2. 产品分析
3. 市场分析
4. 消费者研究

三、广告重点部分

广告重点部分，一般是先进行产品定位和市场调查，并且对调查结果进行分析之后，制订出相应的广告策略。在这一部分，广告策划者要阐明广告策略的重点，了解什么样的广告宣传方法可以引起消费者的兴趣，加深消费者的印象。有些广告策划方案会在这部分写上产品促销广告，写明促销活动的目的、设计和方案，也可以把产品促销广告作为单独策划部分。

四、广告对象或广告诉求

广告对象或广告诉求部分，主要是在对市场进行调查和产品定位之后，根据结果分析出广告对象有多少人，根据广告对象研究结果列出有关广告对象的分析数据，了解广告对象的消费需求特征和消费心理，以及消费方式和消费能力等。

五、广告地区或诉求地区

要想准确地找出广告地区或诉求地区，应该首先确定目标市场，在对目标市场进行调查分析之后，才能找到正确的广告地区或诉求地区。

六、广告策略

在广告策略部分，广告策划者要详细说明广告策略实施的具体步骤。策划者要把广告策略中所涉及的宣传计划清晰而又完整地表述出来。在广告策略的表述上，要注意清晰地叙述所使用的媒体、使用该媒体的优势、使用该媒体的目的、媒体策略以及媒体计划等。如果广告策略将选用多种媒体配合使用的话，必须把各个媒体之间的相互合作过程及详细情况一一说明。

七、广告预算

策划者要根据广告策略的主要内容，详细列出所选用媒体进行广告宣传的情况及所需的费用，最好制成表格的方式，包括调研、设计、制作等费用。

八、广告效果预测

对广告策略的效果进行预测，说明广告策略实施方案已经经过广告委托者的认可，可以按照广告策略计划进行广告宣传，而在广告策略实施之前，广告策划者会事先向广告委托者承诺广告策划的实施效果，这一效果的预测要与前言部分规定的广告策划目的相互呼应。

【文案范例】

"××酸奶"广告策划方案

一、前言

如今酸奶市场竞争激烈，各种酸奶产品层出不穷。走进商店，面对众多酸奶品牌，消费者往往不知道选择哪一个。而"××酸奶"却能在竞争如此激烈的环境下，站稳脚跟，这和"××酸奶"的广告策划离不开关系。"××酸奶"的广告主题都是以童话或者爱情为主，阐述了一种浪漫与纯真的情怀，非常受年轻的消费者喜欢。

在酸奶的品牌特征、质量规格逐渐同化的今天，消费者只能凭借产品特别的广告宣传方式来选择某一种产品。"××酸奶"正是抓住了这点消费需求，才能与时俱进，不断地在广告宣传上进行创新，赢得消费者的喜爱。

二、市场分析

1. 市场背景

据相关人员调查显示，中国的酸奶品牌相对集中，消费者主要选择四个品牌的酸奶，分别是××、YY、ZZ和WW。其中××酸奶占有市场比例的40%，YY酸奶占有市场比例的30%，ZZ酸奶占有市场比例的20%，WW酸奶占有市场比例的10%。

2. 产品分析

（1）用途：家庭饮用占72%，送礼占28%。

（2）味道：酸酸甜甜，适合年轻人的口味。

（3）功能：有助于胃部消化，健康饮品。

（4）价格：零售价70～80元/箱。

3. 产品优势

（1）广告新颖，有创意。

（2）价格适中，易购买。

（3）养胃，助消化。

（4）口感好。

（5）脂肪含量少。

4. 产品劣势

（1）品种少，口味单一。

（2）不容易保存。

（3）容量小。

三、广告战略

1. 广告目标

提高"××酸奶"的品牌知名度，增强消费者的购买欲望，让消费者在看到广告之后，对产品有一个新的认识和概念，激起消费者的购买兴趣，预计年底的销售业绩比去年能够增长9%左右。

2. 广告对象

10～50岁。"××酸奶"没有任何的饮用限制，任何年龄段的人们都可以购买，而 10 岁到 50 岁年龄段的消费者能够保持相对清醒的判断能力，也能够受到广告的感染。

3. 广告地区

产品广告投放范围覆盖全国，无论是一线城市还是乡镇地区，都会派专人进行宣传。

4. 广告创意

略。

5. 广告实施日期

20×× 年 × 月 × 日至 20×× 年 × 月 × 日。

四、广告媒体策略

（1）在电视频道的黄金时间进行长达 2 分钟的广告投放。

（2）各大网站持续宣传。

（3）杂志、报纸每期刊登广告。

（4）在各个地区的商场、超市举办不定期促销活动。

五、广告预测效果

略。

【写作要点】

（1）目标设计要明确。广告策划书中，所涉及的任何营销目标都必须要明确地设定出来，不能有任何的含糊其词，这样也可以避免在广告策略实施过程中出现意外情况。

（2）工作指标要量化。广告策划书中的各个工作指标要量化，最好使用数字表达出来，即使不能做到量化，也要尽可能地细化指标。

（3）做到有效监控。广告策划书中不仅要呈现广告的实施效果，还要确保广告在实施过程中的适度表达，做到对广告实施过程进行有效的管理和监督。

广告宣传活动策划方案

【写作导引】

广告宣传策划方案是企业在某一时期进行某项具体的广告宣传活动，并且将广告宣传活动的内容以及具体实施步骤等整体规划用书面材料的方式记录下来。通常情况下，广告宣传活动的编写要点主要包括以下几个方面。

一、客户名称

客户名称指的是将要进行广告宣传活动策划的企业的名称。

二、承办单位

承办单位指的是企业委托对企业进行广告宣传活动策划的某个公司或者个人。

三、宣传活动

宣传活动包括宣传活动的时间、地点、目的等。

四、公众对象

公众对象指的是企业进行广告宣传活动的目标人群，说明企业的广告宣传活动主要针对哪些市场和消费者等。

五、宣传策略

在编写广告宣传活动策划方案时，宣传的策略是否成功决定着宣传的目的是否能够达成，企业想要更多的消费者了解企业，了解产品，就必须重视广告宣传活动的宣传策略。

六、活动实施

活动实施包括具体的宣传活动以及活动实施的步骤和过程等。

七、宣传预算

宣传预算指的是对企业在进行此次广告宣传活动中，将要花费的所有费用进行预算，以此来验证企业的宣传目的或者效益是否达标。

【文案范例】

"××餐厅"广告宣传策划方案

客户名称：

"××餐厅"有限公司

承办单位：

YY广告有限公司

一、宣传目的

"××餐厅"是一家集中西餐饮、咖啡休闲等于一体的餐厅，是中国南部一家独特的高档次、高品位的餐饮休闲娱乐企业。目前正准备开业，因此必须保证首战胜利，才能打响名号。对企业来说，开业时的效果直接影响了企业之后的发展道路是否会顺利。"××餐厅"决定在开业宣传时要有轰动的场面，又要有一定的营业额，因此，本次"××餐厅"的开业前期广告宣传工作无论在广度上还是在深度上都要形成浪潮之势，要达到以下几个目标。

（1）在周边城市乃至全中国都要产生积极广泛的社会影响，保证"××餐厅"开业庆典的成功举办。

（2）树立和完善"××餐厅"的品牌形象。

（3）适时地宣传"××餐厅"的优质用餐服务。

（4）做好"××餐厅"的招聘宣传及员工的培训工作。

（5）提升"××餐厅"宣传的主题及品牌影响力。

二、宣传策略

"××餐厅"决定把开业前期宣传的时间分为以下五个阶段。

1. 预热阶段

A月上旬是开业前期的宣传预热期。在这一部分要做好"××餐厅"的员工招聘和宣传工作，组织专用车辆前往周边县、市区进行宣传，并且在宣传途中进行资料发放。在固定地点，进行现场招聘，在招聘时要联系好当地的新闻媒介，借助它们的力量将"××餐厅"的宣传进行大力渲染，让更多的人可以了解到企业的品牌。

2. 初期阶段

A月中旬至A月下旬对"××餐厅"的整体形象进行初步的宣传报道。

3. 中期阶段

A月下旬至B月下旬，对"××餐厅"的品牌形象进行更加深入的宣传。

4. 高潮阶段

B月下旬至C月上旬，对"××餐厅"的各项准备工作进行现场报道。

5. 结尾阶段

C月上旬至正式开业，对"××餐厅"的整体宣传活动进行总结性回顾，分析宣传广告投放的效果，以便做好"××餐厅"正式开业庆典的整体宣传活动策划。

三、特别宣传活动

（1）对"××餐厅"的员工进行严格的服务培训活动，并且有专门的摄像师会跟着员工的培训课程进行拍摄，最后通过相关新闻媒介传播给更多的消费者，展现"××餐厅"员工的风貌以及品牌的形象。

（2）"××餐厅"员工工作业务培训将会聘请专业的知名学者进行现场授课。

（3）对"××餐厅"的工程进展进行现场报道，在"××餐厅"建成之后，会邀请当地知名企业家和相关权威人士以及施工单位和员工等，举行盛大的开业剪彩活动，扩大企业的品牌知名度。

（4）在开业前期的宣传期间，自办一期"××餐厅"专刊杂志，举办"××餐厅有奖知识答卷竞赛"活动，内容包括"××餐厅"的经营理念、简介、图片等，以此激发起群众参与其中的热情。

四、新闻发布会

1. 第一次

时间：拟于 B 月下旬举行

内容：对"××餐厅"品牌企业进行整体介绍，宣布正式开业等信息。

目的：主要是通过新闻界向社会各界传递信息，对"××餐厅"进行整体形象宣传，提前把企业开业的信息和庆典告知群众，让群众对于此次庆典产生足够的期待。

2. 第二次

时间：拟于 C 月中旬举行

内容：重点介绍"××餐厅"的工程实施进展情况，通过新闻媒介向群众透露开业庆典时将举办系列重大活动。

目的：为"××餐厅"开业拉响前奏并进行深入报道，打造更强大的宣传攻势。

五、宣传与媒介形式

1. 报纸

可以选择《××广播电视报》等报纸进行宣传，设置"××餐厅"专栏。广告形式以软广告为主，搭配少量新闻。

2. 电视台

制作"××餐厅"专题宣传片，选择当地频道的黄金时段播出。

3. 广播电台

充分利用当地广播电台的热门直播节目，提高宣传的力度。

4. 公交车车身广告

与相关机构协调，在当地的公交车车身上贴上"××餐厅"的宣传海报和广告语。

5. 宣传单页

"××餐厅"的每一位员工都要身穿印有企业名称和 Logo 的服装，在规定地点进行宣传单页的派发。

6. 网络广告

网络广告作为一种现代化的手段，可以进行广泛的宣传、报道。在各大网站首页进行广告推广，增加宣传力度。

六、广告投放区域

平面印刷广告："××餐厅"周边城市和地区。

户外广告："××餐厅"现场，以及"××餐厅"周边的商场、超市等。

电视广告：目前以"××餐厅"所在地区的范围为主，周边等县、市考虑在高潮阶段后开始投。

七、资金预算

略。

【写作要点】

（1）结合事实。在编写广告宣传策划方案时不要夸大其词，虚假宣传。可以适当有一些夸张的成分，但是要结合事实，注意夸张力度。

（2）对症下药。针对自己企业的特点，结合销售的内容以及消费群体，制订相应的广告宣传策略，这样才能把自身的优势展示给消费者，吸引消费者购买。

（3）注重诚信。在进行广告宣传策划时，诚信是非常重要的。不能把眼光只放在吸引消费者上面，还要留住消费者。而企业做到诚信就能和消费者建立良好的合作关系。

广告活动调整方案

【写作导引】

广告活动调整方案指的是企业实施广告方案时，针对市场环境的变化以及实施的效果进行检测，在评估广告效果之后，根据相应的结果对广告活动进行调整的商务文书。

一般情况下，企业在进行广告活动调整时，会注意以下几点。

一、市场环境分析

市场环境分析包括企业内部环境分析和企业外部环境分析。

1. 内部环境分析

（1）企业自身情况，包括企业的基本信息、企业的背景、企业的规模、企业的经营状况等。

（2）SWOT分析，分析企业在当前市场情况下，所具备的优势和机会，以及劣势与威胁。

2.外部环境分析

（1）政治法律环境分析。政治法律环境主要包括企业所处市场的当前国家的政策和方针。政治法律环境的因素与市场的经济发展有着很多的联系，从而对于消费者的需求也会产生巨大的影响。因此，政治法律环境对于企业的影响可能是机会也可能是威胁。

（2）经济环境分析。企业当前所处市场的经济发展状况，包括通货膨胀、利率变化，以及居民经济水平、消费情况、供求总量等，都会对企业的经营造成影响。

（3）技术环境分析。技术环境对企业的发展大致有三个影响：一是市场出现新技术，二是技术的大幅度改变对现有企业造成影响，三是刺激不相关的市场与行业。技术的改变可能会提升消费者生活的便利性，但是也有可能会对企业的发展造成影响。

（4）竞争者分析。企业在市场中有哪些竞争品牌或者产品，对这些竞争对手的具体经营状况、产品信息、品牌影响力等进行分析。

（5）消费者分析。对企业所针对的目标市场和消费者进行需求分析，找出市场和消费者的需求，并调整广告活动策略来满足消费者的需求。

二、实施效果测评

1.广告效果的测评

（1）广告主题的测评。广告主题的测评是在广告开始之前对广告主题选定进行的测评，包括广告主题的思路和创意来源、品牌名称测评和广告口号测评。

（2）广告创意的测评。在广告主题确定之后，企业要对广告创意的构思进行测评。广告创意要与广告主题紧密相连，这两项工作也可以同时进行。

（3）广告文案的测评。广告创意确定之后，企业要开始撰写广告文案。广告文案是消费者了解广告和产品的最初途径，必须要重视。

（4）广告作品的测评。广告文案确定之后，就要开始制订广告作品，把广告作品呈现给测试对象观看之后，对其反应进行测评，从而对广告作品的不足之处进行修改。

2.广告效果的监控

（1）广告媒介发布的监控。

（2）广告效果的测定。

三、后期广告策略的调整
四、后期广告的基本策略
五、不同阶段的广告策略

【文案范例】

"××房地产"广告活动调整方案

一、前言

根据国家针对房地产发展提出的新政策和"××房地产"的销售业绩逐渐下降的情况，企业决定在之前的广告活动基础上，制订新的广告活动调整策略。同时根据企业各位经理人对于产品的分析以及周边环境及市场需求的分析，结合之前的广告效果分析，开展符合企业的形象和产品的宣传活动，以最科学的方式做出最合理的广告安排。

二、市场分析

1. 目标市场

经过之前失败的广告活动策划，"××房地产"决定对目标市场进行重新分析。在对目标市场进行重新分析之后，发现小区刚刚建成时，很受高薪阶层的消费者青睐，而企业一开始运用的高端广告宣传让很多高端消费者了解了产品，但是相对的受众面很窄小。这也是企业的销售业绩持续下降的原因。

2. 竞争对手分析

一开始的广告活动策划把"YY房地产"作为最强大的竞争对手之一，而在之后的广告效果评估中，分析发现YY房地产确实是我们企业的最大竞争对手之一。因此针对YY房地产制订的竞争广告策划可以持续进行。

3. 消费者分析

对上一阶段的广告效果进行分析调查之后，我们发现，主要的消费者人群是35～50岁的高端消费人群，而我们的产品所针对的消费者人群是20～50岁的大众群体。这也表明我们的产品价格确实太高，一些中薪阶层的消费者不会轻易选择。

三、广告调整策略

通过高层的一致讨论，决定将"××房地产"的小区进行降价调整，这代表将要进行一系列新的广告活动，以此来达到销售业绩增长的目的。

1. 宣传策略

（1）报纸／杂志。通过各种报纸和杂志等纸质宣传广告，讲述企业产品的优势，并且突出产品即将降价的信息，吸引更多的中薪阶层的消费者，挽回更多的消费者。

（2）电视／网络。在电视、广播或者网络上进行大力的宣传，尤其是在一些收视率较高的频道和"××房地产"所在的本地电视频道进行广告投放。

2. 促销策略

（1）开发客户。利用企业手中的资源，通过主动联系的方式，邀请消费者现场参观，增加客源，同时对那些已购产品的老客户进行感谢，并且告知老客户介绍新客户会有奖励，从而开发更多的消费客户。

（2）优惠政策。在原价的基础上，奖励消费者更多的服务和优惠，如购房送家电或者购房免除一年的物业费等，这样既能吸引更多的消费者前来选购，又能促使之前有意向的客户尽快成交。

【写作要点】

（1）真实性。企业在制订广告活动调整方案时，要注意广告宣传的真实性，要客观实在，言之有物，不能有虚假的成分，更不能伪造产品的优点和功能。

（2）计划性。企业在制订广告活动调整方案时一定要有计划地把企业的产品与广告活动相结合，形成一个有计划的流程，各个环节之间相互协调和配合，使消费者能够更加深刻地了解产品和广告的目的。

（3）目的性。企业在制订广告活动调整方案时，一般是为了改变企业的战略，如提高企业的销售业绩、更换企业的形象代言人、调整产品价格等，无论基于哪种目的，企业在制订广告活动调整方案时一定要体现其目的性。

企业广告预算报告

【写作导引】

企业广告预算报告是企业在制订广告策略之后，针对广告预算的开支、分配和计划等方面进行的具体详细的说明的报告。一般来说，企业广告预算报告的内容包括企业的预算项目、所需开支、费用分配、执行时间等，另外，在广告预算报告的后面，要对大概内容进行文字阐述。

一、广告预算报告的内容

实际上，企业广告预算报告的内容就是企业对产品进行广告宣传活动时产生的费用进行一个合理的分配和安排，其中包括广告媒体费用、广告设计费用、广告制作费用、广告管理费用以及其他额外费用。而广告媒体费用和广告制作费用是直接广告费用，广告管理费用和其他额外费用属于间接广告费用，在撰写企业广告预算书时，可以尽量压缩间接广告费用，一般不会对广告效果产生影响。

二、广告预算表的构成

广告预算表就是用文字、图片、表格的方式对企业广告活动所产生的费用和支出计划做一个详细的说明。广告预算表一般由表头部分、表体部分、表脚部分组成。

1. 表头部分

表头部分通常是企业广告预算报告的标题，撰写内容包括广告项目、广告日期、企业委托的预算单位名称以及负责人、企业广告预算的总额、企业广告预算报告的编制人员，以及编制日期。

2. 表体部分

表体部分是广告预算报告的核心内容，撰写内容主要包括预算项目、支出计划、广告执行日期、广告产生的费用总额等，而其中最主要的是企业预算项目。预算项目主要包括市场调查经费、企业广告设计费、企业广告制作费、企业广告媒体费、企业广告管理费、企业广告机动费、企业广告促销费以及其他费用。

3. 表脚部分

表脚部分是广告预算报告的结尾部分，通常是对广告预算表中的主要内容用文字的方式进行解释与说明，对企业的广告预算报告进行最后的总结。

三、广告预算报告的格式

（1）市场调研费。企业在进行广告策划时一定会先对当前的市场进行调查。在调查市场时首先采用文献检索的方式对市场情况进行详细的了解，在了解具体情况之后会派遣专门的调查人员前往实地考察，看看市场的实际情况与检索的情况是否存在误差，将市场进行实地调查之后，会得出相关的市场数据，最后将这些数据进行研究分析。在这个过程中，市场调查的整个流程所产生的所有费用都算作广告预算的一部分。

（2）广告设计费。企业如果委托专业的广告公司进行广告策划的话，广告设计费用会相对更高一些。在广告公司进行广告策划时，会设计出多种广告方案以供企业选择，在这一过程中，广告公司设计的最终方案会要求企业支付费用。在最终广告方案中，如果包含报纸广告、杂志广告、电视广告等，这些费用也要一一列举出来。

（3）广告制作费。广告策划制订具体实施方案之后，企业要按照广告策划方案制作出广告样本，在这个过程中会涉及广告印刷、广告拍摄等工作，这些都算作广告制作的一部分，具体费用也要在广告预算报告中标明出来。

（4）广告租金费。有时候在投放广告时，需要占用一些场地或者展台，甚至如果企业想要在电视频道进行定时播放广告的话，也会产生费用。另外，在一些杂志或者报纸上印制企业的广告信息，也需要支付人家相应的费用，这些媒体租金费用普遍非常高，可以说是广告预算中费用比例最高的部分。

（5）公关促销费。企业按照计划在规定的地方投放广告之后，不能以为就万事大吉了。广告投放之后，不一定就会产生效果，还需要企业的公关团队进行整体宣传。广告投放属于大众媒体，虽然受众面广，但是针对性不强，容易被消费者忽略。而这个时候，企业借助公关团队的影响和促销活动的配合，可以有针对性地对消费者进行宣传，虽然受众面相对窄小，但是效果好。

（6）其他费用。其他费用包括很多方面，如员工的出差费用、员工的加班费用、打印资料的费用、安保人员的管理费用、文件邮递费用等。这些费用的金额也比较高，是广告预算报告中不可缺少的部分。

【文案范例】

"××企业"广告预算报告

预算委托单位："××"企业　　负责人：张××

预算单位：广告公司　　负责人：李××

广告预算项目：广告策划　　时限：××天

广告预算总额：×××万元　　预算员：×××

广告预算时间：20××年×月×日

预算书编号：DJ00000155

项目	开支内容	费用	执行时间
市场调查	实地调查＋调查人员	××万元	20××年×月×日
广告设计	略	××万元	20××年×月×日
广告制作	资料印刷＋模特拍摄＋新闻发布会	××万元	20××年×月×日
媒体租金	《××杂志》＋××频道＋××网站	×××万元	20××年×月×日
公关促销	商超＋户外租地	×××万元	20××年×月×日

（续）

项目	开支内容	费用	执行时间
其他费用	出差费＋管理费＋其他销售费用	××万元	20××年×月×日
总计		×××万元	

备注：略。

【写作要点】

（1）分析企业自身因素。在制订广告预算报告前首先要分析企业的自身因素和情况。例如，产品的生命周期、企业的市场定位、产品的市场定位等，这些重要因素都可能对企业进行广告投放产生一定的影响，自然而然也会影响到广告预算的费用。

（2）确定范围。企业在进行广告宣传之前，要对企业的产品有一个清晰的认识，并且能够准确地找准产品定位，了解产品针对的受众是哪个群体，这样才能在进行广告投放时，得到最好的宣传效果。

（3）找准投放方式。通常广告媒体费用是广告预算中金额数目最大的部分。很多企业在制订广告预算报告时会发现，预算 80% 的费用是花在媒体费用上，但是随着新兴媒体模式的涌现，广告媒体投放方式越来越多，企业应该找准最适合企业宣传的广告媒体方式，不要过度地追求价格。

广告效果评估报告

【写作导引】

企业组织的广告宣传活动或广告作品对消费者产生的影响就叫作广告效果。从狭义角度来看，广告效果指的是企业投放的广告宣传是否实现了事先制订的广告目标，广告的传播效果和企业带来的销售量是否有所提升。而从广义上来讲，广告效果还包括对社会产生的效果和对消费心理产生的效果。

广告产生的社会效果是广告的出现对社会的道德、文化、教育、环境等产生的影响，良好的社会效果可以促进社会发展，也能给企业带来更多的经济效益。广告产生的消费心理效果指的是看到或者听到广告的受众心理从认知、情感和意志等方面产生影响，这种心理效果是广告的传播程度、传播力度的集中体现。

广告效果的评估就是调查企业在进行广告活动之后，消费者对于各种广告媒体，如报纸、杂志、广播、电视等广告形式的接触情况。

一般情况下，广告效果评估的主要内容包括以下几个方面。

一、广告信息评估

（1）广告主题评估。

（2）广告文案评估。

二、广告媒体评估

（1）媒体广告的特征。

（2）媒体投资与效益的比例。

（3）媒体组合是否恰当。

（4）媒体投放收视率。

三、广告活动效果评估

（1）心理效果或销售效果。

（2）长期效果或短期效果。

【文案范例】

"××化妆品"广告效果评估报告

一、前言

"××化妆品"的整合营销广告宣传方案自今年1月份实施至今已有4个月的光景了。在这期间，所有影视广告、语音广告、平面广告以及各地区的促销活动持续不断，所投入的费用也已高达数千万。随着广告力度的持续增长，"××化妆品"的品牌知名度、客户忠诚度都在不断增长，对于企业的扩张也起到了一定的帮助作用，带动了企业的销售量。随着季节更替，春季市场逐渐被夏季市场所替代，季度性的广告投放也已经走到了尾声。为了能够更好地指导下一季度的工作，必须先做好前一季度的广告效果评估报告。

二、媒体集中宣传

我们上个季度在江苏一套投放的电视广告分别为：1月份1495秒、2月份1405秒、3月份1459秒，每个月的投放支出费用比同等金额分散投放要多100～200秒的时间。媒体集中投放广告不但为我们增加了很多的广告时间，节省了更多的广告费用，还大大增加了消费者的购买次数，提高了企业的销售量，赢得了更多的利润。

三、连续投放

化妆品没有季节更替的压力，一年四季都可以使用，因此在广告投放上，我们保持每个月针对品牌宣传和品牌曝光的力度，这样的连续广告与其他短线广告相比，虽然针对性大大降低，但是时效性却远远超过它们。而且我们的决策也为企业的品牌知名度增长建立了长期持续和发展的基础。目前，连续投放广告的效果已经非常明显，"××化妆品"的品牌知名度已经呈现快速增长的趋势，1月份的知名度为22%，2月份的知名度为24%，3月份的知名度为30%。

四、选择黄金时段

我们在江苏一套的广告投放时间为晚上7点到8点之间，这个时段是电视频道的黄金时段，坐在电视机前的观众也很多，广告的受众也明显增加。据抽样调查显示，在这个时间段，江苏一套的收视率高达11个点。

五、广告力度强

从1～3月的电视广告投放来看，"××化妆品"与竞争对手相比，广告投放的优势非常明显，从调查结果来看，竞争对手的投放广告秒数要比我们低200～300秒，我们的产品具备非常强的竞争优势，从江苏一套的投放比例来看，我们位居第三名。第一、二名分别是电子类产品和汽车类产品。而竞争对手的排名却在第六位和第七位。

如下表如示。

×× 卫视电视台

品牌	投放秒数	投放次数
竞品一	×××	××
竞品二	×××	××
×× 化妆品	605	45
竞品三	×××	××
竞品四	×××	×××
YY 化妆品	458	20
ZZ 化妆品	312	13

六、代言人的选择

我们公司 1 ~ 3 月的广告代言人为 ×× 演员，是当代最火、最受欢迎的女演员之一。选择该演员，不仅是由于 ×× 演员的爆红程度，在生活中，×× 演员也很少有不好的绯闻，并且 ×× 演员一直致力于公益事业，口碑特别好，这也与我们企业的品牌理念相符合，为我们企业宣传品牌价值观锦上添花。而这一重要代言人也为我们的产品带来了很多的好评和销量。

七、未来广告投放思考

（1）将加大其他电视频道的广告投放，暂时将目标锁定在近期火爆的浙江频道。

（2）增加平面广告的投放力度，运用多种模式，优先选用软文的投放方式。

（3）在各个地区建立户外网点广告投放，加强促销活动的力度，扩大产品的知名度。

【写作要点】

（1）目标性原则。广告投放具有迟缓性、间接性等特点，这些特性会影响我们对于广告效果的评估。因此在对广告效果进行评估时必须有明确的评估目标，如评判是评估广告的长期效果还是短期效果，是评估广告的心理效果还是销售效果。只有明确而又具体的评估目标，才能得出准确的评估结果。

（2）综合性原则。广告投放效果是受多种外在因素影响的，如时间、地域、环境等条件。而在评估广告效果的具体实施中，也有很多的不可控因素在影响着我们的判断，但是不管我们是想要评估长期效果还是短期效果，是评估心理效果还是销售效果，都要综合考虑各个方面的因素。

（3）客观性原则。在评估广告效果时，由于受到不同条件的影响，广告的效果也在不断地变化当中，时而清晰，时而模糊。但是我们在对广告效果进行评估时，不要用自己的主观思想去猜测广告的效果，而是要用真实、客观的数据来分析广告效果。

第 10 章
促销文案

促销计划书

【写作导引】

促销计划是指企业对产品进行促进销售和展示新产品的计划。

一般情况下，根据企业促销目的的不同，促销计划可以分为以下几类。

一、年度促销计划

一般情况下，企业为了营造卖场或者店铺的气氛与动感，以年度计划为基准，规划企业年度促销计划的具体事项。

二、主题式促销计划

所谓主题式促销计划，指的是企业具有特定目的或是专案性的促销计划，主题式促销计划最常被使用在企业店铺开业、周年庆或其他社会特定事件以及商圈活动等时。

三、弥补业绩缺口的促销计划

销售业绩是专卖店维持企业利润来源的最主要渠道，也是企业的代表品牌在市场竞争中占有的态势。企业的营销人员必须确保店铺业绩的达成。因此为了企业店铺的业绩，必须在每天、每周或者每月固定的时间点，设置一个预警点。若是在预警点发现业绩没有达标，必须立即用促销活动来弥补店铺的业绩，保证企业店铺的业绩能够有效而准确地达成。因此企业在平时要建立好促销计划档案，以便企业在有业绩缺点的时候能立刻派上用场。

四、对抗性促销计划

企业经营的本身是动态的，在激烈的市场竞争下，企业经营的店铺随时会受到市场竞争对手的挑战，由于店铺的蓬勃发展，企业所处的市场竞争的加速化是可以预期的。竞争对手的促销活动很可能会吸引大量的消费者，使得企业的客户群流失，造成企业业绩的减少，因此在必要的时候，企业必须制订必要的对抗性促销活动。

【文案范例】

"××超市"全年促销计划书

一、活动目的

（1）巩固消费者对"××超市"产品的认同和忠诚度。

（2）让消费者对"××超市"有一个新的认识。

（3）确定"××超市"在市场上的竞争地位。

（4）让"××超市"的品牌形象能够更好地发展下去。

二、营销策略

1. 方案营销策略

超市是最被消费者喜欢的地方，因为超市可以满足消费者的基本需求和日常生活。基于这样的情况，超市的促销必须要给消费者予以感官和物质的双重刺激，不能一成不变，超市的促销要有多样性和新颖性，能够快速激发消费者的购买兴趣。

2. 营销组合

营销组合包括超市的常规活动、特卖活动以及定期的优惠活动。

（1）常规活动部分。"××超市"在各个节假日或者特定的时间进行促销活动。

（2）特卖活动部分。"××超市"决定借鉴商场举行特卖服装的经营理念，在超市举办特卖活动，以吸引更多的消费者。每个超市的商品或者一些特卖的产品可能在货架上的摆放非常零散，如果把这些特卖产品集中在一起，设立独立的特卖区域，让消费者能够更容易找到，就会省下他们很多的搜寻时间，给消费者产生一种超市产品物美价廉的印象，增加超市的业绩。

（3）定期的优惠活动。超市在每个月或者每周设置一天的时间，作为超市的优惠日，在这一天购买产品的消费者会得到很多的优惠，以此来刺激消费者消费，提高超市的影响力和销售业绩。在优惠日这一天，超市可以不定期地更换活动优惠主题，使用同一个主题会给消费者造成审美疲劳；要经常更换超市优惠的主题，并且相对应的促销活动也要随市场变化，不要一直促销同一种产品或者同一类产品，这样就不能起到刺激消费者消费的目的。

超市设置了优惠日消费活动，时间久了就容易影响消费者的消费习惯，即使消费者可能没有需要购买的产品，但是在那一天还是会习惯性地到超市去，这样就形成了一种固定的促销营销，对于超市的发展是非常有利的。

三、活动实施

1. 季度主题促销计划

第一季度：春

在这个季节，超市可以适当地调整内部的布置，可以以绿色为主。从超市的整体色彩、广告海报、喷绘、设计等方面来统一体现春季的勃勃生机。

第二季度：夏

在这个季节，消费者非常喜欢旅游购物，人们的心情也非常舒畅和愉快，因此超市可以以夏季、清凉等特点进行展示。

第三季度：秋

秋天是收获的季节，整个世界的颜色都是黄色果实的颜色，因此超市在整体设计或者颜色的选择上，可以尽量多地表现收获的特色，打造一种硕果累累的感觉，让消费者可以体会到秋收的喜悦。

第四季度：冬

冬天是白雪皑皑的季节，也是一年更替的季节，因此超市可以选择白色和红色搭配。既能体现冬天的颜色又能让消费者感受过年的喜气洋洋，为超市增加更多的特色。

2. 节日主题

春节

活动时间：春节期间

活动内容：春节期间不定期推出新品，每件都享受 8.8 折优惠，限时抢购。还有各种抽奖和砸金蛋的活动，消费购满 500 减 100 等活动。

情人节

活动时间：情人节

活动内容：巧克力和甜品等商品会大量优惠，而一些专柜的首饰和礼品也要相应促销，并且在情人节期间购买礼品的消费者可以享受高端包装一次。

妇女节

活动时间：3 月上旬

活动内容：超市所有的女士用品都会进行促销活动，并且女生购买享受高端包装一次，男生买来送给女性朋友或者家人的话，额外享受 8.8 折优惠。

中秋节

活动时间：中秋节期间

活动内容：月饼享受 8.8 折以及高端包装一次，可以专门定制。除此之外，消费购满 1000 元以上，还可以给消费者一次免费照全家福的机会。

其他节日略。

【写作要点】

（1）逻辑清晰。促销计划的制订一定要逻辑明确，思路清晰，活动的时间、地点、内容等一定要让读者感受到促销计划的逻辑性，这样才能有说服力。

（2）通俗易懂。促销计划的目的是帮助企业提升业绩或者推广新产品，因此计划的语言一定要尽可能的通俗易懂，不要有任何矛盾之处。

（3）可行性。促销计划的设计需要计划制订者的灵感和创新，但是所制订的促销计划不能过于异想天开，要真正可行，能够激发消费者的购买兴趣，才能算是好的促销计划。

促销策划方案

【写作导引】

促销策划方案指的是企业在进行产品销售或者服务销售之前，为了能够让销售效果达到事先预想的销售目标，而制订了一系列策划活动；将促销思路、促销活动、促销方案整合在一起就形成促销策划方案。

一般情况下，促销策划方案的撰写包括以下内容。

一、封面

促销策划方案的封面要写上策划方案的名称、编号、秘密等级、单位名称和日期等。

二、目录

在撰写促销策划方案时，如果策划方案的内容较多，应写好目录，方便读者观看。

三、摘要

促销策划方案的摘要就是对策划方案的全部内容做一个简洁的概述，让读者能够对接下来的促销策划有一个概括性印象，可以从中了解到促销活动的大致内容。

四、正文

1. 市场分析

（1）市场调查

（2）市场预测及建议

2. 促销目标

（1）销售目标

（2）财务目标

3. 促销方案

（1）促销主题

（2）促销时间

（3）促销地点

（4）促销人群

（5）促销方式

4. 广告策略组合

5. 具体促销步骤

（1）前期准备。

① 促销人员。促销是一件非常劳心劳力的活动，在选择促销人员的要求上，要尽量安排能够吃苦耐劳、做事周全的促销人员。促销人员不仅是指在现场负责宣传活动的人，还包括和媒体公关打交道的员工、促销现场负责管理的员工、负责促销文案书写的员工、负责记录的员工、负责现场礼品派发的员工等，每个环节都需要专门的人进行管控，才能确保促销活动顺利进行。

② 促销物品。在促销活动时，除了人员的安排至关重要之外，物品的准备也相当重要。包括现场需要派发的礼品、现场需要摆放的广告和海报、促销产品等，每一件都要事先罗列出来，以防时间紧急或者粗心大意而丢三落四，影响活动进行。

③ 实施过程。促销活动是建立在经验和预测的基础上进行的一种销售活动，而在活动中可能会出现很多的不可控因素或者意外，因此，在撰写促销活动的实施过程时，要把具体的实施步骤详细说明出来，这样既能让每个参与促销活动的员工了解活动的流程，也能避免真正实施的时候，出现差错。

（2）活动期间。

活动期间主要关注的就是活动中的纪律维持和现场管控。一旦进行产品促销活动，现场人员情况复杂，人流量又多，必须要进行严格的管理，保证每个员工都能在自己的岗位上遵守纪律，严阵以待。除了纪律的管控之外，最重要的就是现场流程的把握，促销活动中的每个环节、程序都必须做到有条不紊，井然有序，保证促销活动的流畅性。

（3）后期处理。

活动结束之后的现场清扫以及紧跟节奏的广告宣传都要一一考虑到。

6. 意外防范

任何提前制订的活动都会遇上一些难以控制的因素，比如天气的影响、客户的投诉、相关部门的干扰等，针对这些意外情况，要提前做好防范准备，避免等到意外发生时手忙脚乱，影响活动进行。

7. 促销预算

对促销活动的费用进行预算，包括人工费用、管理费用、销售费用以及其他费用。

8. 效果评估

对本次促销策划的效果进行评估，预测本次促销策划是否能够达到既定的目标，方便之后对本次促销活动进行评审。

五、附录

注明在撰写促销策划方案时用到的一些资料来源、书籍、文献等。

【文案范例】

"××超市"促销策划方案

一、封面

"××超市"促销策划方案

文件编号：DSA1111005

单位名称："××超市"

策划人：张××

日期：20××年×月×日

二、目录

略。

三、正文

1. 促销主题

欢欢喜喜过新年，齐家购物贺新春。

2.促销目的

一年中，元旦到春节这段时间是人们的购物高峰期，因此，我们超市决定集元旦促销和春节促销为一体，将冬季的家电产品以及年货产品一同进行促销。不仅针对一般的消费者展开这场大型促销活动，还包括我们超市的会员消费者，更有多种促销惊喜等着回馈大家。

此次促销活动不但是本超市加大销售力度、赢得更多的市场份额，还是我们提高品牌知名度以及品牌形象的大好机会。

3.促销时间

20××年元旦至春节期间。

4.促销对象

超市周边的所有消费人群。

5.促销方式

（1）打折促销。

凡在促销期间前往超市购物的消费者，无论购买什么样的产品、什么价位的产品，都可以享受8折的优惠，优惠力度有史以来最低。并且在促销期间，我们会不定期地进货、补货，让所有消费者都可以享受新鲜、健康的商品，也不会出现任何买不到的情况。

（2）元旦活动。

活动主题：辞旧迎新。

活动时间：元旦三天。

活动内容：

凡是在元旦三天假期期间到我店购买商品的消费者，购物满200元的客户可以凭借小票在服务台领取新年台历一本。每天限送500名，送完为止。

备注：服务台要有专门人员管理，工作人员要耐心指导，每送出一份要进行客户信息登记，以防多送或者少送。

（3）春节活动。

活动主题：迎新春。

活动时间：春节三天。

活动内容：

凡是在春节三天假期期间到我店购买商品的消费者，购物满200元的客户可以凭借小票在服务台抽取新年红包一个，红包金额5～100元不等。满400元可以抽取两次，满600元可以抽取3次，以此类推，人人有份。

备注：服务台要有专门人员管理，工作人员要耐心指导，在每个抽取红包的小票上印上活动印章，每抽取一个印上一个小章。

6. 前期准备

略。

7. 活动预算

略。

【写作要点】

（1）逻辑清晰。促销策划方案的撰写讲究文章的结构和逻辑要清晰明了，思路要清晰，促销活动的计划不能有矛盾之处，否则会让阅读者感到逻辑混乱，没有说服力。

（2）方便阅读。促销策划的语言描写要通俗易懂，让人可以一目了然，不必咬文嚼字，特别专业的地方可以注明，或着重体现，要让阅读者能够更好地理解策划的主旨和内容。

（3）以理服人。促销策划方案的设计多少需要策划者的创造灵感在里面，但这不是促销策划可以通过的原因。在促销策划方案中要体现的是策划活动进行的理由，以及促销活动可以带来哪些好处。

商品促销主题方案

【写作导引】

商品促销主题指的是企业进行商品促销活动的主要内容。商品促销主题的方案一般是由促销内容、促销赠品、促销产品、宣传样品、促销设备及现场环境等构成的。企业想要突出自身的品牌理念，以及维护自身的品牌形象，就必须进行各种阶段性的促销活动，要让更多的消费者了解。商品促销主题就是要更多的消费者能够了解企业进行促销活动的主体内容、主要促销方式以及促销活动的起止时间等。

一、主题设计的重要性

企业进行商品促销活动必须有一个主题。促销如果没有主题就相当于师出无名，消费者会怀疑企业的目的和促销活动的真实性，这样的促销活动是没有说服和吸引力的。好的促销主题不但可以刺激消费者消费，还能起到意想不到的效果。因此在制订商品促销主题方案时一定要与促销活动相符合，这样才能给消费者一个购买的理由。通常情况下，企业设计的促销主题内容要亲和、新颖、有趣，能够做到易传播、易识别，而不能流于俗套，引起消费者的反感。

很多企业把促销主题的设计作为企业促销计划的核心，因为它是企业促销活动成败的关键。一个富有创意和想象力的促销主题往往能唤起消费者心中的购物欲望，给企业带来更高的销售业绩以及提升企业的品牌形象。因此企业在设计促销主题时一定要从企业的目标市场需求出发，设计一些具有挖掘性和煽动性的主题，以此作为企业推广产品的核心，在终端和消费者形成互动，力求最大限度地拉近与消费者之间的关系，吸引更多的消费者前来购买，增加企业和老客户之间的忠诚度。

二、主题设计的原则

企业不能随便设计促销活动主题，而要根据企业的整体形象和企业的品牌战略目标来进行确定。促销活动的主题要与企业商品的诉求一致，与消费者的需求一致，避免给客户造成混乱的印象。

促销主题在设计时要把握两点重要因素：一是"新"，即促销活动的内容、促销形式、促销口号、促销礼品等都要富有自己的创意，才能吸引更多的客户；二是"实"，即商品促销活动的目的、好处、利益等，要明确地让客户感觉到受益，让企业能够营利，才是好的促销活动。

比如有些品牌服装将促销活动和公益项目结合起来，打出"以旧换新"的促销口号，消费者可以用任意旧衣服来换新衣服，并且企业还把这些旧衣服捐献给慈善项目。这种促销主题不但帮助企业吸引了大量的消费者，还为企业博得了好名声。

企业在设计促销主题时，也可以借助一些节日或者特殊日子的名号，比如情人节、母亲节、春节等，充分调动社会气氛，帮助企业达到促销的目的。

三、促销活动主题的一般形式

企业进行促销活动的主题一般有三种：一是以商品为主题的促销活动；二是以季节特点为主题的促销活动；三是以节假日为主题的促销活动。除此之外，企业还会有开业促销活动和年庆促销活动。

1. 开业促销活动

开业促销活动对于企业来说是非常重要的，因为对于企业来说，开业只有一次，也是企业和消费者的第一次接触，企业必须重视开业促销，让消费者对于企业的产品、价格、服务等留下一个好的印象。企业开业促销活动的成功也影响着企业日后的发展。

2. 年庆促销活动

企业年庆促销活动同样非常重要，因为年庆促销活动一年只有一次，企业抓住这个时机可以让企业的业绩提升得更快。

【文案范例】

"××首饰"商品促销主题方案

一、情人节促销主题方案一

活动主题：情定今生

活动时间：情人节期间

活动内容：

（1）在活动开始前期，企业在官网招募情侣"爱的宣言"，在企业规定的网站发表自己爱的宣言或者对另一半的告白。如果是单身，也可以向自己喜欢的异性表达自己的爱意，在活动开始的前一天晚上 12 点之前，工作人员会统计得票率最高的前三位网友，第一名奖励价值×××元的对戒一对，第二名奖励价值×××元的项链一条，第三名奖励价值××元的手链一条。

（2）活动现场邀请十对情侣参加企业举行的"情人节特别活动"，并且活动采用现场直播的形式传达给更多的观众。

（3）凡是在情人节期间购买"××首饰"的消费者全部享受 8 折的优惠，并且有惊喜礼品相送。购物满 8000 元的客户额外提供价值××元的鲜花一束。

二、情人节促销主题方案二

活动主题：情定今生

活动时间：情人节期间

活动内容：

（1）在活动开始前期，企业在官网招募情侣"爱的宣言"，在企业规定的网站发表自己爱的宣言或者对另一半的告白。如果是单身，也可以向自己喜欢的异性表达自己的爱意，在活动开始的前一天晚上 12 点之前，工作人员会统计得票率最高的前三位网友，第一名奖励价值×××元的对戒一对，第二名奖励价值×××元的项链一条，第三名奖励价值××元的手链一条。

（2）活动现场邀请十对情侣参加企业举行的"情人节特别活动"，并且活动采用现场直播的形式传达给更多的观众。

（3）满就送，购物满不同的金额送不同档次的礼品。

购物满 520 元的客户赠送鲜花一支。

购物满 999 元的客户赠送情侣纯银手链一条。

购物满 1314 元的客户赠送情侣纯银手链一条 +×× 元鲜花一束。

购物满 5000 元的客户赠送情侣纯银对戒一对 + 纯银项链一条 +×× 元鲜花一束。

另外，凡是在当天进店消费的客户都可以额外享受精美礼品一份。

【写作要点】

（1）新颖性。促销主题对于企业进行产品促销和新产品的推广是非常重要的，因此企业在设计促销主题时一定要有新意和想法，能够一瞬间吸引到消费者的目光。

（2）可行性。促销主题虽然要有新意和创意，但是必须具备可行性，这样企业的营销人员才能实现促销计划。

（3）营利性。有些企业为了吸引消费者，促销力度非常大，但是企业是营利性机构，企业的促销活动必须建立在企业能营利的基础上。

营业推广方案

【写作导引】

营业推广属于促销方法中的短期推销，企业进行营业推广的主要目的是鼓励客户购买产品或服务，它是除了广告、促销、推销之外的所有营销活动的总称，而企业在制订营业推广时，要尤其重视营业推广方案。

一般情况下，企业的营业推广方案主要包括以下几个方面的内容。

一、奖励规模

营业推广的实质其实是对企业的消费者、经销商和企业员工进行奖励，提高他们对企业的忠诚度。企业在制订营业推广方案时必须首先决定奖励的规模。奖励的规模不是随随便便就能确定的，而是要考虑企业的成本和效益。如果奖励的规模大于企业的营利规模，那么这种奖励是不必要的。

二、奖励对象

企业面对的对象有很多，比如消费者、经销商和员工，但是企业决定的奖励对象并不是代表奖励所有人，企业要奖励那些能够带给自己好处、为自己创造效益的对象。比如长期合作的客户和经销商，以及业绩优秀的员工等。

三、发奖途径

确定好奖励对象之后，接下来就要考虑发奖的途径。比如产品优惠券可以和商品同时发，或者通过运输部门邮寄，也可以借助网络支付平台分发，选择发奖的途径要考虑发奖的范围、发奖的成本等。

四、奖励期限

奖励的期限不宜过长或过短，如果企业奖励的期限过长，消费者在购买产品时就没有紧迫感，反而会踌躇再三，犹豫不决，如果企业奖励的期限过短，消费者有可能因为时间来不及而错失领奖的机会。因此企业要根据自身的情况，选择恰当的奖励期限。

五、预算

企业在确定营业推广预算时往往会采取两种方法，第一种是先确定营业推广的方式，分析将要花费的费用，作为营业推广预算。第二种是先从企业的总预算中拨出一部分款项，用于营业推广。企业一般会选择使用第二种方法。

【文案范例】

"××企业"营业推广方案

一、营业推广的目的

（1）吸引消费者的购买。由于我们公司即将推出新产品，因此在这个时候选择营业推广不但可以维护好老客户的忠诚度，还可以提高新客户的友好度，从而选择购买我们的产品。营业推广的消费刺激是非常强的，也比较能够吸引消费者的注意，在消费者对产品的了解基础上，又辅以优惠政策，双管齐下，刺激消费者的购买欲望。

（2）实现企业的营销目标。在新产品上市之前，我们已经对市场进行了详细的调查和预测，确定了新产品上市的销售目标，而这次营业推广方案也能增加企业的宣传力度，使更多的消费者加入购买新产品的大军，从而实现我们的营销目标，巩固企业在市场中的地位。

二、奖励对象

1.品牌忠实客户

经常购买我们产品的忠实老客户，他们对于我们的产品有一个相对清晰的认识，了解我们产品的质量和服务，对我们的产品和服务也都感到满意。这类客户是非常有购买意向的客户，特别是我们给他们提供优惠政策之后，他们的购买欲望会大大增加。

2. 周边的新客户

这类客户没有购买过我们的产品，但是在我们企业位置的周边，占有非常便利的位置，我们可以给这些新客户适当地提供一些奖励，吸引他们购买我们的产品。

3. 经销商／中间商

经常和企业进行合作的经销商、中间商等这类客户，和企业之间的关系是非常密切的。现在的市场竞争越来越激烈，企业不能只依靠一个人战斗，而要发展同盟，大家同舟共济，相互合作，才能达到双赢的局面。因此我们要定期给经销商们一些奖励，和他们建立友好的合作关系，增加双方之间的信任度。

4. 内部员工

员工是企业的发展之本，企业的成功离不开员工的努力。而适当地对企业员工进行奖励，不但可以提高员工的工作积极性，调动员工的工作热情，还能让员工感受到企业的温暖、领导的重视，从而更加认真地工作，在企业内部形成一种积极的竞争机制，为企业创造更多的价值。

三、奖励期限

略。

四、奖励方式

1. 面对客户的营业推广方式

（1）小礼品。向客户赠送企业的产品试用装或者小件物品，在赠送产品时可以同时向客户介绍即将上市的新产品，给客户留下一个好的印象。可以选择在产品包装中赠送，也可以在企业周边进行派发。

（2）优惠券。给企业的老客户奖励优惠券，提醒他们下一次购物可以优惠的同时也能刺激他们的购买心理。可以在网上直接系统派发，也可以在产品包装里赠送。

（3）抽奖。客户凭借购物小票，购满××元可以参与抽奖一次。

2. 面向经销商／中间商的营业推广方式

（1）回扣。经销商／中间商在奖励期限内批发产品达到××万元，可以奖励他们3%的回扣，这样可以为企业销售出更多的产品，获得更多的利润，也能够刺激经销商／中间商快速进货。

（2）介绍费。如果经销商／中间商可以给企业介绍其他的代理商，企业会按照具体数额奖励经销商／中间商介绍费。

（3）补贴费。经销商／中间商在奖励期限内，如果卖出了规定数量的产品，可以给他们提供广告宣传的补贴，激励他们卖出更多的产品。

3.面对企业员工的营业推广方式

鼓励企业的员工推销产品或者处理掉老产品，如果员工在奖励期限内达到企业的规定目标，可以奖励员工免费旅游或免费培训或工资奖励等，促进员工们的工作积极性，激活企业内部的工作热情。

【写作要点】

（1）思维缜密，逻辑清晰。营业推广方案的撰写讲究整体结构的规范，同样的，在书写营业推广方案时要做到思维缜密，逻辑要清晰，营业推广的所有方案不能有相互矛盾之处，否则会让阅读者感到思维混乱，逻辑不清。

（2）具有可实现性。营业推广的每一条方案都要具备严格的可实现性，是企业营销人员必须能够做到或者能够达成的目标，否则方案的制订就会失去意义，企业品牌也得不到更好的推广。

（3）方案要新颖有趣。营业推广方案的主要目的是扩大企业的品牌影响力，吸引更多的消费者。所以在方案设计上，营销人员选用的方案要新颖有趣，能够吸引客户的目光，让企业的营业推广事半功倍。

第 11 章
谈判文案

商务谈判策划方案

【写作导引】

商务谈判指的是双方营销工作者为了协调彼此之间的商务关系，通过沟通、协商、妥协、合作等各种方式，满足各自的商务需求，争取达成某项商务交易的行为和过程。

一般情况下，商务谈判策划方案要包含以下重点。

一、谈判双方

谈判双方指的是，将要进行商务谈判的商业人员，一般可以是两方企业相关人员，也可以是授权代表。

二、谈判背景

谈判背景主要包括环境背景、组织背景和人员背景三个方面。

环境背景包括当前的政治背景、经济背景、文化背景等客观环境因素。组织背景指的是企业的规模、实力、管理、财务等情况。人员背景包括谈判当事人的职业级别、工作习惯、心理素质、谈判风格等。由于商务谈判是在谈判当事人的参与下进行的，因此，人员背景对于商务谈判的结果有着直接的影响。

三、谈判的基本原则

谈判的基本原则指的是在谈判过程中，谈判双方必须遵守商务谈判的基本准则或规范。谈判双方共同遵循必要的谈判原则，是谈判能够顺利进行下去，获得成功的保证。在谈判之前充分了解谈判的基本原则，有助于谈判双方掌握和运用谈判的策略和技巧，保护谈判当事人的权利与利益。

四、谈判的目标和策略

谈判目标指的是谈判人员想要通过谈判达成什么样的目标。谈判策略指的是谈判人员为了能够赢得预期的目标所采取的措施和手段。谈判策略是非常重要的一环，它对谈判结果会产生直接影响，关系到谈判双方的利益和所在企业的利益。

五、谈判人员组成

谈判人员组成一般包括谈判领导人员、技术人员、商务人员、法律人员、财务人员、记录人员等，必要的时候还需要翻译人员。

谈判人员的分工主要包括以下几类。

（1）谈判组长。负责外围和协调以及联系相关负责人，全程控制谈判的节奏。

（2）主谈判手。直接同被谈判人员接触的人员。

（3）副谈判手。负责记录谈判进程、谈判细节、资料收集等，协助主谈判手进行谈判。

六、谈判的议程安排

谈判的议程安排指的是关于谈判的主要议题、谈判的原则框架、议题的先后顺序与谈判时间的安排。谈判之前，首先要将谈判的议程安排确定下来。谈判的议程安排确定之后，能够帮助谈判人员在谈判过程中占据主动性。

七、谈判的准备工作

谈判之前的准备工作包括资料收集、了解谈判对手的信息、礼仪准备等。

八、谈判控制预案

谈判控制预案是为了控制在双方谈判过程中出现的一些意外情况而准备的应急方案。

【文案范例】

"XX企业"商务谈判策划方案

一、谈判双方

对方：YY企业

我方：XX企业

二、谈判背景

由于国内的茶类产品市场竞争越来越激烈，企业的市场份额开始大幅度下降，企业的生存面临着巨大的挑战。为了改变这一不利状况，我公司决定开发新产品，拓展新市场，向国际市场进军。经过一番周密而又详细的调查之后，我公司根据消费者的喜好、水平、品味，以及国际市场的现状、背景和特点，开始生产小批量的不同形状、风格的新型茶类产品，能够满足各种不同层次和需求的消费者。

三、谈判的基本原则

在进行谈判之前，希望双方都能共同遵守以下原则。

（1）互相尊重。

（2）坚持求同。

（3）互利双赢。

（4）双方利益能够最大化。

四、谈判的目标和策略

1. 谈判目标

（1）价格目标。我方产品在国内的价格是××××元/千克，在与贵公司合作中我方的期望价格是××××元/千克。

（2）合作方式。我方对合作公司的要求非常高，希望与贵公司的合作是代销生产。

（3）付款方式。分批交货分批付款的方式。

（4）数量目标。希望贵公司采用大批量购买方式，不接受小批量生产和代销。

2. 谈判策略

（1）开局策略。协商式开局策略，以协商的态度与语言，使对方能够首先对我方产生好感，从而使双方的谈判能够在友好、愉快的气氛中展开。由于双方之前没有接触过或者合作过，所以第一次的接触希望有一个好的开端和印象，能够顺利打开局面。

（2）报价策略。在报价阶段，我方采取后报价策略，有利于我们了解对方的报价底线，方便我方掌握有利条件。

（3）还价策略。采用投石问路的谈判技巧，我方可以试探性地提出一些假设条件，通过对方的反应来揣摩对方的想法，尽可能多地为我方争取更多的利益。

（4）总体战略。采用以退为进的谈判策略，可以适当在价格上予以优惠，但是要求对方增大进货量，要让对方感受到我们的诚意，同时为我方争取更多的好处。

五、谈判人员组成

我方谈判人员。

主谈判手：张经理

副谈判手：副经理

其他组员：王某、李某、徐某、高某等。

对方谈判人员。

主谈判手：孙经理

副谈判手：副经理

其他组员：林某、许某、赵某、吴某等。

六、谈判议程安排

1. 谈判时间

月初或者月末。在此时段，我方已经整理出公司的效益指标报表，便于对方了解我们的经营状况，对我们更加放心。

2. 谈判议题

希望可以与贵公司签订合作代销以及代理经销合同，并希望能够建立双方长期稳定的合作关系。

3. 谈判地点

新民路××号××大厦

七、谈判准备工作

1. 资料准备

《×××合同法》《×××公约》《××经济法》等。

2. 模拟谈判

略。

【写作要点】

（1）坚持合法原则。谈判双方在撰写谈判策划方案时，必须遵循国家的法律法规政策，涉及国际商务谈判时还应当遵循有关的国际法和出口贸易政策等。不仅如此，谈判采取的手段也必须合法，即公正、公平、公开，不能采取不正当的手段谋取利益。

（2）坚持时效性原则。所谓时效性原则，就是要求谈判双方在谈判过程中不能故意拖延时间，但是也不意味着谈判时间越快越好，而是要保证谈判的效率和效益的统一。在谈判中抓住一切有利的机会，迅速达成协议。

（3）坚持最低目标原则。谈判可以设置一个最低目标，在谈判双方不违背总体经济利益的原则下，可以根据各自的情况做出适当的让步。从利益上看，谈判结果只要达到了最低目标就是成功的。

商务谈判备忘录

【写作导引】

备忘录是一种用来记录事件预防当事人忘记的备忘公文，一般常被用来记录商务活动或其他事项，包括对于某件事情的看法和意见等，是对当事人起到一个提醒和启发的记事性文书。备忘录是公文函件中等级相对较低的一种书面材料。在商务活动中，备忘录通常被用来补充正式文件的不足。备忘录可以用于个人事件的记录，也可以作为商务谈判或者其他企业活动记录。

备忘录分为三种类型：一种是个人备忘录。这种备忘录属于个人事务的备忘录，记录的事情与他人无关。另一种是交往式备忘录。这是记录人际关系交往活动的公文，这种备忘录必须记录活动的真实情况，包括对当事人不利的劣势的情况。商务谈判备忘录就是交往式备忘录中的一种。还有一种就是计划式备忘录。这种备忘录是用来提醒当事人将来所要完成的事务。

商务谈判备忘录指的是双方在谈判过程中的一种提示性或者记事性的文书，是在业务切磋过程中，经过初步讨论后，记录双方的谅解或承诺，为接下来的谈判工作做出参考性指导。

商务谈判备忘录不同于谈判纪要。谈判纪要一经双方签字，即具有合同的效力，而谈判备忘录一般不具备法律合同效力。谈判纪要所记录的是双方达成一致意见之后进行签字确认的情况，而备忘录一般是指双方各自记录的关于谈判事项的观点和意见，它的内容还需要双方在下一次洽谈时进行商榷。谈判纪要一般是以谈判双方一致同意的语气来表达的，而谈判备忘录是以谈判甲方或乙方各自的立场来表达的。

一般情况下，谈判备忘录的格式包括以下几个重点。

一、商务谈判备忘录的标题

标题用来标明文章或者作品等内容的大体意思，标题起得是否成功影响着阅读者的阅读兴趣。商务谈判备忘录的标题通常有两种写法：一种直接点明主旨，书写文种名称，比如《备忘录》；另一种对文章内容进行详细的表达，包括企业的单位名称、备忘事由以及文种，比如《XX 公司与 YY 有限公司合作开发×××产品会谈备忘录》等。

二、商务谈判备忘录的正文

正文包括三个主体部分：导言、主体、结尾。

1. 导言

导言部分主要记录谈判进行中的具体情况，包括谈判的双方当事人或者所在企业的单位名称，谈判代表的姓名和信息，如果是与外商进行谈判，必须注明国别，还有谈判进行的时间、地点、谈判的主要项目等。

2. 主体

主体是商务谈判备忘录中最为重要的部分，谈判备忘录的主体内容需要记录下次谈判将要进行讨论的事项，双方就讨论事项是否达成了一致的意见，针对将要讨论的事项，彼此之间是否做出有关承诺等。主体内容的记录类似于意向书的写法，通常选择分条列项式的记录。

3. 结尾

结尾是对谈判备忘录的总结，一般情况下，备忘录的结尾可以选择不写。

三、商务谈判备忘录的签署

谈判双方的各自代表对各自的谈判备忘录进行签字确认并标明签署时间。

【文案范例】

商务谈判备忘录

XXX 股份有限公司（以下简称甲方）和 YYY 股份有限公司（以下简称乙方）的代表，于20××年×月×日在××大厦就产品研发技术引进一事进行长期合作谈判，经双方初步了解，交换了意见之后，达成了以下初步意向。

一、针对产品研发技术的转让问题

双方就这项问题达成协议，合资双方将共同努力加快产品研发技术的引进速度。公司前期可以先就研发技术引进一事进行谈判，若谈判成功，双方可以先行签订合作合同，编写可行性研究报告之后，再正式投入工作。

二、乙方的合作意向

（1）于20××年×月，乙方企业组织了一批技术考察团对中国的各大生产企业进行了严密考察和测验。经乙方公司董事会的共同讨论和商议，决定只选择与甲方公司洽谈产品研发技术转让或合资的问题。

（2）乙方公司董事会认为，此次合作主要以产品研发技术的转让为主要谈判事件，与甲方公司进行合资合作的意向非常小，即使乙方公司决定合资，投入的资金也非常少，只是象征性地投入一点资金。

三、甲方公司技术引进的意向

（1）甲方董事会针对这一事项已经决定与其他公司进行技术合作，乙方是甲方首先考虑的合作对象。甲方认为如果双方不能尽快进行合作，甲方将会失去更多的市场份额，因此甲方希望在谈判会议中能够尽快有所进展。

（2）甲方对和乙方的谈判进程进行了分析和评测，并承诺可以保留和乙方谈判的优先权。

四、甲方与乙方公司的合作方式

（1）乙方认为基于产品研发技术的引进进行合作，能保证企业产品的市场竞争力，而且技术引进的方式也能降低企业的产品成本。

（2）甲乙双方均不赞成50%+50%股份的合作方式。

（3）乙方认为双方如果开始合作，最好以贸易方式进行。

（4）技术引进的主要产品为：略。

五、此次谈判虽然没有解决双方的问题，但是双方都很好地表达了继续洽谈的意愿以及合作的想法，希望在之后的谈判过程中，双方能够有更进一步的接触、了解，以便进行下一步洽谈事宜，具体洽谈时间再定。

XXX 股份有限公司　　　　　　　　　YYY 股份有限公司

谈判代表 ×××（签章）　　　　　　谈判代表 ×××（签章）

20×× 年 × 月 × 日　　　　　　　　20×× 年 × 月 × 日

【写作要点】

（1）内容要详细具体。在书写商务谈判备忘录时要把双方存在疑虑的问题一一罗列清楚，对于每一项亟待考虑的问题都要详细具体地描述出来，以供双方再次讨论。

（2）表达要简洁清晰。文字的使用要通俗易懂，用词要严谨准确，不要过多的赘述，尽可能地用最简洁的语言描述内容。

（3）语气要礼貌。一般来说，双方在谈判过程中据理力争容易发生矛盾，但是还是要注意礼貌问题，书写谈判备忘录时，对于双方的任何问题都要用礼貌的语气和态度来面对，这样才能为接下来的洽谈争取更多的机会。

商务谈判纪要

【写作导引】

随着经济的发展，商务谈判在合作中应用得越来越频繁，成为当今社会处理商业纠纷、解决争端和协调人际冲突的最常见的方式之一。商务谈判纪要则是记载谈判的主要思想、谈判目的、主要谈判内容和谈判结果的一种书面的记录性文件。

商务谈判纪要是在谈判记录的基础上整理而成的，集中反映了谈判的基本精神、具体内容和谈判结果。会谈结束后，参与谈判的代表需要向领导汇报这次谈判的具体内容和结果，谈判纪要便是最好的汇报依据。

除此以外，商务谈判纪要是双方进行合同签订的重要依据，它就相当于一个最初的简易版合同，可以约束双方的行事。有些谈判纪要经过与会双方签字确认后，还可以作为意向书出现，从而起到法律依据的参考作用。

商务谈判纪要的写作格式由以下三部分组成。

一、标题

表明这次商务谈判的目的，一定要写得明确、具体。

二、正文

正文分前言和主体两方面。

（1）前言。前言包括举行这次商务谈判的时间、地点、谈判双方以及会谈的事项内容。

（2）主体。这次商务谈判的主要内容，一定要把具体事项分条列明，重点突出，不能遗漏。

三、结尾

在正文下方写上甲乙双方单位的全称，双方代表签字盖章。

【文案范例】

×× 路 ×× 号房屋租赁谈判会议纪要

会议主题：×× 路 ×× 号房屋租赁事宜。

会议时间：2017 年 4 月 18 日。

会议地点：×× 路 ×× 号 3 楼会议室。

主持人：张三（乙方）。

记录人：李四（乙方）。

谈判双方人员：

出租方（以下为行文方便，简称甲方）：×××。

承租方（以下为行文方便，简称乙方）：××市××文化传媒有限公司。

甲方与乙方就××路××号房屋租赁问题于2017年4月18日进行商务谈判，现将谈判达成的一致意见，纪要如下。

一、甲方陈述意见

甲方将自己名下位于××市××镇××路××号的四间门面房，共250平方米租予乙方，租期五年，第一年共收四个门面房年租金25万元，第二年在此基础上提高10%，以此类推，每年递增。水费、电费、煤气费等均由××市××文化传媒有限公司另外单独支付，并要求××市××文化传媒有限公司承担原租户不得不突然退租的损失费和搬迁费用。

二、乙方陈述意见

据了解，××市的门面房平均年租金为每单间（40～50平方米）4万元左右，不包含税金。我公司认为甲方应参照此行情，把租金降到单间门面房每年4万元并且向乙方提供税票，年租增幅以6%为宜。此外，原租户本就已到了退租时间，其引起的损失费和搬迁费用，我公司不应该也没有理由承担。

三、甲乙双方共同意见

经甲乙双方多次坦诚协商，达成如下一致意见。

（1）房屋租金按年结算，首笔租金为20万元整，以后每一年递增8%。

（2）原租户退租过程中产生的任何损失、费用和纠纷，均与乙方无关，由甲方全权处理，乙方概不负责。

（3）甲方必须按时交房，不得妨碍乙方的装修进度。如若甲方不能及时交房，影响了乙方的正常装修，延误一天便按照两倍的日租金标准给予乙方赔偿。

（4）乙方拥有自行装修房屋的权利，但是若乙方对房屋进行构造上的修改，必须经过甲方的同意方能改造，若是擅自进行改建，必须向甲方赔偿损失。

四、本谈判纪要作为合同附件，与合同具有同等法律效力

甲方参会人员签字：　　　　　　　　　　　　　乙方参会人员签字：

【写作要点】

（1）必须忠实于商务谈判的真实情况。谈判纪要是建立在商务谈判的基础

上的，商务谈判纪要存在的目的就是确保双方的诚信，作为双方行事的依据，因此必须根据谈判的内容和结果如实进行整理，尤其是对谈判中谈及的日期、金钱数额、原则、双方做法、事项内容、具体步骤等需要双方共同遵守的内容，必须要真实、客观，不能随意增加或删改，更不可擅自加上撰写者的主观意愿。

（2）分条列明，突出重点。整理商务谈判纪要时，务必条理清晰，重点突出，让双方一眼就能找到核心内容。要具有逻辑性，按照发言人的先后顺序、谈判的内容次序分项进行整理，分条列明。对于重点部分，比如涉及具体金额、具体时间、具体行为的内容一定要着重记录。

（3）语言要简洁、明确。商务谈判纪要的主要目的是在冗长烦琐的谈判会议中整理出主要内容或重要的事项，方便今后的工作。因此在整理纪要时，用语一定要通俗易懂、明确简洁。谈判纪要需经双方签字，具有等同于合同的法律效力，对双方都有一定的约束力，因此语言的表达必须明确、到位，不能有任何歧义。

业务洽谈方案

【写作导引】

业务洽谈指的是两个企业、个人与企业或是个人与个人之间就某个商品采购、销售或者提供、接受服务等业务进行商讨和交谈的一种活动。业务洽谈方案就是指企业或个人在与对方进行业务谈判之前，事先对洽谈的具体内容和过程等事项做出安排、布置的指导性文件。

业务洽谈方案很显然是一种书面性材料，它属于计划类文书的一种，具有较强的行动指向性和计划项目的全面具体性，适用于短期的、立即要着手进行的商品交易专项工作，尤其是那些需要将具体做法报请上级主管部门审批的谈判活动。

一般而言，业务洽谈方案的结构由三个部分构成：标题、正文和落款。值得一提的是，如果需要的话，可以在正文之后附上对双方洽谈的内容有补充说明意义的材料作为附件。

一、标题

标题中应当含有洽谈的对象、洽谈的内容和文书的种类，顺序是介词"与"、谈判对手、谈判内容、文种。例如："与××公司广告部代表洽谈投放××商品广告方案"。

二、正文

正文的前言是对于此次洽谈原因的阐述，以及想要达到的结果；正文则是介绍洽谈方的具体情况、洽谈双方所持有的态度、商品需求量、市场供求情况、价格情况等，以及我方的意见及做法。

这些是业务洽谈最基本、最常见的内容，一般的业务洽谈只需要这几部分就够了。但是对于难度比较大的业务洽谈，还另外需要分析洽谈对手的心理、意图，分析可能会出现的突发状况和问题，以便提前准备好应变措施。

正文最后有一句结束语，因为业务洽谈方案是需要呈报单位上级领导审批的，同意后才可以照计划实施，因此，正文的结束语一般都是"以上意见当否，请 ×× 批示"。

三、附件

视具体情况而定，有必要就加，没有不要就不加。

四、落款

即拟写这份方案的单位、部门和具体日期。

这里有两个问题需要注意：一是业务洽谈方案正文的基本内容一般以"三分式"安排——开头简述、分析基本情况，中间明确基本任务，结尾提出详细、可行的措施和步骤；二是谈判方案的制订日期必须写在正文（或附件）末尾的右下方，并写明编制单位或部门的名称，有时还需要加盖公章。

【文案范例】

与 ×× 公司代表洽谈引进重型汽车及生产技术的方案

三年前我公司曾经购入 ×× 公司的重型汽车，经试用性能良好，自此 ×× 公司便成为我公司长期协作的友好厂家之一，该公司产品质量好、信誉高、价格低廉，是非常好的合作伙伴。在以往的合作中，我们合作非常愉快，都获得了较好的经济效益。为适应我公司技术改造的需要，我公司打算再次引进 ×× 公司重型汽车及有关部件的生产技术，并邀请 ×× 公司于下周前来北京进行洽谈，力争在价格合理的基础上扩大汽车进购量。

洽谈具体内容如下。

一、洽谈主题

以不超过 ××× 元的价格谈成 20 台重型汽车及有关部件生产的技术引进。

二、洽谈目标

1.技术要求

（1）汽车车架能够支撑 18000 小时的押运并且无任何损伤。

（2）汽车能够在 40℃的气温条件下，连续运行 8 小时以上，并且在发动机长时间停止运转后再接入 220 伏的电源，能在 30 分钟内启动。

（3）汽车的出动率在 80% 以上。

2.试用期考核指标

（1）不论寒冬酷暑，每一台汽车的试用期都要达到 10 个月。

（2）车辆运行 ××× 小时，行程达 ×××× 千米。

3.技术转让内容和技术转让深度

（1）在我方购买 20 台重型汽车的基础上，×× 公司无偿提供车架、厢斗、举升杠、转向缸、总装调试等技术。

（2）技术文件包括图纸、工艺卡片、技术标准、零件目录手册、专用工具、专用工装、维修手册等。

4.价格

（1）以三年前购买 ×× 公司重型汽车的价格作为价格下限，按照国际市场每年价格浮动 10% 的价格来计算，结果为价格上限。

（2）洽谈人员要有心理准备，最好的结果是以价格下限成交，最差也要坚持不能超过价格上限。

三、洽谈流程

第一阶段，2017 年 ×× 月 ×× 日上午 9：00 ~ 12：00，就车架、厢斗、举升杠、总装调试等技术附件展开洽谈。

第二阶段，下午 14：00 ~ 16：00，价格洽谈。

第三阶段，第二天上午 9：00 ~ 12：00，商定合同条文。

四、谈判地点

我方公司大楼三层会议室。

五、谈判小组分工

主谈：×××，为我洽谈小组总代表，是主谈判手。

副主谈：×××，为主谈判手提供建议或见机而谈，随时留心对方代表的反应和态度。

成员 ××：负责记录谈判的技术方面的条款。

成员 ××：负责记录财务及法律方面的条款。

以上当否，请公司领导审批。

××矿业集团公司重型汽车引进小组

2017 年 × 月 × 日

附件：拟前往洽谈进货人员名单（略）。

【写作要点】

（1）条理清晰，分条列明。业务洽谈方案结构清晰，应当尽可能将相关或者属于一类的事项归纳、总结在一起，把每一条、每一点都单独列出来，写得条理清楚。而不要用常规的分段式结构，像写作文似的动辄一大长段，每一个项目都写得密密麻麻的，让人还没细看就已经失去耐心了。把各个事项分条列明，这样就可以有一个清晰的思路，更快地找到重点，还会让看的人觉得舒服，不会因文字挤成一堆而看得头疼。而且，条文式的行文结构省去了专门撰写过渡句、段的时间。

（2）避免使用含糊的词语。在业务洽谈方案中，如果使用一些语义不明、含糊不清的词语会使人看起来比较费劲，比如"大概""差不多""应该""左右"之类的没有明确意思的词语，读到的时候就需要费时间去思考到底是什么意思。比如你说 100 元钱上下，到底是偏上还是偏下？ 4 点钟左右，是偏左还是偏右？这类词义不明的词语，不同的人读起来就会产生不同的理解。

（3）用词严谨。业务洽谈是一件非常严肃的事情，谈判双方气氛往往剑拔弩张，所商讨的事情也都十分具体，具有很强的行动指向性。所以，字里行间应当体现出一种严谨、务实的态度，切忌文笔幼稚、松散，像小孩过家家一样。

（4）用词简短、扼要。撰写业务洽谈方案的时候，措辞一定要简洁、明了、准确、到位，多用陈述句和判断句，少用形容词多的描述句，更重要的是，多用单句子，少用复句子，复句很容易让人找错重点。总之，就是要让人读起来浅显易懂，不会引起歧义，也不会增加理解的难度。

接待工作方案

【写作导引】

接待工作方案是指在来访者因公务活动到来之前，被访问的各种组织、机构、企业或者个人准备如何做好对于来访者所进行的迎送、招待、接谈等接待工作，而事先拟出的书面材料。主要内容包括来访者、来访意图、接待者、接待任务及接待方式等。接待方案要呈报单位上级领导，经领导审批同意后，就可以按照计划实施。

因为接待的对象和任务各不相同，因此接待工作方案文稿并不存在固定的格式，大体分为以下几部分。

一、标题

略。

二、正文

（1）阐述对方来访的原因，需要说明是应我方邀请，还是来访者的要求。

（2）来访者的人数、职务、访问时间、任务、接待地点等。

（3）接待工作的原则、准备工作以及具体的日程接待安排。

（4）接待费用预估。

（5）后期工作。

三、结尾

接待工作方案需要经过上级领导审批后方能实施，故最后要以"以上安排妥否，请批示"等作为结束语，末尾加上写作方案的部门和时间。

四、附件

附上来访者人员名单，以及公司所选的接待人员名单和个人分配到的任务。

接待工作方案的写作格式并不固定，不需要生硬地按照一定的顺序来写，可以结合实际情况，怎么方便怎么来。

【文案范例】

××电器公司来访接待方案

2017年5月8日上午，××电器公司一行9人，将在总经理××的带领下来我公司进行为期3天的友好访问。此次来访，主要目的是加强双方的进一步了解，促进××电器公司和我公司的进一步合作。

因此，公司各部门员工必须对此次来访引起重视，做好全方位的接待工作，弘扬我公司的良好风气，树立公司的良好形象，以促进双方顺利合作。为此，特别精心地制订了本次商务接待方案。

一、接待准备

1.接待信息

（1）接待对象：××电器公司总经理一行9人。

（2）接待时间：2017年5月8日—5月10日。

（3）接待地点：

接送机地点：×× 机场。

下榻酒店：×× 大酒店。

参观地点：公司总部和生产基地。

（4）接待原则：微笑、热情、细致、周到、友好、礼貌。

（5）接待人员：接待部和后勤部总负责，其他部门各抽调 2 名员工配合工作。

2. 接待前期准备

（1）信息收集。×× 电器公司的基本信息，公司主要领导人对此次合作的态度，来访人员的基本情况、兴趣爱好，来访期间的天气状况。

（2）提前预订好酒店房间，订好餐厅位子，准备好迎接车辆，保证车辆的清洁与舒适，司机驾驶技术良好，注重安全。

（3）公司迎宾工作，迎宾人员在参观人员到达前 10 分钟到大门前做好准备。

（4）拟定参观流程，以及所用会议室和会议主题，并通知到所有随行、与会人员。

（5）布置会场。准备好写有欢迎词的电子屏幕或者横幅，根据与会人数整理好桌椅数量和摆放方式，提前 30 分钟清洁并布置会场，保持会场整齐有序、空气清新，摆放会场物品如花卉、水果、茶水、音响设备、投影设备、身份桌牌等，安排服务人员和摄影摄像。

（6）资料准备。主持人提前准备并熟悉欢迎词、欢送词、公司的宣传材料以及会议洽谈资料。

二、接待日程安排

1. 5 月 8 日日程安排

（1）上午 9 点，接待人员机场接机；10 点到达公司，×× 总进行迎接；10 点半举行欢迎典礼，我方 × 总致欢迎词，介绍 ×× 电器公司及总经理 ×× 和其他公司成员；中午 12 点，午餐，公司领导陪同。

（2）下午 2 点，接待人员带领来访者入住下榻酒店，下午 4 点带领来访者进行公司内部参观。

（3）晚上 6 点，晚餐，公司领导陪同。

（4）晚上 8 点，KTV 唱歌或者酒吧娱乐。

（5）晚上 10 点，回到 ×× 酒店休息。

2. 5 月 9 日日程安排

（1）早上 8 点早餐，就餐地点：所住酒店。

（2）早上 9 点，抵达公司，协同来访者对公司进行详细参观。

（3）中午12点到下午2点，午餐，就餐地点：××酒楼。

（4）下午2点到6点，参观生产基地，观看产品生产过程。

（5）晚上7点，晚餐，就餐地点：××海鲜酒店。

（6）晚上9点，送回酒店休息。

3.5月10日日程安排

（1）早上8点早餐，就餐地点：所住酒店。

（2）早上9点抵达公司，双方在会议室举行座谈会，根据参观过程和这段时间内的交流商讨合作事宜。

（3）中午11点，举行欢送会，公司相关员工全体到场。

（4）中午12点午餐，午餐结束后，送来访者离去。

三、费用预算

对于接待过程中产生的费用，如住宿费、餐饮费、娱乐费用、会场布置费、礼品等进行及时的跟踪，掌握每一笔款项的使用情况，最后统一进行核算、报销。

四、后期工作

（1）会谈结束后，及时打扫、清理会场，与会人员整理好会议资料。

（2）进行电话回访，了解来访者对本次参观的满意度及改进建议。

（3）开会总结。送走来访者后，公司组织总结会，对接待工作做出评价，指出不足，加以改善；点出优点，给予嘉奖。

以上意见妥否，请公司领导指示。

××公司××部

2017年×月×日

附件：××电器公司来访者名单（略）。

本公司接待人员名单（略）。

【写作要点】

（1）用词简洁、准确。写接待方案，语言一定要简洁、明了，让读者一读就懂，明白自己的职责。此外，语言要尽可能明确，可以做什么，不能做什么，哪些人负责哪些事，一定要写得明明白白。

（2）时间点要明确。接待方案中，最麻烦的莫过于日程安排中的时间问题，一定要精确到具体的时间点，否则实施起来容易出现时间空档，产生尴尬。

（3）写作思路要清晰。清晰的思路是接待方案的灵魂所在，对于来访者的接待工作，先做什么后做什么，什么样的顺序是实施起来最方便、最有效的，一定要有一个清楚的认识，这样写出来的方案才切实可行。

第 12 章
渠道管理文案

营销渠道计划书

【写作导引】

营销渠道是指某种产品或者服务从生产者手中移动到消费者手里时，取得产品或服务所有权或者帮助其转移的企业或个人。简单来说，就是一个帮助生产者销售产品、消费者购买产品的媒介。

随着时代的发展和经济的提升，市场发展进入新阶段，各行各业都变得非常繁荣，竞争越来越激烈，经营方式也越来越多变。而随着企业的营销渠道不断发生新的变革，旧的渠道模式已不能适应形势的变化，众多企业都在寻求新的经营渠道，以便让自己的产品更好地扩大知名度，更广泛地接触到消费者，让产品卖得更好。因此，营销的渠道就成为很重要的一项选择。

而营销渠道计划书就是企业在这种激烈的市场竞争条件下，根据自身经营目标，对整个营销渠道进行合理布局和规划的计划类文书。

营销渠道是每一个企业营销体系中最重要的部分，是整个营销规划中的重中之重。营销渠道的选择将直接影响到其他的营销决策，如产品的定价和产品的供货量等。营销渠道选对了，就可以降低企业成本，提高企业竞争力，是企业能否成功开拓市场、实现销售及经营目标的重要手段。

营销渠道包括渠道的拓展方向、分销网络建设和管理、区域市场的管理、营销渠道自控力和辐射力的要求。

营销渠道计划书的内容一般包括以下几个方面。

一、市场目前的现状

分析企业所生产产品的市场现状，结合产品优缺点，预测发展前景。

二、营销渠道结构策划

（1）分销渠道结构：渠道长度和宽度。

（2）分销渠道模式。

（3）分销商的选择。

三、营销目标

略。

四、渠道建设目标

略。

五、SWOT分析

分析产品或企业的优势、劣势、机会和威胁。

六、具体实施内容

（1）市场规划。

（2）产品定位。

（3）产品策略。

（4）价格策略。

（5）推广策略。

七、费用预算

略。

【文案范例】

×××数码公司营销渠道计划书

一、市场状况

随着智能技术时代的到来，移动互联网的广泛应用让消费者对数码产品的了解越来越多，MP3、MP4到智能手机、平板电脑、照相机等数码产品已经逐渐成为消费者生活中必不可少的物品。作为一个较为新兴的科技领域，数码产品市场正在快速膨胀，中国乃至全球的消费者对于此类产品都是热情高涨。

目前我国数码产品的大部分市场仍旧被外来品牌所控制，如三星、苹果、佳能等，但是随着经济实力的不断增强，国产品牌也不甘示弱，已经经过了起步阶段，迈入了成熟阶段，涌现出了很多小有名气的数码品牌。因此，像我公司这样的国产品牌必定会受到很多国内消费者的喜爱。

而且目前数码产品的品牌众多，市场上的产品良莠不齐，市场较为混乱，并不存在一枝独秀、独掌大局的情况，若是能把握住时机，赢得消费者口碑，我公司数码产品的市场前景还是非常广阔的。

二、营销渠道结构策划

1.分销渠道结构

代理	直销
数码产品专营店	连锁店
百货商场	网上购买
超市	品牌渠道

2.营销渠道模式

营销渠道模式	供应链
区域经销商制	厂家——代理商——批发商——零售商——消费者
直营零售制	厂家——零售商或自营专卖店——消费者
直供连锁制	厂家——专营连锁店——消费者

×××数码产品结合自身特点和各区域的实际情况后，确定了将区域总经销制、直营零售制、直供连锁制结合起来的营销渠道。在发达城市，如上海、北京等一、二级市场，实行直营零售制，直接接触批发商，节省了供货的时间的麻烦，更好地进行交流、监督和管理。而在一些不太发达或者偏远城市的三、四级市场，则采用传统的代理商——批发商——零售商的营销渠道。

3.分销商的选择

分销商的选择要从经济实力、知名度、配送能力、商业信誉、配合度、覆盖率等因素上考虑，对于县级城市下设的分销商，数量不宜过多，以免出现供大于求的局面。

三、营销目标

（1）迅速打开国内市场，在同行业中打出一定知名度，留住一批固定的消费者，提高销售量，成为一流的数码品牌。

（2）年营业额达到1000万元人民币，纯利润达到300万元人民币。

四、渠道建设目标

（1）开发直营渠道××个，且都是具有规模和信誉的商家，如苏宁、国美等。

（2）开发区域经销商××个，并建立××家终端销售网点。

（3）逐步建立直营专卖体验店。

五、SWOT分析

（1）优势：×××数码产品隶属于无论是资金还是实力都非常雄厚的×××国际有限公司，具有领先的科学技术、最先进的机器和设计理念卓越的人才。

（2）劣势：×××数码产品是一个新品牌，没有知名度，第一次接触数码产品，经验不足。

（3）机会：数码产品的市场需求巨大，受到很多年轻时尚者的喜爱。而且数码产品的市场还不稳定，既没有三分天下也不是一家独大，有很大的机会占领一席之地。

（4）威胁：国内外品牌繁多，各种各样的数码产品应接不暇，市场竞争激烈。

六、市场规划

（1）首批开发渠道：苏宁电器、国美电器。

（2）开发市场顺序：根据经济实力和地理位置，选取各区域内的重点地级城市作为开发市场，按照先易后难、先重点后一般的原则，由近及远。

（3）在进行市场开发的同时，进行市场维护工作，齐头并进。做好销售与售后服务，给顾客留下良好的印象，树立良好的品牌形象，维持市场稳定，有利于及时解决销售中出现的问题，形成完善、详细、有效的管理体制。

七、产品定位

（1）市场定位：3C［计算机（Computer）、通信（Communication）和消费电子产品（Consumer Electronic）三类电子产品的简称］卖场、数码电子城、百货商场。

（2）消费者定位：年轻、时尚、追求潮流数码爱好者。

（3）价格定位：中高端价位。

（4）品牌形象定位：品质高、质量好、服务好、时尚。

八、产品策略

（1）以消费者为中心，认真解决消费者的问题，满足消费者的需求。

（2）产品设计上以简单、大方为主，力求简约、美观、时尚，充满艺术感。

（3）制作出一整套详细的产品问题解决方案。

（4）以品质高、质量好的中高端产品为主，物美价廉的低端产品为辅。

九、价格策略

（1）刚开始时定位在中高档价位，等到打开市场，有了一定的顾客基础和知名度后，再适当调高价格。

（2）在促销打折活动中，总经销价最低在现有价格表基础之上打5折，市场零售价则要控制在9折左右。

（3）制订统一的市场零售价格表，保证经销商利润的同时稳定价格体系。

十、推广策略

（1）经销商：对经销代理商实行折扣、资助、返利、奖励等激励模式。

（2）线上：网络推广；搜索引擎页面推广；贴吧、论坛、博客等网站推广；电视广告等。

（3）线下：邀请顾客亲身体验，增加与产品接触的机会，加深顾客对产品的了解和认识，促进购买的欲望。

（4）公交车宣传：在公交车上和车站展示牌上张贴横幅、海报或宣传语。

十一、费用预算

略。

【写作要点】

（1）先构建框架。在书写策划书之前，最好先在纸上把需要写的内容和要点概括出来，这样在写的时候就能够突出重点，思绪通顺。

（2）收集、整理资料。在撰写营销渠道计划书之前，一定要对资料进行收集、整理和分类，掌握最新的市场消息，这样才能做到心中有数，才有说服力。

（3）井然有序。撰写营销渠道策划书要有一定的逻辑思维，有清晰的思路，确定每一个内容的先后顺序和联系，做到一步步深入，让人看起来清楚明了。

营销渠道客户调查问卷

【写作导引】

随着时代的不断发展，信息时代逐渐来临，谁能抢占先机、为人所知，谁就能够获得成功。激烈的竞争使得很多企业都意识到营销渠道的重要性，只有选择了正确、有效的营销渠道，才能为自己赢得机会。

运行稳定的、良好的营销渠道可以为企业带来稳定的客户资源，但是想要建立这样一个完善的渠道需要花费很长的时间。那么在此过程中，所选择的营销渠道是否正确，是否能起到应有的作用，是否有继续建造的价值，就必须经常进行深入的调查才能够了解，而问卷调查就是一种很好的方法。

在进行问卷调查的过程中，调查人员可以与被调查人进行深入的交流，真实了解消费者的想法和态度，了解营销渠道上中间商的具体情况，是否尽职尽责。所以说，调查问卷是一个非常重要的环节。

一般来说，调查问卷大体上分为以下几个部分。

一、开头部分

调查问卷的开头包括问卷的标题、问候语、填写说明以及问卷编号。一般来说，调查问卷的格式大同小异，可以适当根据产品或问卷的设计要求有所变化。

（1）问卷标题。即对这次调查的主要内容和目的做一个概括，简洁扼要，让答题者一目了然。

（2）问候语。问候语是最基本的礼节，作用是为了表示自己的诚意，显示对答题者的尊重，以消除调查对象的戒备心理，让其放心参与问卷调查。问候语中包含了称呼、自我介绍（即此次进行问卷调查的产品名称）、感谢词等。

（3）填写说明。顾名思义，即指导答题者如何填写问卷，要做到简单易懂。填写说明可以集中放在问卷前面，也可以分散到各个问题之中。

（4）问卷编号。编号主要包括问卷的编号、调查人员的姓名、调查的时间等。这些信息是为了防止调查人员敷衍怠工，提高工作质量。

二、筛选部分

筛选部分的作用是甄别出符合调查要求的调查对象，过滤掉不符合要求的非目标调查对象。

三、提问部分

提问部分是整个调查问卷的重点，它决定了调查的结果，可以从中充分了解到营销渠道起到的作用。提问部分的问题可以分为单选、多选、问答、填表等形式。

四、背景部分

该部分通常放在问卷的末尾，主要涉及调查对象的个人信息，如性别、年龄、受教育程度、婚姻状况、所在地区等。在实际调查中要根据调查目的和要求设计。

五、结尾部分

该部分主要用于记录调查对象的个人看法、感受以及意见，也可以记录调查情况。

【文案范例】

×× 运动按摩椅营销渠道客户调查问卷

问卷编号：

尊敬的女士／先生：

您好！非常感谢您在百忙之中抽出时间参与我们"×× 运动按摩椅"的营销渠道客户调查问卷，我们将对您购买 ×× 运动按摩椅的渠道使用现状、消费行为、满意度和未来期望进行调研，听取您的一些看法和建议，以便更好地改善服务质量，向顾客提供更好的服务。

本问卷是匿名调查，您所填写的信息不会透露给其他任何人，请放心填写！非常感谢您对我们工作的支持！

筛选部分

您了解 ×× 运动按摩椅吗？

A 从没听说过

B 听到过，但没见到过

C 有一点了解

D 曾经购买过，非常了解

（如果您的选择是 A 或者 B，请更换一个了解产品的人进行回答，感谢您的协助。）

填写说明：请在您选择的答案上打上"√"

1. 为了更好地了解，您愿意登录我们的网站吗？

　　A 搜索并登录网站

　　B 不愿意

2. 您会在什么情况下购买本产品呢？

　　A 商店打折

　　B 产品质量、功能好

　　C 家里有老人或患者需要

　　D 有良好的售后服务

3. 你会网购本类产品吗？

A 不会，运费高，而且质量没有保障

B 会，我买什么都是网购

4．你觉得购买本产品应当花费的金额是？

A 1000 ～ 2000 元

B 2000 ～ 3000 元

C 3000 ～ 4000 元

5．您觉得久坐的人群有这个需要吗？

A 肯定需要的

B 不很需要

C 需要的人不少，因为久坐的工作对人的健康影响很大

6．您觉得久坐少动对您的健康影响大吗？

A 我坐着时间不长，没什么

B 大

C 有影响

7．你觉得久坐人群中包含以下哪些人群？（可多选）

A 专业技术人员

B 农、林、牧、渔、水利业生产人员

C 生产、运输设备操作人员及有关人员

D 商业、服务业人员

E 作家等自由职业者

8．您是通过哪些渠道了解到我们的产品的？

A 电话销售

B 家居市场

C 电视广告

D 朋友推荐

E 老年用品销售

F 电子邮件销售

G 保健器械销售

H 网店销售

I 上门推销

J 大型超市

9．您觉得本产品常见吗？

A 不常见（跳至 11 题）

B 常见（按顺序答第 10 题）

10. 您曾经在哪些地方见到过本产品或广告？

    A ×× 专卖店

    B 百货商场

    C 医药连锁、保健品公司

    D 家居市场

    E 网店

    F 电视广告

    G 在别人家做客时

11. 您觉得目前购买本产品的渠道便利吗？

    A 不够便利

    B 还行吧，不太麻烦

    C 很便利

12. 您觉得本产品最理想的广告方式是？（可多选）

    A 报纸

    B 网络媒体

    C 电视广告

    D 电话、邮箱信息

    E 门店宣传

    F 搜索引擎页面

13. 了解产品之后您的打算是？（已购买者跳至 15 题）

    A 打算了解购买

    B 了解销售

    C 暂时不需要

14. 如果购买本产品，您的打算是？

    A 给父母用

    B 给自己用

    C 送礼

    D 其他

15. 您使用本产品的时间是？（未购买者停止答卷）

    A 1 年

    B 2 年

    C 3 年

D 3 年以上

16. 您觉得我们产品的功能怎么样？

A 一般，没什么效果

B 还不错，可以缓解一下疲劳

C 非常好，功能多，效果强

答题者年龄：　　　性别：　　　职业：　　　城市：

调查人员：　　　访问时间：　　　年　　月　　日

【写作要点】

（1）一个问题应该只有一项内容。问题要短小精悍，内容要尽可能短一些，更不能太过复杂冗长。如果一个问题中包含了两项或两项以上的内容，容易让答题者找不到重点。若是问答题还好一些，选择题的答案就不是很好罗列了，这无疑是自找麻烦。

（2）避免开放性问题。开放性问题也就是无结构的问答题，这类问题在问卷上没有已拟定的答案，答题者需要自己组织语言，寻找角度回答问题。大多数答题者是没有这个耐心和时间来长篇大论发表意见的。所以，在调查问卷中，要避免开放性问题，以免答题者看了直接掉头走人。

（3）用词要明确、通俗易懂。最好是按照 6W 准则进行提问，即 Who（谁），Where（何处），When（何时），Why（为什么），What（什么事），How（怎么样）。按照这个准则进行提问，会使问题变得简洁明了。

（4）思路要清晰。在问题顺序的安排上一定要符合逻辑，有关联或者先后顺序的要排列在一起，让问题前后连贯。

（5）问题的数目不宜太多。题目的设置上宜少不宜多，最好是能让答题者在十分钟之内完成。

渠道冲突处理方案

【写作导引】

近年来，随着经济的快速发展，各行各业的发展也越来越迅猛，市场竞争变得异常激烈。在激烈的竞争中，营销渠道显示出其越来越重要的作用。随着越来越多的商家开始注重营销渠道的发展，渠道冲突问题也随之而来，并且问题变得越来越突出。

渠道冲突是指营销渠道某部分的成员，从事了某种阻碍或者不利于组织实现自身目标的活动，进而产生了一些矛盾和纠纷。因为营销渠道的进行是受很多因素影响的，尤其会牵扯到个人利益，所以渠道冲突是不可避免的。

渠道成员不好的行为所导致的冲突需要得到解决，否则营销渠道就会瓦解，公司利益就会受损。所以，能够有效解决渠道冲突的管理文书就叫作渠道冲突处理方案。

一般来说，渠道冲突处理方案包括以下内容。

（1）分析渠道关系，识别冲突。

（2）找到冲突形成的原因。

（3）冲突处理方案。

【文案范例】

×× 公司渠道冲突处理方案

一、识别冲突

冲突有以下三种形式。

（1）水平渠道冲突，是指同一渠道模式中，处于同一水平或者说同一层次的渠道成员之间的冲突。

（2）垂直渠道冲突，是指同一渠道模式中，处于不同水平的渠道成员之间的冲突，这种冲突是最为常见的。

（3）不同渠道间的冲突，是指在不同的渠道模式中，渠道成员之间的冲突。

二、分析引起冲突的原因

产生渠道冲突的原因多种多样，细分开来一篇方案根本说不完，从本质上大致分为以下几种。

（1）每一个渠道成员所处的位置不同，职责有所不同，所获得的效率和效益也不同。为了完成自己的任务往往会产生矛盾，形成对立。

（2）资源分配不均。总公司向各个经销商、分销商、代理商供货的时候，为了实现利润最大化，在资源的分配上出现了问题，有些渠道成员资源丰富，有些渠道成员却资源稀缺，从而引发冲突。

（3）经营范围没有达成共识。总公司在选择各个营销渠道时都会给渠道成员划分好一定的营销区域，如果渠道成员不明确自己的营销区域，或者彼此的领域有所重叠时，冲突就会发生。

（4）沟通失败。总公司没有及时与渠道成员交换信息，或者沟通受到了干扰，消息没有传达到位。

（5）现实与预期不符。期望与现实的差异太大时，冲突也会产生。

（6）公司与渠道成员存在分歧，如产品的价格和管理方面。

三、冲突处理方法

1. 超级目标法

超级目标是指冲突各方面都希望实现，但是必须共同努力，单方面无法取得成功的目标。当企业面临冲突的时候，制订这样一个目标，能够使渠道中各个冲突方团结一心，放弃各自对立的立场，共同努力实现目标，冲突也就迎刃而解了。

超级目标法并不适用于每一个冲突，一般只有当渠道一直受到威胁时，超级目标才会有助于冲突的解决。

2. 人员互换

当公司面临垂直性冲突的时候，可以将两个或两个以上的渠道人员交换位置，让每一个人都去感受一下对方的处境，就能够感同身受、设身处地地为对方考虑，冲突就会得到淡化。这是一个非常有效而且长久的方法。

3. 沟通

沟通是解决任何问题的最好方式。劝说各个冲突方，使他们多多了解对方，可以起到减少和解决冲突的作用。

4. 协商谈判

把事情放到明面上说开是彻底解决问题的最好办法。通过双方谈判，彼此做出一些让步，从而避免冲突的发生。

5. 法律诉讼

当谈判、劝说等途径已经起不到效果时，就需要借助第三者的外力来帮忙解决，而法律途径就是最好的外力。但是法律手段带有一定的强迫性，这个方法只能暂时让冲突双方妥协，长此以往冲突非但不会减少反而会增加。

6. 退让

这是当其他方法都无能为力时，解决冲突的最后一种方法——退出该营销渠道。当冲突已经不可调解的时候，退出是唯一可取的方法。但是退出就意味着必须要与某些渠道中断合作关系。

【写作要点】

（1）正确识别冲突。要想撰写出一篇行之有效的渠道冲突处理方案，首先就要弄清渠道冲突的性质，正确识别冲突，避免将两类不同性质的冲突相混淆，这样才能有针对性地采取恰当的措施来化解冲突。

（2）要本着双赢原则。渠道成员之间首先是拥有共同利益的合作者，其次才是存在矛盾的对立方，因此在处理冲突时一定要本着互利共赢的原则，这样才能找到一个让双方都能够接受的有效方法。

（3）讲究效率。冲突一天不解决，公司就损失一天的利益，因此，在撰写渠道冲突处理方案的时候，一定要本着高效原则，让方案实施起来有效率、见效快，这样才能最大限度地减少损失。

产品窜货管理方案

【写作导引】

"窜货"又称为冲货、倒货，指的是经销商不按公司与经销商协定的销售区域及指定终端销售，未经授权而有主观意识地跨区域销售的行为，是分销渠道冲突中的主要表现形式。

根据窜货产品的数量可以将窜货分为一般性窜货和恶性窜货，这是最常用的一种说法（其他分类法比较类似，不进行讲述）。

产品窜货管理方案，顾名思义，就是针对未经授权跨区域销售问题处理的计划类文书。

产品窜货管理方案一般包含以下内容。

（1）撰写本方案的背景和目的。

（2）窜货的定义和性质的划分。

（3）窜货的处理。

（4）窜货预防。

（5）窜货的认定方式。

（6）窜货处罚标准。

（7）窜货处理流程。

（8）分析、存档。

【文案范例】

×××酒厂窜货管理方案

一、目的

为了维护市场秩序，加强×××系列酒的销售渠道管理，保护各销售区域内经销商和分销商的合法利益，团结各区域经销商与总公司的关系，特制订本方案。

二、窜货的定义、类型

（1）窜货是指未经本公司认可，经销商或下属分销商跨规定区域销售或从其他市场返货的行为。

（2）根据窜货的性质和数量，把窜货行为分为一般性窜货和恶性窜货。一般性窜货指窜货数量并不多，在一定范围内，并且按照公司价格体系进行销售的行为。恶性窜货则是指经销商或分销商大量跨区域销售，并且故意涂改防窜货标识，以低于公司统一零售价格销售产品的行为。

三、窜货的处理

（1）窜货事件遵循谁举报谁举证的原则，区域销售人员协助核实，销售管理部对处理过程及结果进行监督。

（2）窜货事件处理由销售管理部负责上报处理意见，经公司批准后由销售部、财务部执行。

四、窜货预防

（1）打码发货。酒厂必须按要求对产品进行打码，每次供货前储运部必须扫描后才可发货，经销商也要建立相应的编码发货制度。并且要经常对防窜货管理系统软件进行维护，确保该系统运行正常。

（2）监督。发出的每批货物都要有专门人员监督执行，发货后也要派人不定时到经销商处进行抽查。

（3）保证金。要求经销商和经销商下属的分销商签订保证不窜货的协议，并交纳保证金，若有违约行为，则扣除保证金。

五、窜货的认定方式

窜货分为以下三种类型。

（1）自然性窜货。这种情况是指经销商在遵守合同获取正常利润的时候，不经意间向自己辖区之外的区域销售产品。这种行为通常是无意发生的，经销商并不知情。

（2）良性窜货。良性窜货是指企业在开发市场的初期，为了提高知名度，有意或者无意地选择了流通性较强的经销商进行合作，使产品流向了非经营区域的市场中，这种窜货对企业是有利的。

（3）恶性窜货。恶性窜货是经销商为了获取不正当的利益，故意将自己辖区的大量产品销售到辖区以外的行为，这种行为会给企业造成很大的危害。有下列行为之一可认为是恶性窜货：

① 故意毁损产品包装标识的窜货；

② 以低于公司同意的销售价窜货；

③ 重复多次窜货；

④ 大量窜货。

六、窜货处罚标准

（1）窜货处罚标准根据窜货的性质和窜货的次数来决定。第一次发生窜货的处罚标准和赔偿规定如下：

窜货性质 窜货对象	一般性窜货	恶性窜货
经销商窜货处罚标准	窜货总价值的 30%	扣除年终返利 20%，扣除保证金
被窜货经销商补偿标准	窜货方所有罚款金额全数补偿给被窜货方	
销售人员窜货处罚标准	1000 元	扣除一个月工资
被窜货销售人员补偿标准	补偿其窜货的销售人员所赔偿的金额	
相关监督人员的处罚	500 元	800 元

（2）若重复多次发生，在一个经营年度内同一客户发生第二次、第三次、第四次及以上按以下规定处理：

窜货次数 处罚对象	第二次	第三次	第四次及以上
经销商	第一次处罚标准的 2 倍	再次翻倍	取消其经销权，不再合作
销售人员	第一次处罚标准的 2 倍	再次翻倍	降级或开除
区域负责人	第一次处罚标准的 2 倍	再次翻倍	降级或开除
监督人员	第一次处罚标准的 2 倍	再次翻倍	降级或开除

（3）在特殊时期，如公司对产品进行统一调价、员工培训或休假期间等，若发生窜货事件，将加重处罚，处罚标准翻倍执行。

七、窜货处理流程

（1）一旦发现市场上存在窜货行为，被窜货市场方的销售人员将情况反映给销售管理部，并填写《窜货举报单》。

（2）销售管理部收到销售人员的举报后，迅速核实相关信息，查出窜货源头。

（3）确定消息属实后，销售管理部将窜货的相关信息通知给公司高层人员，并通知窜货方配合调查，窜货方核实所窜货物，并填写《窜货调查表》交销售管理部。

（4）销售管理部根据双方提供的信息，就窜货情节、配合程度等填写《窜货处理通知单》，上报领导审批。

（5）销售管理部将处理结果在2个工作日内通知到相关人员，并交财务部门留底，公布处理结果，以警示其他经销商。

八、汇总分析，存档备案

（1）各区域的经销商负责人将每一季度区域内发生的窜货事件加以汇总，发送给总公司销售管理部备案、分析。

（2）销售管理部接收到各区域负责人发来的汇总后，进行归类、整理，每季度进行一次汇总分析，寻求更好的解决方案，进行反思和改进。

（3）销售管理部对窜货的相关材料进行备案、存档。

【写作要点】

（1）了解窜货。撰写产品窜货管理方案书的最大前提是能够分辨什么行为属于窜货，并了解窜货的性质。只有掌握基础知识才能写出有效的管理方案。

（2）善于利用表格。产品窜货管理方案中最重要的部分就是处罚措施，对于处罚措施，一定要能让人一目了然，知道处罚的轻重。这一部分的内容若还是用平白的语言来叙述就会显得烦琐、啰唆，相反，用表格来制作处罚的内容就显得简洁、明了。

第 13 章
客户管理文案

客户关系管理方案

【写作导引】

客户关系管理方案是企业为了提高自己在市场中的竞争力，提高顾客满意度和成交率，而利用一些软件或信息、互联网技术来管理客户的一种方式。使用客户关系管理方案，可以更好地为客户服务，与客户进行协调和互动。

客户关系管理是从国外引进的概念，简称 CRM。它不仅仅是一个专业术语，也指一种软件系统，客户关系管理只是其字面上的意思，其实它具有很多深层的解释。

客户关系管理有以下三层含义。

（1）客户关系管理是企业管理的指导思想和理念的体现。

（2）客户关系管理是企业的一种创新的管理模式和运营机制。

（3）客户关系管理是企业管理中信息技术、软硬件系统集成的管理方法和应用解决方案的总和。

客户关系管理的最终目标是吸引新客户、保留老客户以及将已有客户转为忠实客户，增加市场份额。

客户管理方案主要包括以下几个步骤。

1. 本次方案的目标

任何一个企业在考虑进行"客户关系管理方案"的实施之前，都要先确定这一次实施方案所要达到的目的，如提高客户的满意度、增进客户与企业之间的友好往来或增加生意成交的成功率。

2. 方案的内容和实施方式

（1）评估方案，征询意见。在方案投入使用之前，企业应当多花时间去对方案进行评估，判断其是否可行、是否有一定的价值。并且多征求一下员工们的意见，他们是实施方案的人，只有让他们充分了解方案的具体流程，对方案有自己的理解，才能商讨出一个最好的方案。

（2）建立客户关系管理项目的队伍。要想成功实施客户关系管理方案，管理者就必须对人员进行分配，把责任分配到个人，成立一个项目小组，让这支队伍对客户情况进行调查和分析。

（3）选择供应商。实施客户关系管理方案，就必须选择一个有实力、可靠的供应商，能够理解企业所需要解决的问题，确保供应商可以提供方案上所有需要的功能，并且熟练掌握客户关系管理软件的操作，其提供的每一项措施都具有可行性。

（4）开发与部署。客户关系管理方案的实施，需要企业与供应商两个方面的共同努力，即提前进行一些部署，将那些摆在面前最为迫切的问题解决好，以免到时候手忙脚乱。

一般来说，客户关系管理方案的书写并没有太过固定的格式，可适当根据以上步骤进行更换和删减。

【文案范例】

×××会展中心客户关系管理方案

一、方案目标

×××会展中心坐落于××市××山的山脚，群山怀抱，风景秀丽，设施非常完善，是一座集展览、会议、商务、餐饮、娱乐等多功能于一体的现代智能化展馆，是××市乃至全中国最常用来举办国际展览、会议，招待国外友人的一个场所，是外国人眼中中国的标志，更是人们休闲、旅游的好去处。

×××会展中心面积庞大，其总建筑面积达8万平方米，分三期。一期由三个展览厅、一个室外展场、一个高档餐厅、一个娱乐会所和停车场组成；二期是会议中心，整栋大楼有大大小小不下三十个装修精致的会议室，其中还专门配置了语言传译系统，可以进行现场直译；三期则以商务娱乐为主，有一个高端的星级酒店和娱乐商务中心。

基于这样一座现代化、国际化、多功能的大型会展中心，企业希望通过客户关系管理方案建立一个更加切实有效的、系统化、规范化、科学化的客户关系管理体系，并且能在尽可能短的时间里完成这一方案的设计与实施，并且不断进行优化。

×××会展中心的最终目标是提高客户满意度，更好地与客户相处，更快捷地处理客户反映的问题，建立良好的信誉。

二、方案内容和实施方式

1. 总体规划

企业制订的方案应该以客户为中心，尽可能满足客户的一切需求，以更好的服务态度让客户更加信赖企业，唯有这样，才能有效保障企业长期健康地生存发展。

因此，客户关系管理方案应从原来注重业绩成交率而改为注重服务质量，从以往追求低成本、高效率向扩宽业务面、提高客户忠诚度方向转变。企业应该通过广泛搜集客户的信息资料，了解他们对企业的肯定与否定，了解内部员工的想法，进行深入的探讨和分析，确定哪些方面需要改善，最终确定策略。

2. 成立客户关系管理项目小组

为了顺利实施客户关系管理方案，企业管理者需要对公司中的员工进行统筹，组建一个有能力、有经验的队伍。这支队伍是方案能够成功实施的保障，他们可以负责客户与公司、部门与部门之间的沟通，把方案的实施落实到每一处细节，为方案的实施提出一些实用的建议。

一般来讲，这种项目小组的成员应该囊括每一个部门的人才，上到高层领导，下到基层员工，这样才能做到面面俱到，与客户和公司进行全方位沟通。

3. 选择供应商

企业对自身情况和客户关系有了深入的了解后，还必须通过市场调查，了解市面上客户关系管理的软件及供应商，了解每一款软件的功能、技术、问世的时间、供应商的实力，以及使用者的客观评价等。然后结合企业自身的特点和经营情况，选择适合自己的软件及供应商。

4. 开发与部署

选择完合适的供应商之后，就到了客户关系管理方案开始实施的时候了。方案的开发和部署需要企业与供应商团结协作，形成合力，只有两者共同努力，方案才能迅速落实。而企业要做的，就是应该先行部署那些目前可以做到的、最为需要的功能，为实施做准备，继而再分阶段地持续优化某些功能。最重要的一点是要在正式实施前找一小部分人进行测验，确定方案是否完善。此外，为确保方案的顺利实施，企业还应该开展相应的员工培训。

5. 系统的实施和安装

部署完成后，企业对客户关系管理系统进行配置和安装，并且培训一部分员工熟练掌握系统的使用情况，让他们尽可能多地掌握相关方面的技术和知识。此外，还要同客户进行交流，让客户配合完成信息输入，让客户了解到系统的便利之处，提高顾客满意度和忠诚度，从而提高顾客的利润贡献率。

这一点需要企业分四个步骤走：首先，对客户进行信息收集，组建数据库；其次，对客户类型进行细分，针对每一个客户制订相对应的措施；然后，与客户进行互动，追踪他们的需求和评价；最后，分析客户反馈回来的数据，进行方案上的优化，不断改善企业的客户关系。

【写作要点】

（1）有效性。写作客户关系管理方案的时候，一切都要围绕着"有用"这一观点来写，必须保证方案是切实可行的，而不是空口说白话。

（2）逻辑性。在编写方案的过程中，一定要有清晰的逻辑思维，一步接着一步，顺序上不能出现漏洞，要写出最省时、省力，不必来回麻烦的方案，做到能让人一读就懂，没有疑惑。

客户开发计划书

【写作导引】

新客户的开发不是随随便便就能完成的，需要详细的计划和准备，否则很可能就会白忙活一场。要想让新客户开发变得顺畅、有效，一份详细、完善的客户开发计划书必不可少。

客户开发计划书是针对公司产品自身情况，结合原有受众人群特点，扩展市场，开发新一批消费者的策划。开发新客户是扩大品牌知名度、提高产品利润的最快速、有效的方法，所以客户开发计划书对于公司的整个营销计划来说是非常重要的。

客户开发计划书包括以下几个部分。

一、产品背景

客户开发计划书的第一个内容就是产品的背景或现状，用简洁明了的语言叙述产品的现状，能够帮助开发者更好地进行思考和分析。

二、客户开发计划书概述

这一部分相当于整个计划书的摘要，简要叙述制作计划书的目的和要求。

三、目标客户的分析

这一部分是对不同年龄层、不同经济能力的目标客户的现状分析。

四、公司自身条件的分析

通过 SWOT 分析法分析企业的竞争优劣势。

五、实施过程

过程包括客户开发的途径（可以通过哪些工具或者媒介接触到新客户）、客户开发的方法、工作流程以及总体进度计划。这四步是最基本也最重要的，可以适当做一些补充，如预算、分配到个人身上的职责等。

【文案范例】

××× 化妆品客户开发计划书

一、产品背景

××× 化妆品有限公司是全球最大的护肤品和彩妆品直销企业之一，总公司位于美国，成立于1960年，算得上比较早的化妆品公司。10年前，××× 化妆品有限公司向中国市场进军，建立了子公司。经过这些年的发展，已经遍布全中国各大重要省份与城市，并且拥有自己的生产中心，技术新颖、环保卫生。×× 化妆品有限公司生产的产品紧跟潮流并且能够创造潮流，不断与时俱进，质量上佳，受到很多消费者的喜爱。

二、客户开发计划概述

我国的经济发展速度还在持续上升，化妆品市场的需求会不断扩大。本次计划是为了能够替公司开发更大的市场，发掘出更多的客户，进一步扩大知名度，拓宽销售渠道，从而增加销售量，促进公司发展。

三、目标客户的分析

随着经济的飞速发展，我国公民的时尚观念越来越强，对外往来贸易越来越频繁，我国的化妆品市场也一跃成为全世界最大的新兴市场。

我国人口基数大，且女性们独立自主的意识越来越强烈，对于化妆品的需求不断增强，所以我公司在国内市场上还存在很大的成长空间，还有很多不同类型的消费者等待我们去发掘。

我公司的客户主要以女性为主，下面就分析一下各个不同类型的客户。

1. 不同年龄层的客户分析

（1）年轻客户。主要是在15岁到30岁之间的年轻女性。现在，护肤抗衰老的观念已经成为受女性关注的话题，有一些青少年在母亲的影响下，早早地就开始接触护肤产品，甚至有一些小学生在网上直播自己化妆。至于那些青年女性，为了找工作和谈婚论嫁，更加注重自己的形象，而她们的主要消费已经开始以彩妆为主，不再只是为了护肤，而是想要变得更美。所以化妆品已经成为她们生活中必不可少的一部分。

（2）中年客户。这一年龄层的消费主体在30～50岁，生活大多已经安定下来，有足够的时间、精力和金钱去购买化妆品，具有较高的消费能力。而且这个年龄段的女性衰老的速度很快，不再青春动人，为了保持自己的活力和美貌，常常一掷千金，是消费者中的中流砥柱。化妆品已经成为她们不可或缺的一部分。

（3）老年客户。即50岁以上的女性。这一年龄段的女性客户，随着年龄的增长，见识、阅历的增多，对于化妆品的需求逐渐减少。但是对基本的必需品，如洗面奶、护手霜、面乳等还是会持续消费。

2. 不同身份的客户心理分析

（1）大学生。大学生刚刚迈过18岁的坎，心理上还未成年，她们喜欢做以前想做而不能做的事情，如谈恋爱、穿高跟鞋等，尤其是使用化妆品。很多大学生在进入大学之前，都会被父母严令禁止涂抹化妆品，以免他们认为的"化学物质"伤害了孩子娇嫩的皮肤。所以在离开父母后，她们对于化妆品的追求非常热情。但是她们没有选择的经验，不知道哪一个品牌的化妆品值得信赖。所以，对于大学生而言，先入为主是最好的方式，让她们在没有相关概念的时候第一个就接触×××化妆品，对于开发客户非常有效。

（2）工作者。对于职业女性来说，常常会因为工作原因约见客户、参加聚会，好的妆容会让她们增色不少，让事情事半功倍。而正是因为工作中的女性交际比较多，不仅要在妆容上下功夫，还要在衣着、配饰上花心思，能够消费在化妆品上的钱其实不多，所以她们最需要的是平价、实惠，而又实用的化妆品。

（3）全职妈妈。生完孩子后，女性的身体素质直线下降，皮肤也会变差，迅速衰老。而往往还会有很多女性为了照顾孩子选择辞职在家，如此一来，她们失去了经济上的独立，就更加害怕情感上的不稳定。为了维系夫妻感情，会更加注重穿衣打扮，让自己尽快恢复原来的样子。所以，对于全职妈妈来说，最吸引她们的卖点就是见效快、去皱抗衰老。

四、公司自身条件分析

（1）S（优势）。我们的产品遍布全球，是国际大品牌，质量有保障，且具有一定的知名度。

（2）W（劣势）。品牌进军中国市场的时间较短，市场占比率不大。近几年，更多国人选择支持国货。加上微商热潮，很多人愿意选择低价、实惠的小品牌，消费人群有所下降。

（3）O（机会）。公司最近聘请了时下最火的影视明星作为代言人，并且会将产品扩大销售面，供货给各个日化店、商场和超市等。生产技术方面也研发出新产品，更绿色、更节约，价格可以适当下调。

（4）T（威胁）。国内化妆品品牌种类繁多，不断出新，竞争非常激烈。

五、客户开发实施计划

1. 客户开发的途径

（1）电视广告。

（2）他人、朋友、老客户介绍。

（3）打折促销。

（4）网络推广。

2. 客户开发的方法

（1）经营好现有客户，用真诚留住老客户的心。

（2）开发新客户，不放过任何一个潜在客户，用热情打动他们。

（3）充分利用网络媒体、电视广告等宣传工具，做好广告效应，加大宣传力度。

（4）让自己有别于其他竞争者，制造出特有的优势，做到与众不同，独一无二。

3. 工作流程

根据客户分析对潜在客户进行分类，有计划、有针对性地去宣传；搜集现有客户对产品和服务的建议，努力做到更好；充分搜集和利用客户背景资料与信息，对销售费用做出估测，分析客户价值。

4. 总体进度计划

初期计划：

（1）制订客户开发计划书；

（2）根据客户开发计划书寻找潜在客户；

（3）对客户进行分类和分析；

（4）分析竞争对手。

中期计划：根据客户开发计划书中的策划，有针对性地进行具体客户的开发。

中长期计划：维护客户关系。

【写作要点】

（1）注意细节。在对客户的分析中一定要能明确区分客户的分类，有针对性地进行分析，不能大而化之，一定要详细，这样实施的时候才能快速、有效。

（2）了解自己的公司和产品。知己才能知彼，写客户开发计划书的时候一定要把公司的基本情况烂熟于心，明白自己的优劣势和存在的威胁与机会，才能在分析客户现状的时候找到合适的对应方案。

客户回访计划书

【写作导引】

客户回访是企业用来进行产品或服务满意度调查、客户消费行为调查、客户维系的常用方法。由于客户回访往往会与客户进行比较多的互动沟通，更是企业完善客户数据库，为进一步的交叉销售、向上销售做铺垫的机会，认真策划就显得尤为重要。客户回访是客户服务的重要内容，做好客户回访是提升客户满意度的重要方法。

客户回访对于重复消费的产品企业来讲，不仅可以得到客户的认同，还可以创造客户价值。

客户回访包括以下几项内容。

一、回访目的

二、回访形式：上门回访、电话回访

三、回访的方法

（1）对客户进行详细分类。

（2）抓住客户回访的机会。

（3）利用客户回访促进重复销售或交叉销售。

四、客户回访的具体流程

（1）回访准备工作。确认回访者基本资料：回访对象、所在地、职业、回访日期、回访者联系方式，以及回访方式。

（2）明确回访内容，实施回访。

（3）整理回访记录。

五、回访注意事项

【文案范例】

×××公司客户回访计划书

一、回访目的

（1）通过客户回访，搜集客户的资料以及最新的需求，拉近与客户的距离，增强客户的忠诚度。

（2）征询客户对于公司产品和服务人员的意见和想法，加以改善，提高顾客满意度。

（3）传播集团良好的企业文化，适时向客户推介公司的新产品或新服务，寻求再次合作的机会。

二、回访形式

客户回访的形式多种多样，有如下几种。

（1）电话回访：这是最快速的回访方式，通过打电话来了解客户的动态。

（2）短信、电子邮件回访：以短信或邮件的方式对客户进行问候回访。

（3）上门回访：亲自到客户家中进行当面交谈，可以更好地了解客户在使用产品过程中的一些问题和需求。

除此以外，根据产品的可使用时间和销售周期，回访的方式还可以有如下几种。

（1）定期做回访：在固定的时间段进行回访，如每月一次，这样可以让客户感觉到公司的诚意。

（2）售后回访：在售后进行回访能够让客户感觉到公司的诚信和专业，及时为客户解决问题。

（3）节假日回访：在节假日带上一些小礼品和祝福语上门走访客户，可以加深与客户的联系，与客户之间从买卖关系变成朋友关系，更好笼络客户的心。

从实际的操作效果看，电话回访结合当面回访是最有效的方式。

三、回访的方法

1. 注重客户细分工作

在进行客户回访之前，一定要对客户进行细分。如何细分，就要看个人的习惯了，可以根据客户所在的省市来分，可以根据客户使用的产品类型来分，可以根据客户贡献的价值来分，也可以根据客户合作的时间来分。

对客户进行详细的细分，并针对分类拿出不同的服务方法，采取最快捷、便利的回访路线，可以大大节省回访的时间，提高回访效率。

2. 抓住客户回访的机会

在回访客户的过程中，一定要抓住机会，耐心引导、提问和倾听，了解客户在使用本产品过程中的不满意之处，找出存在的问题及时进行处理。并且征求客户对产品的建议，不断提高和改善，提高公司的形象，加深和客户的联系。

3. 利用客户回访促进重复销售或交叉销售

在进行客户回访的时候，一定不要忘了最终目的是通过回访开发出客户或其亲友新的需求，成交新的生意。

四、回访工作的具体流程

1. 准备工作

（1）各回访负责人在回访前对客户信息和资料进行整理分析，初步拟定回访客户名单。

（2）负责人在确定回访客户名单后，确定回访的具体时间、地点和形式。

（3）了解各个客户的基本资料，如姓名、职位、工作单位等。了解客户所购买产品的具体日期、产品类型、用途等。

2. 明确回访内容，实施回访

3. 整理回访记录

五、回访注意事项

（1）回访人员应着装得体，言谈举止要大方，整洁清爽。

（2）回访人员态度要礼貌友好、不卑不亢，保持集团良好形象。

（3）语气、语调应该尽可能友好、自然，这样才能赢得客户好感和信任。

（4）说话要简洁明了，通俗易懂，不绕弯子，不耽误客户的时间，直接说明来由，让客户清楚回访目的。

（5）说话不要太快，不能给客户留下你很匆忙的印象，会让客户觉得你在敷衍，白白浪费自己的时间。

（6）要认真倾听客户说话，对客户要有及时热情的回应，让客户感受到我们的诚意。

（7）在与客户沟通的过程中发现客户潜在的需求，抓住机会进行再次推销，并第一时间内与公司联系，做好洽谈工作。

（8）及时记录回访内容，一旦发现问题，及时给予回应，并提供解决方案。

（9）回访结束后要对客户表示谢意，为下次回访或再次合作做好铺垫。

【写作要点】

（1）详细。回访客户是一件很麻烦也很烦琐的事情，在写计划书的时候一定要考虑到方方面面，保证万无一失。回访客户非常考验临场反应，所以一定要提前做好详细的计划，想好各种应对措施，避免沟通时手忙脚乱。

（2）结合实际情况。公司和产品的实际情况决定了回访应该采用哪一种方式，回访中会有哪些问题存在。所以，在撰写回访计划书的时候，一定要结合自身产品情况，才能尽量避免漏洞。

售后服务工作报告

【写作导引】

售后服务工作报告是售后工作人员对某一段时间内的服务工作进行归纳总结和反思的一种报告类文件。全文包括以下三部分。

一、开头

开头即标题，标题中要包含工作内容，以及进行工作报告的时间。

二、正文

正文中包含了工作的简介，对自己具体的工作内容做一个简单的概述；其次还要有反思，总结自己在工作中存在的不足以及收获；然后是接下来的规划或者目标；最后还可以加上个人对工作的看法和建议。

三、结语

概括总结一下自己未来的做法、目标，表达自己的情感，感谢公司的培养和照顾等。

值得注意的是，工作报告是一种公文性质的文书，需要上级领导的批阅，在结语最后应当加上一句"特此报告"。

在文章的最后，要附上撰写本篇工作报告的人以及报告时间。

【文案范例】

2016 年 ×× 电器公司售后部工作报告

一、工作简介

售后服务工作是产品售出后的一种服务工作，售后服务工作人员虽然没有在市场一线正面接触客户，但是他们的服务态度也是影响消费者对公司印象的一大因素。售后服务主要是指公司产品后续的维护和改进，是增强客户和公司交流的一个重要平台，是留住老客户的一个有效途径。售后服务的优劣直接关系到公司的形象和根本利益，也间接影响日后的销售业绩。

二、工作概述

（1）订单处理。当销售人员递来订单后，售后服务工作人员需要根据客户下达订单的时间依次发货，送货上门。

（2）售后服务。在公司设立的客户热线里为客户提供技术咨询，受理客户的投诉，及时做出回应；在维修期内，接到客户的维修电话后及时上门进行维修。

（3）处理退换货业务。做好产品质量验收，做好退换货的记录。

（4）进行售后回访。定期与客户联系，联络感情，争取发展新业务。

三、工作中存在的问题与不足

（1）员工进入售后服务部工作时间较短，经验不足，对公司产品的服务政策和流程不够明确。

（2）员工工作不够仔细，总是粗心大意。

（3）员工与客户相处时态度不够端正，不太懂得变通，说话不够委婉。

（4）员工专业技术钻研不够，维修产品偶尔会遇到解决不了的困难，只能向前辈请教。

（5）个人组织管理能力有待提高，调动不了团队的积极性。

（6）部门人手不足，制度不够完善。

四、工作中的收获

（1）专业知识得到了实践。纸上得来终觉浅，绝知此事要躬行。学校里学到的书本知识都是死的，不去实践永远不会用，这一年的工作让我对知识的掌握更扎实、更灵活了。

（2）学会与人沟通交流。售后服务的工作要求我们必须与不同部门、不同性格的人打交道，因此锻炼出我良好的沟通能力。

（3）管理能力得到提升。作为售后服务部的经理，如何让整个部门顺利运行，做到高效、有序，对管理能力的要求非常高。经过一年的锻炼，我的管理指挥能力得到大大提升。

五、未来的工作期望和规划

1. 期望

（1）更好摆正心态，真诚为客户着想。要把客户的事情当作自己的事情一样尽心尽力，给客户留下良好印象。

（2）努力提高自身能力。能力是在工作中立足的根本，要不断挖掘自身潜能，不断学习新知识，提高维修、沟通、管理能力，活到老学到老。

（3）争取新一年的个人业绩达到××××，部门总业绩达到××××，为公司争取更多业务。

（4）做好招聘工作，多为售后维修服务部储备维修人员。

（5）安排工作人员进行技术方面的培训，提高工作能力。

（6）针对消费群体密集以及偏远的地区，建立、完善售后维修服务站点，销售相关配件。

2. 具体规划

（1）团队建设。对部门的员工组织培训和考核，营造良好的学习、竞争氛围，调动员工工作积极性，提升每位员工的工作能力、态度和职业道德。

（2）建立考核制度。定期对员工进行考核，随时掌握员工信息。并实行奖惩制度，对表现优异者给予奖励，表现不合格者给予一定处罚。通过考核制度激励员工。

（3）明确岗位职责。把具体职责明确分配到个人，使岗位与岗位之间的职责衔接更为清楚，人员变动时的交接也更为流畅。不会出现忙者越忙、闲者越闲的情形，避免有的任务多个人一起做，有的任务却始终没有人去做的情况出现。

（4）定期总结。定期与员工沟通，针对日常工作中出现的问题、漏洞等进行总结，并寻找解决办法。

六、个人建议

（1）公司应当做好招聘工作，大量招收专业的售后维修人员。

（2）售后维修部门应当定期进行组织培训，培养员工的业务水平能力，营造学习氛围，增强员工对公司的热爱和忠诚度。

（3）应当建立考核惩罚制度，激励员工积极努力，提高工作热情。

（4）应当完善维修服务网络体系，尤其是消费群体密集和较偏远的地区，应多多建立维修服务以及配件营销的网点。

七、结束语

售后服务工作是一个承上启下的工作，上要与公司高层、经济能力强的客户接触，下要与最底层工作人员和经济能力差的客户接触，是一项非常重要的工作，也是销售工作的重要延续，做好了可以增加销售的机会，做不好就会毁掉公司的良好形象，影响销售工作。

在今后的工作中，我会克服粗心、大意的工作态度，更加细心、真诚，提高专业技术，不断学习新的知识和技能。同时加强管理能力，将学习到的新知识运用到工作中去，带领部门集体员工努力创造更多的价值，发挥团队的力量，把工作做得更上一个台阶，给公司带来更多的利益。

特此报告！

报告人：

报告日期：

【写作要点】

（1）真实、具体。工作报告是当某件事情完成以后对上级做出的汇报，为了能让领导清楚、明白地了解事情，必须秉着真实、具体的原则。对工作中出现的问题、存在的不足一定要照实写，否则会让领导做出错误的判断。

（2）注意语言的陈述性。工作报告的内容主要是对工作的总结、汇报，因此在表达方式上应该以叙述、说明为主，使用陈述性语句，把事情交代清楚，充分显示内容的真实和材料的客观。

（3）简单、明了。简单、明了是工作报告的原则，因为领导不会有太多的耐心去详细地一字一句地观看你的工作报告，你的报告需要看上去清楚、明白，做到这一点最简单的办法就是每段开头有总结性的标题，段落明确，观点清晰。

第 14 章
公关文案

公关活动策划方案

【写作导引】

随着时代的不断发展，经济实力的不断提高，每一天每一刻都有新的企业诞生。面对逐渐"狼多肉少"的消费市场，如何在市场上站稳脚跟，圈住一席之地成为众多企业关心的头等大事。公关活动是企业提高知名度、招揽客户的最佳手段之一。

公关活动是指企业为了打开市场和提高企业知名度，建立良好的公共关系，或者为了应对突发事件而举行的一系列活动。成功的公关活动能够改善消费者对于品牌的认知，提高他们的满意度与忠诚度，并且提高品牌的知名度，提升企业的品牌形象，促进销售。

公关活动策划方案便是公关活动策划与实施的基础，是实现公关活动目标的重要手段，是企业公关活动中必须要做好的内容，是把理想变成现实的前提。

公关活动策划方案包括以下内容。

一、标题、编号

策划方案的标题要让人一目了然，通常采用公关主体 + 事由 + 文种的格式，清晰明了。

此外，还要对策划方案进行编号，便于存档和查找。

二、正文

（1）前言。内容包括举行公关活动的企业或产品的背景以及目的。

（2）公关活动的目标。其是指想要通过公关活动解决的某些问题，一般来说，公关活动的具体目标要服从树立企业形象的总体目标，因此，公关活动目标要具有可行性与统一性。

（3）调查分析。分析企业的优势、劣势，分析企业的形象、经营现状、在消费者眼中的印象以及需要进行公关策划的原因。简单来说，就是对企业形象现状进行诊断，从而为选择公关活动目标和方法提供依据。

（4）设计主题。公关活动的主题是对公关活动内容的高度概括，它对整个公关活动起着指导作用。主题设计得是否精彩、恰当，对公众活动成效影响很大。

（5）分析公众。公关活动是以不同的方针对不同的公众展开的，而不是像广告那样通过媒介把各种信息传播给大众。不同的公众群体有着不同的要求，因此，只有确定了公众，才能选定哪些公关活动方案最为有效。

（6）活动内容和流程。

（7）经费预算。

（8）效果评估。

三、落款

公关活动策划方案的结尾需要写明策划人所在部门或者个人姓名以及成文日期。

【文案范例】

×××化妆品公关活动策划方案

编号：

一、前言

×××化妆品是真正意义上的第一个专业化、连锁化、主流化的中国本土化妆品品牌，经营种类涵盖了护肤品、彩妆、洗化用品、日用品、护理品、化妆工具等。第一家店建立于2005年××市一家繁华的街道上，截至2016年12月，×××化妆品在全国各个省市共开设了700多家分店，员工总数近8000名，拥有500多万会员，平均每天要接待50万名顾客，已经成为中国本土规模最大的化妆品品牌。

随着国内经济的不断发展和素质教育的不断提高，物美价廉的国产品牌已经越来越成为消费者的宠儿，而我国的美容化妆品产业已经形成成熟而庞大的规模体系。×××化妆品早已看出了国产品牌的重大潜力，在产品中融入了特有的中国元素——草药，使产品具有传统与现代的双重特点，获得无数消费者的喜爱。

×××化妆品自成立以来，所到之处都受到广大人民群众的欢迎和喜爱，

但是即使 ×××化妆品具有很多优势和良好的发展前景，由于刚成立不久，知名度远远不够，尤其是大学生们甚至都没有听过 ×××化妆品的名字，因此仍然存在很多需要完善的地方。

为了提升 ×××化妆品的知名度，打开大学生的市场，消除公众的疑惑和顾虑，使其更加信任我们的产品，我们选择新年期间在 ×××大学城开展公关活动，借此机会，在 ×××大学城举行"×××新年促销活动"，让更多的大学生认识和了解我们的品牌，扩大它在大学生中的知名度和美誉度，并最终扩大销售。

二、活动目标

通过一系列有趣的活动让消费者产生耳目一新的感觉，对 ×××化妆品产生兴趣，借机增加消费者对 ×××化妆品的了解、关注及好感，树立 ×××化妆品在大学生中的形象，扩大影响，提高知名度，提高 ×××品牌的公众关注度，快速积攒人气，提高销售业绩。

三、调查分析

1. 优势

×××的产品种类多且大众化，都是正品而且平价实惠，紧跟时尚潮流，丝毫不显庸俗，适合不同层次的消费人群。

×××化妆品建立至今，已经小有名气，且成绩和口碑优异，可以借助品牌优势，满足学生追求品牌的心理要求。

2. 劣势

对周边环境不了解，对大学生的消费心理更不了解。

×××的产品价格虽说已经非常实惠，但是相对于绝大多数的普通大学生来说仍然有些昂贵。

3. 机会

大学生对化妆品的要求相对较高，追求品质和品牌效应，×××是品质的代表，也具有一定知名度，正好符合这一要求。

大学生往往有一门"必修课"叫作谈恋爱，那么化妆品就成为恋爱中的女生必不可少的东西。而且大学生青春、时尚，喜欢新鲜和挑战，面对新事物总是按捺不住好奇心。

4. 威胁

大学城周边的化妆品店很多，竞争激烈，而且它们的开店时间久，有固定的消费人群。

四、活动主题

新年将至，×××与您相约一整年的浪漫。

五、活动安排

（1）活动地点：×××大学城主干道。

（2）活动时间：××××年××月××日（周六）上午10:00。

（3）活动宣传：张贴海报、条幅，发放传单。

（4）活动对象：×××大学城全体在校学生。

六、活动内容

1. 打折促销

凡在活动当天现场购买×××产品的顾客，一律八折优惠。

2. 游戏互动

（1）有奖竞答。由×××的主持人出有关护肤、彩妆的知识竞赛题，或者×××产品的相关情况，然后由观众抢答，每答对一题可获得一份精美小礼品，如护手霜、睫毛膏等；累计答对5道题的顾客即可获得一整套价值200元的×××产品，共十套，先到先得，送完为止。获奖者可在主办方特定的画板上留下自己的名字。

（2）你画我猜。邀请两名顾客（最好是情侣或者姐妹）上台进行你画我猜游戏，一个比划一个猜，考验默契。回答出5个正确答案，则两人都可获得店内推出的价值100元的护肤品套装1套。

（3）现场化妆。邀请三组顾客（每组最好是情侣或者姐妹）上台，让其中一个人用×××的产品给另一个人化妆，画完后让观众评价，画得最好的那一位同样可以获得店内推出的价值100元的护肤品套装1套。

3. 会员制度

活动当天，凡是购买产品超过×××元的顾客，可办理会员卡一张，持卡购买一律享受八折优惠。

七、经费预算

1. 宣传费用

活动海报、传单、横幅共1000元。

2. 活动费用

礼品2500元，音响设备500元。

3. 劳务费用

主持人：300 元；散发传单人员 10 人，每人 100 元，共 1000 元。

4. 场地布置

气球、彩带等 100 元。

合计费用：5400 元。

八、效果评估

此次活动经过一个多月的提前准备，定会受到大学生们的欢迎，让学生们深入了解×××化妆品的形象和质量，对×××化妆品充满信赖和喜爱。并且，经过参加活动的学生的口耳相传，定会形成广泛的影响，引起其他消费者的关注，取得比较理想的预期效果。

策划者：×××

××××年××月××日

【写作要点】

（1）了解公关活动策划方案的内容要素。公关活动策划方案不存在固定的格式，策划者可以根据实际情况和自己的了解自由撰写。但无论策划方案的形式、内容有怎样的差别，都必须在"5W、2H、1E"的基础上进行撰写，每一个要素都不可缺少。

5W 是指：Why（为什么），策划此次活动的原因；Who（谁），策划者，以及策划方案针对的对象；What（什么），策划的目的、内容；Where（何处），活动实施的地点；When（何时），活动开展的时间。

2H 指：How（如何），方案实施形式；How much（多少），活动需要耗费的金钱。

1E 即 Effect（效果），活动实施会产生什么样的效果。

（2）目标明确。虽然公关活动策划方案的格式并不相同，但是它有一个最大的共同点，那就是总体目标都是为了树立企业形象。所有的策划都应围绕这一中心思想展开。一定要有一个明确、具体的目标，确保活动方案的可行性。

（3）新颖、个性鲜明。公关活动的策划看起来简单，但要想做出一个成功的方案却并非易事。因为观众早已对这种公关活动失去了新鲜感，大街上到处都是应接不暇的宣传活动，这就要求策划方案必须足够新颖、有特色，能够在众多店铺中脱颖而出，让观众注意到你。所以，撰写一个好的策划方案必须具有创造性。

公关新闻稿

【写作导引】

公关新闻稿是指公司或企业一种对外公布公关事件的媒体手段，既包含对事件的总体描述，也含有对事件的观点、看法的描述。从文章类型方面来看，公关新闻稿是一种半记叙文半议论文式的文章。

公关新闻稿不存在什么固定的结构，通常情况下，撰写公关新闻稿的基本原则是"三段论"。所谓"三段论"，顾名思义就是以三个段落完成一篇文章。

第一段是以简洁、扼要的文字对公关事件做一个概括性的描述，简单叙述一下大体经过。既然叫作公关新闻稿，那么文体上就属于新闻报道，那么它的撰写手法就和新闻报道差不多，第一段就是全文的浓缩版。一般来说，只要讲明事件的主体、客体、时间、地点，再以简短的几句话概括一下事情经过以及这一事件的意义就可以了。

第二段是对第一段描述的事件的具体展开，进一步深入探讨，交代事件发生的起因、事件相关的细节以及最终的结论，重点则在于阐述事件，作为新闻的"由头"。

第三段则是撰稿人对事件的看法和观点，也就是升华主旨，拔高整件事的意义。撰写这一段的要领在于要"发散"开去写，要把这一事件放到大的市场环境、产业背景以及企业自身的发展历史中去写，只有这样，才能够在更高、更深的层面去体现事件的价值和意义。

【文案范例】

风雨沧桑一甲子，不拘一格选人才

××贸易公司成立60周年

各位记者朋友们：

上午好！非常感谢大家出席今天的新闻发布会。

今天是××××年××月××日，是我们××贸易公司成立60周年的日子，我公司举行了生日庆典，省、市等有关领导纷纷出席大会，并发表了热情澎湃的讲话。在这样一个值得纪念的日子，为了回报所有员工的辛勤劳动，我公司决定举办一次公开选拔干部的工作。

今天上午，我们召开了动员会，并已经做出部署，公选工作已经全面启动。

下面，我就这次公选的有关情况，向大家做一个简要介绍。

一、公选的主要目的

为什么要搞这样一次公选？概括起来，就是一句话：为了更好地发展，为了公司的活力，为了人才能够得到施展的机会。

为了更好地发展，就必须提拔一大批优秀的高素质领导，使之能够以开放的视野和胸襟为公司努力，让公司的发展更上一层楼。

为了公司的活力，就是要通过这次公选，选拔出一批年轻有为、能力强、富有激情的人才，给公司注入新鲜血液，注入无限活力。

为了人才能够得到施展的机会，我公司人数众多，有很多具有很好的远见和丰富的经验、学识的员工因为年纪轻，或因为处于基层而得不到施展拳脚的机会，希望能够通过这次公开选拔让他们的能力有用武之地。

二、公选的原则

这次公选我们坚持公开、公平、透明的基本原则，绝不暗箱操作，及时公布各种决策和信息，一切流程都在领导和员工面前进行，每一个人都是监督员。

三、公选的总体安排

这次公选，我公司共拿出干部职位 15 个，涵盖了公司的全部 9 个部门，为了促进优秀人才的选拔，职位面向全体员工，不分级别大小，不分男女老少。

这次公选共分以下五个阶段进行。

1. 准备阶段

成立专门的小组，制订公选的方案，确定备选的职位和流程。

2. 报名阶段

报名者可到公司官网进行报名，不收取任何费用。

3. 考试阶段

由公司领导设计和组织公选考试，考试范围综合了专业知识、素质、能力、经验、作风、心理等多方面，最大限度避免片面性。

4. 考察阶段

对通过考试的员工进行为期一周的考察，从经验、能力、管理、个人素养、心理等方面进行考核。

5. 任命阶段

通过考核者，按照其原属部门给予升迁，正式任命。

以上是今天新闻发布的主要内容，选拔工作才刚刚开始，我们将时刻关注后续发展，及时公开有关情况。

开展这次公开选拔干部工作，是我公司的一次重大实践，是树立正确用人导向、营造正气环境的一项重大举措，我相信这会成为以后的公司人才选拔的一座历史性丰碑，成为行业中的模范。

对于这项开创性的工作，我们还在不断地进行摸索，力求不断完善。对于工作中出现的一些纰漏，真诚希望社会各界以及新闻媒体朋友们对我们的工作进行监督，及时指出问题。

谢谢大家。

【写作要点】

（1）简短、扼要。公关新闻稿件的篇幅一般都比较短小，但即使篇幅短小，该说的事情还是要描述清楚，并且还要阐述自己的观点，这就要求撰稿人在用词方面尽可能简短、扼要、精确。

（2）真实、客观。公关新闻稿是公司对外发布的某些信息和事件，有好消息也有不好的消息，所以一定要最大限度地陈述事实，不能含糊其词，弄虚作假。更要客观，要站在一个旁观者的角度去撰写，不能带有自己对企业的私人情感。

（3）新闻六要素。即 6W 准则：Who（什么人），Where（什么地方），When（什么时间），Why（什么原因），What（什么事情），How（什么结果）。

开业庆典公关策划方案

【写作导引】

随着时代的不断进步，新企业像雨后春笋一般悄悄冒出来。

开业庆典是非常常见的一种商业活动，每一个新开业的企业都会举行开业盛典，它向人们昭示着，一个新的经济实体成立了，是每一个企业打出其品牌形象、招揽顾客的第一步。

开业庆典的规模与气氛，代表了一个企业的风范与实力。所以，开业庆典策划就显得尤为重要，只有一个完善的、可行的、优秀的策划方案，才能帮助企业一举夺得消费者的注目。

开业庆典公关策划大致分为以下几部分。

一、前言

用几句话介绍一下新开业的企业的基本情况，举行庆典的目的等。

二、正文

（1）策划目标。这一次策划企业想达到什么样的效果，针对什么样的人群等。

（2）庆典主题。这次庆典的活动围绕的主题。

（3）庆典举行的具体时间、地点、参加庆典的条件。

（4）根据企业所经营的产品对消费人群和消费市场做分析。

（5）庆典开始之前的宣传计划。

（6）庆典的具体活动内容，包括有哪些福利或游戏，怎么样才能获得福利，以及什么样的促销活动等。

（7）费用预算。这次举行庆典所花费的总费用，以及分析预算是否合理。

（8）效果预测。

三、落款

此次策划的部门或员工。

【文案范例】

×××糕点店开业庆典公关策划方案

×××公司始建于 1995 年，20 多年来，公司秉持着为消费者着想的理念，一向以制作"美味、健康、营养"的糕点为使命，是一家专业生产面包、蛋糕、饼干、糕点等食品的大型食品公司。20 多年来，公司坚持走专业化、品牌化的发展道路，不断扩大经营规模，提高知名度，目前已在全国多个省市设有分店。

虽然×××知名度已经提升不少，也通过真诚服务留下了一批非常忠诚的老顾客，但是市场消费远远没有打开，还有很大的发展空间。

这次，我们×××公司举行进校园活动，第一次在大学校园门口建立了分店，务必要打好开业这一"炮"，取得开门红。

一、策划目标

通过详细、系统、有趣的促销、互动等活动吸引大学生前来参观，让他们知道并了解×××品牌，充分布置卖场环境，营造良好购物氛围，给顾客耳目一新的感觉，留下公司正面的高大形象。

最大限度地提升×××品牌在×××大学内的知名度，打开学生市场，提高销售额。继而推广校园分店，全面占领大学生市场。

二、活动主题

开业狂欢庆，吉祥献贺礼。

三、活动时间

××××年××月××日（星期×），开业当日。

四、活动地点

×××大学对面。

五、活动参与者

×××大学的学生均可参加。

六、市场分析

×××大学是本市最好的一所大学，学生来自五湖四海，人流量巨大，非常具有市场前景。×××大学门口早就开有几家专门经营糕点类的商店，并且学校内的小超市和食堂里也都附带出售各种品牌的糕点，因此竞争十分激烈。

但是，超市、食堂里出售的糕点品类杂乱，质量不高，口味也一直没有变化，而且价格昂贵，学生们并不经常光顾。随着时代的发展，物质生活的丰富，学生们对食品的要求也越来越高，一旦口味不符合他们的要求，食品就会很快被淘汰。

最主要的是，大学生年龄上虽然已经是成人了，但是心理上还是孩子，非常不成熟，什么都追求新鲜，因此，我方的突然出现以及糕点种类的多样化具有很大的优势。

此外，糕点属于饭后点心，且味甜，吃多了会腻，因此大家每次购买的量并不多。但是虽然买的量很少，价格却很高昂，这个让很多人对糕点望而却步。而×××糕点的价位在糕点市场上来讲并不高，属于中端产品，物美价廉是我们一直追求的目标，因此可以靠走量来进行营利。这就给我们的产品带来了商机，我们要在质量好的基础上，以低价取胜。

七、宣传计划

（1）宣传海报。在门店和校园宣传栏上张贴海报。

（2）提前一周在校园门口发放传单。

（3）装饰门店。在店铺门口放置红色拱门，并悬挂灯笼和条幅。

八、活动内容

（1）表演。开业当天，邀请专业表演者进行演出，并在表演的间歇赠送小礼品。

（2）打折促销。活动期间，店内全部商品一律八折出售。

（3）游戏互动。大转盘、射飞镖、掷骰子等。

凡在本店购物满××元的顾客，即可凭购物小票到店内参加大转盘、射飞镖、掷骰子等游戏活动，没有空奖。每张小票只可以进行一次。奖项设置如下。

大转盘和射飞镖：

一等奖：100元商品券。

二等奖：50元商品券。

三等奖：30元商品券。

鼓励奖：蛋挞一个。

掷骰子：

三个点数相同，奖价值300元烤箱一个。

三个点数为顺子，奖价值150元电动打蛋器一个。

两个点数相同，奖隔热手套一副。

参与奖：泡芙一个。

考虑到投入成本问题，每日限量，先到先得，送完即止。

（4）会员制度。

凡开业当日在本店购买商品超过××元者，可办理会员卡一张，持卡购买一律享受九折优惠，以及生日免费领蛋糕活动。

九、经费预算

预计设计海报、宣传单和宣传单的打印、发放，以及卖场的布置共需费用1000元。

表演嘉宾的费用为1000元。

游戏互动所设置的奖品费用预计3000元。

费用共计5000元。

十、效果预测

（1）通过前期派发宣传单，张贴海报，使消费者对×××糕点店有一个初步认知，用福利吸引他们的关注，引发他们到时前来参观的好奇心。

（2）通过开业庆典的表演，吸引大批消费者的眼球，营造出热闹的气氛，给他们留下深刻的印象。

（3）通过游戏活动和会员制度，吸引消费者购买本店产品。通过设置安慰性奖励，让其品尝到本店的产品，对产品质量有初步的认识，赢得消费者好感，促使其以后继续购买本店产品。

策划：×××

【写作要点】

（1）新颖性。开业典礼的最终目的是吸引顾客的目光，让他们对企业的产品或者服务感兴趣。在顾客对企业什么都不了解的情况下，新颖、大胆、具有突破性的策划会给顾客留下耳目一新的印象，从而引起他们的好奇心，使企业的名气快速传播开来，从而在最短的时间内吸引到大量的人流客源来参与活动。

（2）围绕企业特征。开业典礼策划方案应时刻围绕着企业的产品、服务、技术之类的典型特征来策划，最简单的就是把产品当作小礼品来发放，这样可以让消费者快速知道这家店的经营品种，明白你是做什么产品或服务的，你的主打业务和核心服务是什么，直接传导出文化理念。

危机公关策划方案

【写作导引】

危机公关是指由于企业管理者自身实力不足、管理不善，或是受到同行的竞争与打压，甚至是恶意破坏，又或者是受外界特殊事件，天气、环境之类的影响而给企业或品牌带来了很不好的反响，使企业在遭受到了危机之后，针对危机所采取的一系列消除影响、恢复形象的自救行动。

具体来说，危机公关就是企业为了减轻危机所带来的严重损害和威胁，从而有组织、有计划地学习、制订和实施一系列管理措施和应对策略，来控制事态发展，规避、解决不良影响，重塑企业形象的过程。

而危机公关策划方案就是公司进行危机公关的自救行动实施的基础，分析整件事的发展，是实现公关活动目标的重要指导方针。

危机公关策划方案一般情况下包含以下几项内容。

（1）危机事件回放，也就是撰写这份危机公关策划方案的原因和背景，并表明企业的态度。

（2）危机调查。从公司角度出发，探讨事件对公司的影响，消费者以及媒体大众的反应，全面了解事件的性质，为制订危机处理策略提供依据。

（3）策划目标。这次策划方案想要达到的目的。

（4）公关方案。即具体实施内容。公关方案分为三部分：对内、对外、对受害者。

（5）组织与实施。具体时间、人员、针对的对象等。

（6）公关效果。对公关效果进行评估预测。

【文案范例】

×××超市危机公关策划方案

一、危机事件回放

××××年"3.15"消费者权益日晚会,×××超市在××市××街的××店被中央台爆出,超市员工将超过保质期限的食品重复利用,甚至更改生产时间和保质期再次贩卖,引起消费者身体不适、上吐下泻等不良反应。

事件曝光后,×××超市官方微博随后发布消息称:"×××超市会对央视'3.15'晚会所报道的××市××街××店所发生的严重违规操作引起高度重视,在此向消费者表示最诚挚的歉意。我方保证,公司会立即展开调查,并将严肃处理。×××超市始终高度重视食品质量管理工作,我们将进一步加强培训,采取措施,切实保证相关规定认真落实,维护广大消费者的权益。感谢社会各界的关注。"

二、危机调查

×××超市1960年成立于欧洲,是国外大卖场商业类型的首创者,现拥有一万多家营运零售单位,业务范围遍及世界30多个国家和地区,员工总数达10万人,仅在2010年税后年销售额就达到了100亿欧元。

2000年,×××超市首次在国内开设分店,建立以来,获得消费者的大力支持,拥有大量的忠实顾客,其市场占有率居超市卖场之首。但就是这样一个世界著名的企业,却被爆出其销售过期食品,以次充好,引起一片哗然。

据调查,××市××街××店将劣质生鲜产品冒充新鲜的优质生鲜出售,价格差距将近一倍,并将过期食品重新打散、包装,更改日期后再次出售。

×××超市的行为被曝光,引起了大量消费者的关注,无数网友通过微博等工具密切关注×××超市应对的态度与行动。分析如下。

(1)央视的"3.15"晚会是全国最权威的保护消费者利益的节目,绝不弄虚作假,也绝不说没有根据的话。既然央视报道了这起事件,就说明这绝对不是虚构或者诬陷,而是事实,企业对外必须承认这一点。

(2)×××更改生产日期事件在这样的节目中曝光,已经充分说明了事件的严重性,应该引起集团内部及时的、高度的重视。

(3)对于这起事件被不断放大以及网上的舆论引导,不排除是竞争对手故意利用此事件在社会上引起恐慌,从而达到不可告人的目的。

×××超市作为享誉世界的知名企业,面对危机,应及时做出回应,展开行动，搞好公共关系，将危机化为机遇。

三、策划目标

通过一系列的公共关系活动，尽量挽回×××超市在公众眼中的形象，将危机的影响降到最低，改变消费者的看法，消除消费者的不信任，重新树立良好的声誉，消除社会舆论，将危机化为机遇，利用时机树立企业的良好品牌形象。

四、公关方案

1. 对内

（1）员工。及时召开员工大会，提高员工的工作积极性和热情，不能因小失大。统一对外口径，统一对社会舆论的回答。

（2）分公司。即刻关闭违规的分公司，召回不合格产品，成立调查小组，找出所有的涉案人员。

（3）安抚供应商、经销商和投资者，真诚表示歉意，必要时可以降低利益来争取继续合作的机会。

2. 对外

（1）媒体。及时遏制住媒体夸大其词的不实谣传，澄清事实，召开新闻发布会，让具有群众代表性的高层决策者作为发言人，就事实做出说明，并友好、积极地回答记者的问题，虚心认错，对于敏感问题一定要慎重回答。

（2）政府部门。及时、主动地与政府监督部门进行合作，配合政府部门的检查，严厉惩治事件的相关人员，认真执行政府下达的整改意见。

3. 对受害者

在此次事件中，消费者是最直接的受害人，是危机的处理核心。消费者是一个企业生存的基础，企业只有得到消费者的认可，才能立足于竞争残酷的市场之中；所以，×××超市必须迅速展开行动，对受害的消费者进行安抚和赔偿，召开消费者会议，虚心认错，争取消费者的原谅。

五、组织与实施

对象	消费者	媒体	员工	经销商、合作方
方法	消费者会议	新闻发布会	员工大会	经销商会议
时间	××××年××月××日××时	××××年××月××日××时	××××年××月××日××时	××××年××月××日××时

在实施一系列公共关系活动的时候，为了确保活动的顺利进行，应成立专门的监督控制小组，将各个活动落实到个人，以求快速、有效。

六、公关效果

常言道"绝处逢生"，有时候"置之死地而后生"，所以每一次危机也都是一次机会，能够锻炼企业的处事、应对能力。

此次危机，必将会通过企业正确的处理办法，提高企业的知名度，树立更加良好的企业品牌形象，使消费者更加认可企业的产品。×××超市通过正确的处理方法必然走出危机，迎接新的发展。

【写作要点】

（1）承担责任。要站在受害者的立场上思考问题，力争做到感同身受，表示同情和安慰，勇于承担责任，不能推脱责任。

（2）真情实意。言辞恳切，承认事实，表达诚意。

（3）经验丰富，具有专业知识，速度第一。速度要快，要知道好事不出门，坏事行千里，危机一旦出现，传播的速度超出你的想象，一定要快速反应，加快撰写文案的速度。这就要求写作者必须拥有扎实的相关知识或者丰富的相关经验。

第 15 章
市场营销合同文案

企业与经销商合作协议书

【写作导引】

经销合作协议书是指厂商与经销商签订的经销方式下双方权利和义务的书面文件，具有法律效力。简单来说，就是经销商与厂商达成协议，在规定的期限和地域内购销指定的商品。

供货商和经销商之间是一种买卖关系，经销商是以自己的名义购进货物，同样也是以自己的名义转售货物。

我国在实际业务中一般只在经销协议中规定双方当事人的权利义务和一般交易条件，以后每批货的交付要依据经销协议订立具体的买卖合同，明确价格、数量、交货期甚至支付方式等具体交易条件。

经销可以分为一般经销与独家经销。在独家经销方面，一般会规定经销商的最低交易数量、不得经销相竞争的其他供货商的产品等。

经销合作协议书的主要内容，包括以下几个方面。

（1）经销的商品、期限和地区。协议中需要写明经销商品的名称，确定商品的种类，以及厂商是要把全部商品还是部分商品的经销权授予对方；期限是协议持续的时间，是一年还是数年；地区则是指厂商给予经销商销售权利的有效行使范围，大到一个国家，小到一个县城。

（2）经销目标。即厂商规定的，经销商在一定时间内购买商品的数量或金额。

（3）经销价格。经销价格应由双方共同协商确定，确定后可因不可控因素存在更改的可能。

（4）经销商的权利和义务。

（5）厂商的权利和义务。

（6）运输和付款。

（7）协议的到期终止、续约和提前终止条款。

【文案范例】

经销商合作协议书

合同编号：

甲方：×× 工厂

乙方：×× 电器销售城

本着平等互利、友好互助、诚信自愿、共同发展的原则，甲、乙双方经过友好协商，在严守个人道德和商业信誉的基础上，依据《中华人民共和国合同法》及有关法律，就乙方经销甲方"××"品牌系列家电产品达成以下协议。

一、经销期限、区域

甲方授权乙方自 ×× 年 ×× 月 ×× 日起，为 ×× 工厂在 ×× 省 ×× 市 ×× 县的经销商，销售甲方"××"品牌系列家电产品。

二、经销要求

（1）乙方首次订货金额（不含运费）达到人民币 ×××× 元整，即可获得经销资格。

（2）为保证双方利益，乙方在签订协议一周内向甲方缴纳市场同意违约保证金，人民币 ×××× 元整。若乙方在合同终止后无违规现象，甲方在一个月内退还乙方全数保证金。

（3）合同期内，乙方每月必须完成最低销售目标，达到最低订货金额，若合同有效期内乙方无法完成规定的销售目标，则甲方有权终止乙方的市场经销权。

三、甲方的权利和义务

（1）在乙方提交订货单后，甲方必须保证可以提供足够的货源，不得延误。

（2）在合同有效期间，甲方应及时向乙方提供质量上等的产品，并且对乙方开展的市场推广活动予以支持。

（3）甲方对乙方的市场推广活动具有监督权，若是有损坏甲方名誉的现象随时可以终止合同。

（4）甲方须向乙方提供必要的产品资料、修理技术，帮助乙方迅速掌握产品性能和销售技巧，使乙方的销售工作迅速展开。

（5）甲方有权对产品价格进行调整，但是必须提前通知乙方，向乙方提供最新产品报价单。

（6）在合同有效期内甲方不得将同区域的经销权分销给其他任何企业。

四、乙方的权利和义务

（1）在乙方严格遵循合同条款的条件下，有权享有甲方针对经销商开展的各种服务和活动。

（2）乙方有权利就市场动向向甲方提出建议。

（3）乙方应按甲方所示价格销售"××"品牌系列家电产品，不得随意调价扰乱市场价格秩序。

（4）乙方如需进行促销、打折等宣传活动，必须在变动价格前告知甲方，征得甲方同意后方可调整价格。

（5）乙方不得私下仿制甲方产品，或进购、销售冒充甲方品牌的假冒伪劣产品，一经发现立即取消其经销资格，同时追究乙方经济责任。

五、交货、付款与运输

（1）乙方每次应在订单确认后的××天内，以现金或转账等方式全额支付货款，经甲方确认无误后安排发货。

（2）支付方式：现金、支票、银行汇款、电子汇款等。

（3）甲方将按照合同上所写的发货地址按期发货，运输费用由甲方承担。

（4）乙方收到货后的卸车、搬运等费用由乙方承担。

（5）乙方在收货时，必须在送货单上签名，写明收货日期并加盖乙方公章。

（6）到货后，乙方应在7日内对货品进行验收，如有问题，应以书面形式向甲方报告，双方协商。逾期视为合格，相关利益损失甲方概不负责。

（7）甲方产品若存在质量问题，乙方可向甲方提出换货或退货，前提是产品包装完整、没有污渍、零件齐全，其运输费用由甲方承担。若因乙方搬运疏忽造成产品损伤，甲方概不承担退换货责任。

六、违约条款

（1）甲乙双方中任何一方违反合同规定者，在接到另一方违约通知后10天内仍不履约者，另一方可无条件终止合同，并通过法律途径向违约方索要赔偿。

（2）如果因为不可抗力致使合同无法履行，任何一方应在事件发生后3天内通知对方并说明理由，并采取一定措施。若不及时通知或者不采取任何措施，则算作违约，且违约方应向另一方赔偿损失。

七、免责条款

因不可抗力致使合同无法履行且已及时通知另一方，则无须负任何责任。

不可抗力指：政府规定、法令或政策的变更、自然灾害等因素。

八、合同变更

本合同的最终解释权归甲方所有，若有任何一方想要变更合同的条款内容，需由双方进行协商，签订正式的书面更改文件。

协议到期后，合同的效力便随之停止，乙方无权继续使用甲方的任何资料，否则乙方应承担造成的相应后果。

九、本合同未尽事宜，双方可另行补充，但均应以书面的形式提出，并经双方授权的代表签字盖章后方能生效。

十、本经销合作协议书一式两份，双方各执一份，具有同等的法律效力。自双方签字加盖公章之日起生效。

甲 　 方：	乙 　 方：
法人代表：	法人代表：
开户银行：	开户银行：
账 　 号：	账 　 号：
电 　 话：	电 　 话：
签约时间：	签约时间：

【写作要点】

（1）明确经销数量或金额。这是厂商签订经销协议书的最基本目的，是合同中最关键的条款，必须有明确的数量，不能含糊。

（2）用词准确、简洁。合同本身是一个非常枯燥、乏味的文件，用语必须简洁明了，让人一目了然，切忌咬文嚼字，词意不明。

销售代理合同

【写作导引】

销售代理合同是指代理人为委托人销售某些特定产品或全部产品的代理，对价格、条款及其他交易条件可全权处理与委托人签订的合同。

这种代理商在纺织、木材、某些金属产品、某些食品、服装、设备、汽车等行业中常见，在这些行业，竞争非常激烈，产品销路对企业的生存至关重要。

销售代理合同包括以下四大部分的内容。

一、标题

标题中应该含有合同的对象、合同的内容和目的。标题下方则是合同的编号。

二、前言

对这次签订合同的双方，即代理方与厂商双方的基本信息，以及合同目的做一个简单的介绍。

三、正文

销售代理合同的正文包括以下几个方面。

（1）代理方能够获得销售代理资格的条件。

（2）具体代理的产品、地区、期限。

（3）双方的责任、权利和义务。

（4）厂商定下的代理价格，以及代理方必须达到的销售目标。

（5）订货、供货、付款以及货品运输问题。

（6）质量保证和售后服务。

（7）违约责任。

（8）法律效应。

四、落款

厂商与代理方签字盖章，以及双方的基本信息、签订合同的时间等。

如果有对合同内容进行补充或者合同中涉及的文件，可以在最后附上材料作为附件。

【文案范例】

×× 化妆品销售代理合同

合同编号：_____

×× 化妆品公司（以下简称甲方）与 ×× 大卖场（以下简称乙方），本着平等互惠、共同进步的原则，经过多次友好协商，双方就乙方作为甲方的 ×× 区域代理商，代理销售 ×× 化妆品一事达成共识，并签订如下协议。

一、代理资格

（1）乙方必须具有法人资格，拥有固定的营业场所，且具有一定的经济实力。

（2）无不良记录，诚信守诺，与当地政府部门关系良好。

（3）能严格遵守甲方的代理销售策略及本合同的规定。

（4）每次订货数量不少于1000套。

符合以上条件即可取得相应代理资格。

二、代理产品、地区、期限

甲方授权乙方为××化妆品全部商品在××省××市的总代理商，在此区域内，甲方承诺，只供货给乙方一方。代理期限为三年，即从本合同签订之日起到××年××月××日止。

三、双方的责任、权利和义务

1. 甲方的责任、权利和义务

（1）甲方需向乙方提供产品合格证明与生产经营许可证，以及其他符合国家或行业标准的文件。

（2）甲方有义务无偿向乙方提供产品销售方面的咨询和指导。

（3）在乙方提交订货单后，甲方必须保证可以提供足够的货源，不得延误。

（4）甲方有权对乙方的市场经营行为进行督查，根据乙方的销售数量和实际情况，有权终止乙方代理资格。

（5）甲方有权调整乙方对产品的销售价格。

（6）在合同有效期内，甲方不得在乙方总代理的区域内另设其他代理商或经销商。

（7）甲方对乙方的商业行为和法律行为及因经营不善所造成的损失不承担责任。

2. 乙方的责任、权利和义务

（1）乙方必须遵照国家法律和法规进行市场营销工作，以合法方式销售产品。

（2）乙方必须在授权区域内销售，不得跨区域销售。

（3）未经甲方同意，乙方不得与其他企业签订经销同类商品的合同。

（4）乙方必须尊重甲方的知识产权，所有销售的产品必须是通过合法方式从甲方获得，不得私自进行产品技术上的研究。

（5）乙方若想在区域范围内设立分代理，必须经甲方同意。

（6）合同到期或终止后，乙方未售完的产品可返还给甲方，甲方按代理价格全额退还。

（7）代理商在合同期间对产品所进行的一切宣传、策划、销售等活动，必须以甲方名义进行。

四、代理价格，销售指标

（1）乙方获得代理权后，应先向甲方支付保证金×××元，具体的供货价格按照附件所标价格执行。

（2）乙方每月的销售量不得低于订货数量的70%。

（3）乙方每卖出一件产品，从中抽取20%的代理费用。

五、订货、付款及货运

（1）订货：乙方向甲方订货时，须提前一周提交订货计划，由负责人签字、盖章后，传真给甲方。甲方在收到订货单和货款后，于3个工作日内发货。

（2）付款方式：银行汇款。

（3）运输：运费由甲方负责。

（4）乙方在收到货物的3个工作日之内验货，如有商品破坏，须通知甲方，由甲方进行补货；若是3个工作日之内没有回应，便视为验收合格，如再有损坏，甲方概不负责。

六、售后服务

商品的售后技术服务由乙方负责，如乙方确有困难，可请求甲方帮助，所需费用由乙方负担。

七、违约责任

（1）甲、乙双方若其中一方严重违反本合同所定条款，违背商业道德和法律，损害对方利益，另一方均可以书面形式终止本合同的效力。

（2）若甲方无故单方面解除合同，甲方除了应该付清给乙方的保证金外，还应赔偿乙方违约金和来回运费；乙方若无故单方面解除合约，乙方除赔偿保证金、返还产品外，同样要向甲方支付违约金。

八、法律效力

本合同的最终解释权归甲方所有，若有任何一方想要变更合同的条款内容，需由双方进行协商，签订正式的书面更改文件。

甲方对乙方的授权期满后，本合同自行终止。

本合同执行过程中，甲乙双方如因不可抗力的影响造成经济损失，由各方自负，与对方无关。

本合同经双方签字盖章后生效。

九、本协议一式两份，双方各执一份，具同等法律效力。其他未尽事宜及双方存在的争议，由双方协商解决。

甲方（盖章）：_____　　　乙方（盖章）：_____

代表（签字）：_____　　　代表（签字）：_____

_____年___月___日　　　_____年___月___日

地　　址：　　　　　　　　　地　　　址：

邮　　编：　　　　　　　　　邮　　　编：

联系电话：　　　　　　　　　联系电话：

传　　真：　　　　　　　　　传　　　真：

开户银行：　　　　　　　　　开户银行：

银行账号：　　　　　　　　　银行账号：

附件：甲方生产经营许可证、法人代表身份证复印件等证明；乙方营业执照、法人身份证复印件等合格证明（略）。

甲方供货价格表（略）。

【写作要点】

（1）明确违约责任。合同具有法律效力，已经签订不可更改，一旦出现漏洞让对方钻了空子，后果非常严重。必须明确违约责任，这样当后期双方发生经济纠纷的时候，就可以友好协商，根据合同条款理智解决，避免某一方不认账。

（2）明确销售代理的地域和期限。明确销售代理的地域和期限是制订合同的首要问题，合同中必须写清楚，不能采用含糊不清的概念，以免将来出现被动的局面。

连锁加盟合同

【写作导引】

连锁加盟合同指的是，为了达到共同发展、双方获利的目标，企业者作为加盟总部把自己研制的产品、开发的服务，或是营业系统等授权给规定区域里的加盟商经营的一种书面协议。

签订了连锁加盟合同后，加盟者可以用加盟总部的商标、形象、品牌和声誉等，在商业消费市场上，招揽顾客前往消费。加盟总部会将他们拥有的完善的知识、技术、服务等经验传授给加盟者，协助加盟者创业和更好地经营。而加盟总部则可以根据加盟的性质不同而向加盟者收取不同的加盟费、保证金以及权利金等。

连锁加盟合同主要包括以下几部分内容。

（1）加盟总部与加盟者双方的身份，加盟的产品、时限和地区。

（2）加盟双方的权利和义务。

（3）商标注册证。这是进行连锁加盟的最基本条件，加盟总部要想把品牌授权给加盟店使用，就必须先取得国家工商行政管理总局商标局的认可，拥有这个品牌的商标注册证，才能授权给加盟店。

（4）费用支付方式。一般而言，总部会向加盟者收取三种费用，分别是加盟金、权利金及保证金。这是一种持续性的收费，只要加盟店持续使用总部的商标，就必须定期付费。支付期限可能是一年一次、按季或是按月支付。

（5）商圈保障问题。总部为了确保加盟店的顺利营运，获得更大的利益，都会设有商圈保障，也就是在某个商圈之内不再开设第二家分店。若是总部在保障商圈以外的地方开设第二家加盟店，即使距离不远，影响了加盟店的生意，只要超过了商圈范围以外，加盟店就没有抗议的权利。

（6）竞争限制条款。一般来说，总部为保护自己的经营技术及智慧财产，会规定在合同结束一定时间内，加盟商不得从事与原加盟店相同的行业。

（7）违约处罚。

（8）合约终止处理。

（9）其他注意事项。诸如法律效力、纠纷处理问题等。

【文案范例】

××服装品牌连锁店加盟合同

授权方：××服装（以下简称"甲方"）　　　　代表人：××

被授权方：××女性衣舍（以下简称"乙方"）　代表人：××

甲乙双方经过友好协商，本着平等、互利、诚信、共同发展的原则就乙方在××省××市××街道加盟××服装品牌，经营甲方"××"专卖店一事，达成如下协议。

一、加盟要求

1. 加盟资格

（1）无不良记录，诚信守诺，没有受过刑事处罚者。

（2）乙方必须具有法人资格，拥有固定的营业场所，且具有一定的付款能力。

（3）能严格遵守甲方的代理销售策略及本合同的规定。

（4）受过总部规定的训练，并按要求完成训练内容，被总部认可的合格者。

（5）每次订货数量不少于××××件。

2. 合同期限

本合同加盟期限为三年，从××××年××月××日至××××年××月××日止。

3. 双方关系

（1）本合同的双方当事者不存在任何共同投资、代理、雇佣、承包关系，为各自独立的事业者。加盟店没有任何代总部下决定的权力，加盟店的所有职工都不是总部的员工，加盟店法人也不是总部的代理人，总部对其劳动关系及员工行为不承担任何责任。

（2）加盟商店的经营状况由加盟店自己打理，一切商业行为、宣传活动、经营决策由加盟店自行判断，无论是营利还是亏损，一切责任都由加盟店独立承担。

二、双方的权利、义务、责任

1. 甲方的权利、义务、责任

（1）为保证甲方商品的信誉，品牌之声誉，甲方有监督乙方经营情况的权利。

（2）甲方有权调整乙方对产品的销售价格。

（3）甲方应保证产品在该市场区域内的统一底价，对产品质量负责。

（4）甲方必须提供商标注册证、生产经营许可证等符合国家或行业标准的文件。

（5）甲方有义务免费向乙方提供产品销售、服务方面的指导。

（6）在乙方提交订货计划后，甲方必须保证可以提供足够的货源，并且保证所提供的产品质量符合国家有关标准。

（7）在合同有效期内，甲方不得在乙方加盟店的商圈保障区域内另设其他分店。

（8）甲方对乙方的商业行为和法律行为及因经营不善所造成的损失不承担责任。

2. 乙方的权利、义务、责任

（1）乙方有权利享受甲方的形象广告支持和技术培训。

（2）根据市场销售情况，乙方有权与甲方协商后申请调换经营品种。

（3）作为加盟商，乙方有权享有甲方有关活动的优惠政策。

（4）乙方保证合同签订后7个工作日内向甲方支付加盟费与权利金（人民币××万元）、保证金（××万元）。若乙方在合作期间表现优异，无损害甲方声誉的行为，则保证金在合同结束后由甲方全额归还。

（5）乙方必须以加盟的产品品牌作为分店的名称，遵从甲方安排，名称统一为"××服装连锁店"。

（6）乙方不得有损害甲方商誉的行为，中途如有违约行为，根据违约责任大小，甲方有权扣下保证金，甚至继续追加必要的法律责任。

（7）乙方必须服从甲方在质量、价格、售后服务等方面的管理服务。

三、营业场地、店面装饰

（1）乙方应在双方共同商定的区域内开设分店，不得在未经甲方许可的情况下擅自将自己的经营活动和促销活动扩大到区域之外。

（2）加盟店店铺选址由乙方在商定区域内确定，由甲方进行统一装饰设计，乙方必须听从甲方的设计装修安排，不得擅自改动装修设计。

四、交货、付款与运输

（1）甲方在乙方支付货款7天内安排发货。

（2）支付方式：银行汇款。

（3）对于加盟店运行的必需产品、包装袋、产品展示相关道具（衣架、模特）等，由甲方进行采购，统一发给乙方，费用由乙方承担。

（4）乙方在收货时，必须在送货单上签名盖章，并写明收货日期。

（5）到货后，乙方应在7日内对货品进行验收，如有问题，应以书面形式向甲方报告，双方协商。逾期视为合格，相关利益损失甲方概不负责。

（6）甲方产品若存在质量问题，乙方可向甲方提出换货或退货，前提是产品包装完整、没有污渍、零件齐全，其运输费用由甲方承担。若因乙方搬运疏忽造成产品损伤，甲方概不承担退换货责任。

五、竞争限制

（1）乙方在合同有效期内，不得再接受任何其他相关企业、个人的授权或委托，以及在加盟店内代理、经销其他同类产品品牌的产品。

（2）乙方未经甲方许可，不得将甲方授予的经销权以各种形式转让给任何第三方，不可泄露甲方的技术、服务机密。

（3）合同结束后，乙方不得以甲方名义继续开店，一年内不得从事与甲方相关的行业。

六、保密

（1）除了法令政策规定的必须公开的资料外，甲方不得向任何第三者展示有损利益的情报。乙方同样不得向第三者泄漏甲方的技术秘密和有损甲方利益的情报。

（2）以上规定的保密义务，甲乙双方在合同期满后始终有效。

（3）甲方在合同有效期内提供给乙方的技术、服务、销售等方面的机密文件所有权始终归甲方所有，乙方应妥善保管，在合同终止后完好、及时地归还甲方。

七、合同的终止

（1）合同期满前 3 个月，经双方协商，决定是续约还是终止合同。

（2）若要签订新合同，应在本合同期满之前完成。

（3）如合同期满后，双方无意继续合作，乙方付清所有应付的费用，归还甲方提供的机密文件和专利资料，取消以甲方品牌名义登记的商业注册和名称登记。

八、违约责任

（1）甲乙双方任何一方无故不履行合同条款规定的，视为违约，另一方有权终止合同，并且让其承担违约责任。违约金为甲方向乙方提供的所有产品售价总额的 20%。

（2）如果因为不可控因素致使某一方无法履行合同，应及时通过书面文件通知另一方，若不及时通知则任何损失另一方概不负责。

九、合同纠纷的解决

本合同在执行过程中产生的任何争议，双方首先应友好协商，协商不成的，双方均有权向深圳市仲裁委员会提起仲裁。

十、本合同自双方签字盖章之日起生效。本合同一式两份，双方各持一份，具有同等法律效力。

甲方（盖章）：_____　　　　乙方（盖章）：_____

代表（签字）：_____　　　　代表（签字）：_____

_____年___月___日　　　　_____年___月___日

地　　址：　　　　　　　　　　地　　址：

邮　　编：　　　　　　　　　　邮　　编：

联系电话：　　　　　　　　　　联系电话：

传　　真：　　　　　　　　　　传　　真：

开户银行：　　　　　　　　　　开户银行：

银行账号：　　　　　　　　　　银行账号：

【写作要点】

（1）查阅资料，掌握相关知识，弄清楚加盟与代理、经销的区别。

（2）了解对方资料。清楚知道对方的资料是编写连锁加盟合同的最大前提，一定要全方位了解对方的基本资料、发展状况、信誉以及经济实力，才能够根据这些信息写出详细、完备的合同。

（3）明确知识产权。在连锁加盟合同中一定要确切标明商标、技术等权利的适用范围，确保自己的利益。

仓储保管合同

【写作导引】

仓储保管合同是保管合同的一种特殊类型，是接受储存保管服务的一方，将自己的仓储物交付给提供储存保管服务的一方储存保管，并且支付其一定报酬的合同。

接受储存保管服务并支付报酬的一方称为存货方，提供储存保管服务的一方称为保管方。仓储保管合同中，仓储物的所有权不发生转移，一切权利始终属于存货方，只是把货物的占有权暂时转移给保管方了。

签订仓储保管合同的对象必须是动产，不动产不能作为仓储合同的保管对象。作为仓储合同的保管方，必须具有依法取得从事仓储保管业务的经营资格。仓储合同是诺成合同，双方盖章签字后立时生效。

仓储保管合同包含以下几部分。

（1）合同的主体、期限。

（2）仓储物具体信息：品名、品种、规格、数量、质量等。

（3）货物的包装和运输。

（4）货物保管条件和要求。

（5）甲乙双方的权利和义务。

（6）合同的变更。

（7）违约处罚。

（8）其他。

【文案范例】

仓储保管合同

合同编号：

甲方（存货方）：×× 生产有限公司　　　住所：　　　邮编：

乙方（保管方）：×× 仓库　　　　　　　住所：　　　邮编：

根据《中华人民共和国合同法》的规定，甲乙双方在平等自愿、协商一致的基础上，就甲方将货物存储在乙方 ×× 省 ×× 市 ×× 路 ×× 号的 ×× 号仓库相关仓储事宜，达成如下条款。

一、仓储保管对象

品名	品种	规格	数量	质量	包装	备注

二、货物包装、运输

（1）仓储物的包装由存货方负责，仓储物的包装规格应当按照国家、专业标准执行；没有标准的，仓储物包装方式由合同双方共同协商。

（2）若存货方包装的仓储物不符合国家标准或合同约定，因此造成的货物损伤和利益损失，保管方概不负责。

（3）由甲方负责将仓储物运送至条款规定的仓储地点，并负责运费；乙方负责在办理完出库手续后仓储物的发运事宜，运费仍由甲方负责。

三、本合同的履行期限

本合同自 ×××× 年 ×× 月 ×× 日起，至 ×××× 年 ×× 月 ×× 日止。

四、货物保管条件及要求

（1）乙方对甲方储存的产品及时提供装卸，货物进出仓均由乙方负责，甲方人员必须遵守乙方仓库管理制度。乙方人员不得以任何借口刁难甲方，或向甲方索取小费。

（2）乙方接收甲方货物入库的时候，应检查货物包装是否有损坏，并核对是否与表单上信息相符，确定后签字盖章确认。若有问题，应及时向甲方询问，双方协商。

（3）乙方必须凭借甲方的证明对存货进行操作，不得私自挪动货物，不允许其他人员进入仓库。

（4）乙方应严格按照国家有关仓储保管的规定和甲方的仓储要求妥善保管甲方货物，采取有效措施保证仓库整洁干燥，保证货物不受潮、不受虫蛀和鼠害等损坏，并在仓库中配备消防、灭火设备。

（5）甲乙双方每月共同对保管的货物进行盘点，核对无误后由负责人签字，并各自保留一份留底。

五、货物损耗标准和损耗处理

商品入库前的亏损和入库后因放置时间长而产生的自然损耗不由乙方承担，入库后商品的非自然损耗由乙方负责赔偿。

六、费用的计算和支付方式

（1）按照市场价每平方米×××元每月计算，甲方应支付仓储费×××元人民币，乙方提供发票。

（2）租金每三个月一付，甲方须提前15天付款给乙方，先付款后使用。

（3）甲方若超过付款日期，每延误一天便要承担千分之一的违约金。

七、双方责任与义务

1. 甲方责任与义务

（1）甲方应在货物进仓前将货物名称、批号及数量等具体信息提前通知乙方，因未通知乙方而引起的经济损失由甲方自己承担。

（2）合同到期后，若甲方未及时运走仓储物，所造成的损失由甲方自行承担。

（3）甲方每批进库的货物必须符合国家标准的要求，有产品合格证。

（4）甲方必须遵守国家有关政策、法律法规，守法经营，办理工商、税务相关手续，如有任何违法经营行为，乙方概不负责。

（5）甲方不得擅动乙方储存仓储物的机器设备、仓库的设施和结构，造成的损失由甲方承担。

（6）甲方必须遵守乙方的规章制度，否则造成不良后果由甲方自己负责。

2. 乙方责任与义务

（1）货物保管期间，若仓储物出现任何损坏，货物混乱，错发货物或被偷窃，均由乙方负责赔偿。

（2）乙方如未能及时装卸造成甲方损失，乙方负责赔偿。

（3）乙方若未经甲方同意便私自挪动甲方货物，属于违约行为，若造成损失则由乙方负责赔偿。

（4）乙方在甲方不知情的情况下，将甲方租用的仓库转租给他人使用，乙方须负责赔偿。

八、合同的变更与提前终止

（1）合同执行过程中若有更改的需要，经过双方协商同意后可进行部分条款的变更。

（2）合同执行过程中，若有一方无故不履行合同款项，另一方有权单方面终止合同，并追究对方给自己造成的损失。

（3）如因不可抗力的因素致乙方不能继续履行合同时，乙方应提前1个月书面通知甲方。乙方无须补偿甲方的经济损失。

（4）甲方若因不可抗力事件不能履行合同条款，应提前1个月书面通知对方，并赔偿其相应损失。

（5）合同到期后，如果甲方需要继续使用，应于使用期限满前2个月提出书面申请，经乙方同意后，甲乙双方重新签订新的仓储服务合同。

九、违约责任

在合同执行过程中任何一方违约，违约方应按照甲方所存储的仓储物价值的20%进行赔偿。

十、合同未尽事宜，双方协商解决，可以签订补充协议，协商不成，任何一方可向本合同签订地的人民法院提起诉讼

十一、本合同自双方签字盖章之日起生效。本合同一式两份，双方各执一份，具有同等法律效力

甲方（盖章）：　　　　　　　乙方（盖章）：

委托代表人：　　　　　　　　委托代表人：

联系电话：　　　　　　　　　联系电话：

地址：　　　　　　　　　　　地址：

签订日期：　　　　　　　　　签订日期：

【写作要点】

（1）进行市场调查。编写仓储保管合同必须做到知己知彼，了解对方的规模、声誉，针对这些信息写出详细、完善的合同。

（2）注意细节。仓储保管合同是一个非常复杂的文件，包含了很多细节，一定要注意每个细节的实施，做到详细、可行，避免被对方抓住漏洞，处于被动的局面。

（3）明确仓储保管合同和保管合同的区别，明确自己的权利和义务。

特许经营合同

【写作导引】

特许经营合同，是指拥有注册商标、生产专利、专有秘方、服务或技术等资源的企业（特许方），以合同的形式将其拥有的独有资源特别许可给其他经营者（被特许方）使用，并收取一定的特许经营费用作为报酬。

签订特许经营合同后，被特许方与特许方共享同一资源，并需按照合同约定在特许方统一的经营管理模式下开展经营。

在特许经营中，特许方和被特许方之间不存在任何隶属关系，既不是合伙人，也不是所谓的"母子公司"，各自是事业的独立者，只是以整体统一的商业形象和管理模式对外营业。

特许方把自己的商标、技术等知识产权授权给被特许方有偿使用，一切所有权自始至终都属于特许方，所有的被特许方彼此之间没有任何直接关系。

特许经营合同大致可以分为四个组成部分：合同引言、合同中关键用语释义、合同的主体部分以及合同的附件部分。主要包括的内容和条款如下。

一、合同引言

主要说明的是特许人的特许权内容、声明特许人的商标是已经注册过的合法商标以及本合同的意图。

二、关键词释义

解释合同中用到的专业名词或者简略词语的意思，比如"特许标志""特许产品""特许区域"等。

三、合同的主体部分

（1）特许授权的内容：说明该特许权的授予对象、内容、时间期限等限制，以及合同续签等事项。

（2）合同双方的权利与义务。

（3）运货方式、主要费用以及付款方式等。

（4）保密条款。

（5）竞争限制条款。

（6）合同终止或变更的处理。

（7）违约责任。

（8）其他注意事项。如法律效力、未竟事宜等。

四、合同的落款及附件

合同的末尾是合作双方的各自信息，法人代表签字盖章、地址、签订日期等。

合同的最后往往还会根据实际情况，附上对合同内容进行补充或者合同中涉及的文件。

【文案范例】

××餐饮品牌特许经营合同

合同编号：_____

特许方：×××（以下简称甲方）

被特许方：×××（以下简称乙方）

甲乙双方经过友好协商，本着平等、互利、诚信、共同发展的原则，根据中华人民共和国《商业特许经营管理条例》和《合同法》之规定，合同双方就×××餐饮品牌特许经营授权许可有关事项，签订如下协议。

一、关键词释义

特许经营体系：即甲方的特许经营体系，包括注册商标、商号、专利和专有技术、产品经营模式等。

加盟店：即获得特许经营权的乙方开设的经营实体店，包括个人独资企业、合伙企业及公司等。

特许标识：指与特许经营体系相关的识别符号，包括甲方的注册商标、商号、店铺标志、装修风格、服装、广告等。

特许产品：指带有特许标识的所有商品及服务，包括原料、配料、成品及服务品种、方式等。

经营手册：甲方为被特许方加盟产品而专门制订的指导性文件，一般包括《加盟店招募手册》《店务操作手册》《产品制作手册》《营业手册》《员工培训手册》等。

特许区域：即甲方授予乙方特许经营权的经营活动范围。

营业地：乙方开设加盟店的营业地点。

二、特许经营的产品项目、区域、期限

（1）甲方授权许可乙方经营甲方在××省××市的×××餐饮品牌，未经甲方书面许可，乙方不得同时经营其他同类业务，甲方也不得将同地区的经营权授权给其他企业。

（2）甲方授权许可乙方经营的期限为3年，从××××年××月××日至××××年××月××日止。

三、订货、配货、运货及退换货

1. 订货方式

（1）首期订货款金额须达××万元人民币。

（2）乙方每次订货应提前15天通知甲方。

2. 付款方式：现金或银行转账

3. 交易原则：款到发货

4. 运输、收货

（1）乙方经营必需的产品、材料、包装袋、工具等由甲方统一发送，费用由乙方承担。

（2）乙方收货后应及时进行验货，如有异议，须在提货后三天内与甲方联系解决；逾期则甲方认定所发货品无误。

5. 退换货

乙方验货时发现产品质量有问题的，应及时联系甲方，验明质量有问题且非乙方责任时，可办理退换货，运费由甲方负责。若非质量问题、非甲方责任而造成的损坏，退换货的来回运费由乙方承担。

四、店面地址、装修

（1）乙方应在双方共同商定的区域内开设分店，不得在未经甲方许可的情况下擅自将自己的经营活动和促销活动扩大到区域之外。

（2）为保持品牌的统一形象，乙方店铺装修须由甲方统一设计施工，乙方必须听从甲方的设计装修安排，不得擅自改动装修设计。甲方免费向乙方提供设计图稿，费用由乙方承担。

五、销售价格

所有销售价格由甲方统一定价，打折促销价也由甲方决定，乙方不得在未征得甲方许可下擅自进行任何变价销售行为。

六、费用支付

（1）乙方应在首批订单下达前交付履约保证金：人民币××××元整。若乙方完全履行本合同约定，甲方在合同截止后三个月内全部返还；若乙方在协议期间违反合同规定，甲方有权扣除保证金。

（2）乙方需付加盟费××万元整。

（3）宣传所花费的广告费双方各自承担 50%，乙方若能完成甲方规定的宣传任务目标，且将分店经营红火，甲方将以乙方营业额的 10% 作为乙方业务地区范围的广告促销投入费用。

七、双方权利与义务

1. 甲方权利与义务

（1）甲方有权对乙方的经营活动进行监督检查，并对乙方存在的问题提出整改意见。

（2）甲方有权调整乙方对产品的销售价格。

（3）甲方应保证产品在该市场区域内的统一底价，对产品质量负责。

（4）甲方必须提供商标注册证、生产经营许可证等符合国家或行业标准的文件。

（5）甲方有义务向乙方提供经营加盟店的相关经验或是资料、提供产品及与产品相关的知识及信息，为加盟店的员工提供培训指导。

2. 乙方权利与义务

（1）提供经营加盟店加盟所需的合法证件。

（2）接受甲方的监督检查。

（3）按时支付相关费用。

（4）乙方有责任维持甲方声誉及形象。

（5）在合同有效期内，乙方不得在加盟店销售其他品牌产品，不得加盟经营其他同类产品。

八、保密条款

（1）所有关于甲方提供的经营指导方面的材料均属于甲方的商业机密，乙方不得向任何人泄露甲方的内部资料，不得利用甲方提供的资料做其他业务用途。

（2）除了法律规定的必须公开的资料外，甲方不得向任何第三者展示有损乙方利益的情报，如营业额等。

（3）以上规定的保密义务，甲乙双方在合同期满后始终有效。

九、竞争限制

（1）乙方在合约期间，不得经营或涉及任何与甲方相类似或者产生竞争的行业。

（2）未经甲方允许，乙方不得以任何方式将产品销售到合同中规定的销售区域外。

（3）合同结束后一年内，乙方不得从事与甲方相关的行业。

十、合同的变更和终止

（1）合同有效期内，若其中一方提出更改条款，经双方协商同意后可以更改。

（2）合同期满后，双方若想继续合作，应提前两个月签订新合约。

（3）若合同期满后，乙方无意续约，则必须履行以下条款：

付清全部应付的款项；

将甲方提供的专利资料退回甲方；

立即停止经营，交回特许经营权证书，不得再以甲方的名义经营。

十一、违约责任

若乙方有如下行为，则甲方有权单方面终止合约并向乙方索赔：

（1）乙方违反合同任何条款；

（2）未经甲方同意，在店铺内销售其他品牌的产品，或者以其他品牌的产品假冒甲方的产品；

（3）未及时支付各项费用；

（4）未经甲方同意，将产品销售至规定区域以外的市场；

（5）未经甲方同意，将产品销售价格调至低于或高于甲方定下的价格；

（6）不配合甲方的监督；

（7）损坏甲方声誉和形象。

十二、其他注意事项

本合同为从属交易合同，双方为独立法人，各不构成合伙关系。

本合同执行期间，因为不可抗力致使合同无法履行时，双方应按有关法律规定即时协商处理。

本合同未尽事宜，由双方协商后做出补充协议。补充协议是本合同组成部分，与本合同具有同等法律效力。

本合同正本一式两份，双方各执一份，经双方签字盖章后生效，同具法律效力。

本合同最终解释权归甲方所有。

甲方（盖章）：＿＿＿＿＿＿　　乙方（盖章）：＿＿＿＿＿＿

代表（签字）：＿＿＿＿＿＿　　代表（签字）：＿＿＿＿＿＿

地址：　　　　　　　　　　　地址：

邮编：　　　　　　　　　　　邮编：

联系电话：　　　　　　　　　联系电话：

传真：　　　　　　　　　传真：
开户银行：　　　　　　　开户银行：
银行账号：　　　　　　　银行账号：
　　　　　　　　　　　_____ 年 ____ 月 ____ 日

【写作要点】

熟读相关法律法规。合同签订后容易发生纠纷的主要原因就在于签订双方没有熟读《商业特许经营管理条例》等法律法规，从而出现漏洞，产生争议。因此，在编写特许经营合同时必须熟读相关法律文件。

第16章
网络营销文案

网络营销计划书

【写作导引】

　　网络营销策划不单单指的是网站推广，更不单是一个网上销售，而是为了达成特定的网络营销目标而进行的策略思考和方案规划的过程。它包括以下几部分内容。

一、前言

（1）本案策划目的。

（2）整体计划概念。

二、网络营销环境分析

（1）市场分析。

（2）产品分析。

（3）竞争分析。

（4）消费者分析。

三、SWOT 分析
四、网络营销方案

（1）营销目标。

（2）营销推广策略。

五、建立网站
六、网站推广

【文案范例】

××绿茶网络营销计划书

一、前言

1. 策划目的

随着科技的不断进步，互联网已经越来越频繁地应用于我们的生活中，并且逐渐改变了我们的生活方式，让我们足不出户便可购尽全球商品，人们也越来越重视电子商务。网络购物、线上交易的热潮有增无减，甚至大有替代线下购买的趋势。

网络资源的利用程度很大一部分决定了一个企业的生存与发展，××绿茶虽然已经成立了自己的门户网站，但毕竟刚刚接触网络营销，一切才刚刚起步，还没有形成一套完整、优良的网络营销方案。

所以，需要根据自身特点和资源，结合网络市场，策划出一套行之有效的网络营销计划，让电子业务的流程变得更便捷，让传统销售和网络销售有机地结合。

2. 整体计划概念

（1）让更多的消费者知道和了解我们的××绿茶，并引起他们的购买兴趣。

（2）开拓和建立新的网络销售渠道，扩大消费群体，增加销售量。

（3）降低销售成本，节约一些不必要的、浪费的传统销售模式所需的销售费用。

（4）利用电子商务扩大知名度，让顾客的购买途径更为便利，提高服务质量。

二、网络营销环境分析

1. 市场分析

中国是茶叶的故乡，茶类齐全，品种众多，是世界上最早发现、利用和培育茶叶的国家。中国的茶叶消费历史悠久，饮茶文化从上古时期流传至今，源远流长，并且随着时代的发展，茶叶市场也越来越成熟，如今已成为世界上最受欢迎的三大无酒精饮料之一。

而绿茶更是中国的主要茶类之一，它未经发酵，保留了茶叶中的天然物质，蕴含丰富的营养成分，常饮绿茶有防癌、降脂和减肥的效用，是走亲访友的最好礼品，更是家庭饮用的佳品。

据统计，2016 年我国茶叶出口总量为 33 万吨，约 15 亿美元，其中绿茶独占鳌头，出口量为 27 万吨，占总量的 81%，茶叶特别是绿茶的市场潜力非常大。

绿茶虽然销售红火，但是知名的茶叶品牌却非常少，而且茶叶市场正由散装茶过渡到包装茶，此时正是企业打出名声的好时机，××绿茶具有较大的发展空间。

绿茶可以清热、去火、减脂，高端上档次，是送礼的佳品，有一定份额的市场占有率。

调查表明，相比原来事业单位团购茶的热潮，如今全国仅有不到三成的消费人群选择团购茶，团购茶的市场容量已经大幅萎缩。

绝大部分消费者对于到高档场所喝茶并不是很感兴趣，他们更愿意自己买茶包来饮用，因为高档场所的消费太高。到高档场所喝茶的人一般有两类：一是比较富有的年轻人，为了追求浪漫、典雅的氛围而消费；二是为了进行商业应酬的工作者。

2. 产品分析

××绿茶拥有北方为数不多的绿茶生产基地，茶园总面积高达15万亩（1亩≈667平方米），茶叶年产量6000吨，年产值9亿元，产量连续5年位列全省第一，目前仍在扩大种植面积中。

××茶业的产品已经通过了绿色食品认证，并获得了政府的支持，安全、绿色、放心。

2012年公司投资了150万元在××市开发种植了300亩有机茶园，经过多年努力，俨然成了有机绿茶行业的标杆。

3. 竞争分析

全球共有50多个生产茶叶的国家，其中又有90%以上的国家只生产红茶或者说以生产红茶为主。而中国是生产茶叶种类最为齐全的国家，也是两个生产传统绿茶的国家之一，另外一个国家是日本。但是，由于日本茶叶生产成本过高且供不应求，早就无力出口。因此，在国际市场上，××茶业的竞争力并不大，主要就是在国内进行竞争。

××绿茶质量好，价格也不高，但是品牌知名度低，加上近年来新产品层出不穷，销售额有所下降。

而且绿茶市场存在大量以次充好和为求销量降低价格的情况，导致市场价格混乱，一些售货商随意定价，忽高忽低。因此，消费者对于绿茶售价较为模糊，无法分辨质量的好坏，无从判断绿茶的真正价值及真实价位，也给消费者购买××绿茶造成了心理障碍。

4. 消费者分析

本茶叶网上营销针对的消费人群主要是年龄比较小、观念比较新的人群。虽说茶叶更多是老年人娱乐、休闲时从不离手的爱宠，但是他们对于网络销售了解不深，很难接受这种销售模式，年轻人群更容易从传统的交易模式中解脱出来，对于网络营销予以肯定。

网上购物不像实体交易那样可以更好地观察茶叶的色泽、质量，买家会更加小心谨慎，不会鉴别茶叶好坏的客户很难进行抉择。所以，在网络营销中服务态度一定要好，说明介绍尽可能详细，要尽量使过程简单化、标准化，让购物更加方便。

三、SWOT 分析

1. S（优势）

××绿茶拥有的北方的绿茶生产基地，曾多次在农业部举办的中国国际农业博览会上获得金奖，在中国茶叶学会举办的历届"中茶杯"名优茶评比中也获得过好的奖项。

××绿茶畅销全省及北京、东北等全国各大城市，并且远销海外，在日本、韩国等国外也有一定的市场。

目前，××绿茶拟建一个超级市场，引来天下客商，推广××绿茶，并将建造××绿茶茶博园，弘扬茶文化。同时，政府将配合有关执法部门，严厉打击假冒伪劣产品，纯洁和规范绿茶市场。

2. W（劣势）

品牌知名度低，影响力较小，只在本省销量可观，省外销量不大。销售渠道单一，主要是"批发＋零售"模式，过分依赖批发商，回款始终处于被动的局面，资金流动过于缓慢，面临较大风险。

3. O（机会）

随着经济水平的提高，人们对生活质量的要求也越来越高，养生保健的意识不断增强，绿茶也因此受到更多消费者的欢迎，进入了全民喝茶时代，销售量逐年上升。

××绿茶拥有全省唯一、北方为数不多的茶叶示范基地，受到政府的重点扶持，获得了欧盟有机食品认证。

4. T（威胁）

市场竞争激烈，各种新品牌不断涌现，以次充好，薄利多销，导致××绿茶市场被不断瓜分。

四、网络营销方案

1. 营销目标

通过以上分析，我们得知，××绿茶的最大问题是知名度不够，所以我们的营销目标是让更多的人知道并了解××绿茶，让更多的人品尝到质量好、价格低的××绿茶，打开××绿茶的市场，增加知名度，扩大××绿茶的影响力。

此外，还要努力带动整个××绿茶的良性发展，把××绿茶打造成绿茶第一品牌，实现2017年销售额过8000万元的销售目标。

2. 营销推广策略

网络营销主要以推广××绿茶的网站为主要渠道，利用自己的网站建立完善、快捷的电子商务营销渠道和销售机制，提高××绿茶的销售量。

（1）电子邮件推广。

（2）加入搜索引擎推广页面。

（3）通过访问人气旺盛的网络平台，如论坛、贴吧等，发布留言信息。

（4）软文推广。

（5）加入友情链接。

（6）利用第三方，如淘宝、京东等作为代理销售商。

五、建立网站

（1）分析网站信息资源：公司信息、会员信息等静态信息和市场动向、运营情况等动态信息。这部分需要以会员权限来确定其阅读、交换、共享的范围。

（2）设计网站板块。绿茶清新淡雅，网站的效果整体也应该是简洁、美观的，介绍清晰，操作简单，界面分明，功能性强。网站的设计包括图文设计、网站Logo、主题、背景颜色等。

（3）内容规划。网站的主要内容应由这五个部分组成：公司概况、资讯中心、在线交流、产品简介、个人中心。

六、网站推广方案

（1）利用传统营销媒体，如报纸、车站海报等。

（2）加入推广页面。

（3）在人流量大的网络平台留言，如论坛、贴吧等。

（4）软文推广。

（5）加入友情链接。

（6）电子邮件推广。向顾客发送网站建立消息的邮件，邀请其前来了解、注册。

（7）广告策略。在视频网站或电视上投放广告，这是最好、最迅速的宣传方式。

【写作要点】

（1）针对性。写网络营销计划书一定要明确本次策划的目的，有针对性地围绕目标具体阐述，否则这个计划就是无用的。

（2）了解产品。要想进行网络营销，就必须对自己的产品有深刻的了解，网络营销有哪些利与弊。

（3）语言简洁、明了。网络营销计划书是非常冗长、复杂的，有很多细节和步骤，如果语言不够简练，用字含糊不清，颠三倒四，就会失去应有的逻辑。

网络广告策划方案

【写作导引】

随着网络的兴起和发展，网络营销的势头渐渐已经超过了实体营销，网络营销能够迅速积攒大量人气，提升知名度，已经成为越来越多商家心仪的营销渠道。

但是网络营销并不是一件轻松的事情，需要做很多准备工作，尤其是如何打广告来扩大自己的受众范围更是重中之重。

网络广告策划就是这样一种策略，它是根据企业或产品的网络营销计划和广告目的，在市场调查的基础上对广告活动进行整体规划的一种策略，是根据互联网的特征，针对网络人群的心理特征而开展的一种运筹和规划。

在网络广告策划中，需要详细考虑广告的设计、广告的投入、广告的时间等各个具体环节，对整个网络广告活动加以协调安排，做到充分考虑并精益求精。

网络广告策划一般有两大部分内容。

一、市场分析

通过市场分析，收集资料为广告的定位、策划打好基础。市场分析又包括以下几个方面。

（1）产品分析。

（2）消费者分析。

（3）竞争对手分析。

二、广告策划

广告策划的内容即广告的具体细节和实施过程，包括以下几个方面。

（1）网络广告的目标。

（2）网络广告的目标群体。

（3）网络广告的主题、创意。

（4）网络广告的发布渠道。

（5）预算。

【文案范例】

×× 运动饮料网络广告策划方案

随着经济的快速发展，知识水平和科技水平的不断提高，网络正在成为日化快速消费品重要的营销手段，而互联网媒体受众的特性使得其在如今的市场营销中起到独特的作用和价值，对于任何生产方来说都具有足够的吸引力。

×× 运动饮料是一种针对年轻人的饮料，无论是市场定位还是推广都以年轻人为主，而年轻人又是网络人群的主体，因此，如何利用互联网的力量影响这部分年轻群体，自然成为 ×× 运动饮料网络营销的重点。

一、市场分析

1. 产品分析

×× 运动饮料是国内首款运动饮料，富含碱性电解质和天然蜂蜜，不含咖啡因，对人体有很多好处。×× 运动饮料是全国销量排名第一的运动饮料，也是国内最有名的运动饮料品牌，在运动饮料中拥有百分之 ×× 的市场占有率。

×× 运动饮料诞生于 ×××× 年，已有将近 10 年的历史，以其微酸回甘的怡神口味和喝了之后使人神清气爽的状态备受消费者好评，尤其受到年轻消费者的欢迎。如今，×× 运动饮料不仅是一种怡神的运动饮料，更成为流行文化的一部分。

从产品质量上来讲，×× 运动饮料产品质量高，上市 10 年来从未出现过质量问题，拥有消费者的高度认可。从价格上来说，×× 运动饮料的价格在所有饮料中处于中等水平，价格非常合理、优惠，被广大消费者接受。

2. 消费者分析

×× 运动饮料带有"运动"二字，主要针对一些精力十足、经常运动的年轻人，尤其是男性。但是如今也有很多女性在消费 ×× 运动饮料，一些年长（35岁以上）的消费群体也开始逐渐被吸引，并且随着拥有消费能力的消费者年龄层越来越低，×× 运动饮料已经向 15 岁以下青少年群体发展。

随着生活水平的提高，消费者对于身体健康的要求越来越高，在追求时尚、刺激、美味和健康的均衡中，×× 运动饮料就成为消费者最佳的选择，需求不断上升，潜在市场非常大。而且××运动饮料的主要消费者为年轻群体，此类消费者追求潮流，购买力强，需求大，并且容易培养长期购买的习惯，因此销售量一直居高不下。

××运动饮料面向大众化，价格合理，有益健康，正逐渐被更多的消费者认可和接受。

3. 竞争对手分析

由于××运动饮料属于一种快速消费品，而快速消费品领域的竞争要比其他的产品市场竞争更为激烈，新产品与新品牌的涌现更加频繁，而××企业的主要竞争对手是×××公司。

现在的运动饮料市场几乎就是这两者二分天下。×××公司的成立时间较××运动饮料稍晚一些，但是其发展速度之快令人咂舌，原因在于其最显著的优点——价格低。×××公司曾经打出过这样的标语："用一瓶饮料的钱买双倍的饮料"，可见其价格之低。但是这一招的效果却非常明显，迅速积累了一定的消费群体。

×××公司抓住了年轻人崇拜影视偶像的心理特征，斥巨资聘请时下当红的偶像明星作为代言人，紧紧抓住了粉丝的消费方向，这是其最大的优势。

但是，×××公司也同样有一个缺点，其广告策划虽然取得了很大的胜利，但是其不是在销售产品，而是在销售明星的人气，产品本身根本比不上××运动饮料，一旦明星的人气有所下滑，销售量就会受到直接影响。而且广告模式太过单一，这也是其劣势所在。

二、广告计划

1. 广告目标

通过耳目一新的网络广告，宣传××运动饮料推出的新系列产品，赢得消费者的青睐，进一步加大知名度，创造更好的业绩。

2. 广告的目标市场

××运动饮料的网络广告目标群体重点是放在年轻的上班族上，既具有激情和活力，又具有一定的经济基础。

除了具有无限潜力的年轻人市场，另一大重点目标群体是微胖人群。××运动饮料新推出的产品热量仅为1卡，最适合爱喝碳酸饮料却又害怕饮料热量高的怕胖一族，顺应了部分消费者需求低热量饮食的选择。

3. 广告的主题

展现××运动饮料的多样化、全面化以及适合各种人群的特性。

4. 广告的创意

广告应展现出 ×× 运动饮料首创的特性，显示出它的经典和特有的品质。

5. 广告发布计划

媒介：×× 运动饮料的广告应主要投放在国内的主流视频网站，如腾讯、优酷、搜狐等。

广告规格：采用插播式广告，在视频播放前和中间播出。

发布时间：每天下午 6 点到晚上 11 点。

6. 费用预算

略。

【写作要点】

（1）新颖。撰写网络广告策划时一定要注意策划的新颖性，要能够引起消费者的注意，保证计算机上播放的广告能一下子抓住消费者的眼球。

（2）有趣。网络广告策划一定要够新鲜、够有趣，能让消费者通过对广告的阅读产生了解产品的兴趣。

（3）尽量节省成本。网络广告策划的最终目的是提高销售业绩，为公司赢得更多利益，因此在方案的选择和策划上应该尽量以节省成本为主，不能让付出超过收获，要最大限度地为公司谋取利益。

网络营销推广方案

【写作导引】

随着网络在生活中应用得越来越频繁，越来越多的年轻人手机时刻不离手，休闲娱乐的时候更是离不开网络。因此在网上积累人气、提高知名度也成为产品提高销售量的最佳办法。

网络营销推广方案就是一种以互联网为营销平台，通过各种渠道将企业产品、服务推销出去，提高企业品牌知名度和影响力，在广大消费群众眼中留下良好、深刻的印象，从而提高销售量、实现营销价值最大化的策划营销方案。

网络营销推广方案是网络营销计划书中非常重要的一环，内容说多可多，说少也可少，而且没有什么固定的格式，总的来说分为以下三部分。

（1）标题。标题的格式为 "产品 / 公司名称 + 文种"，如 "×× 手机网络营销推广方案"。

（2）前言。在什么背景和目的下制作此方案。

（3）正文。正文包括此次营销推广的目标，具体实施过程以及经费预算。

【文案范例】

×× 智能家居网络营销推广方案

一、前言

随着时代的发展，国民经济收入差异逐渐缩小，经济能力越来越高，互联网的应用领域变得越来越广，已经开始应用到家居生活之中；智能家居作为一种智能、高效的家庭日程事务管理系统，能够大大提升居住的安全性，让生活变得更加便利、舒适，具有艺术性，并且还能够更加环保节能，使居住环境更自然、更绿色，已经受到越来越多的消费者喜爱。

在现实生活中，智能家居的传播效应并不明显，只有很少一部分人知道和了解这种系统，以至于 ×× 智能家居的知名度并不高。而且推广起来难度很大，会耗费大量人力、物力。

网络推广则不同，通过一些主流媒体的报道和转载以及搜索引擎页面的推广和视频网站上的宣传，能够持续保持过高的曝光度，最大限度地提高 ×× 智能家居的知名度，增强企业的网络口碑及美誉度，提升企业品牌在目标客户群中的知名度和号召力，提高销售率。故制订此网络推广策划方案。

二、推广时间

20×× 年 ×× 月 ×× 日—20×× 年 ×× 月 ×× 日。

三、推广目标

（1）建立一个专业的营销型网站，完成对网站的诊断和优化，增强网站用户体验，方便运营推广。

（2）结合各种网络推广方法，加大宣传途径，增强品牌的正面形象，提高企业知名度和市场业绩。

（3）将推广费用控制在最小范围内，一分一厘都花在该用的地方，实现精准营销。

（4）关于产品的公关新闻报道，要求每个网站不低于10篇，实现品牌网站访问量达到 ×× 万人，B2B、博客、论坛、视频网站、百科、新闻等浏览量达到 ×× 万人，软文转载不低于 ×× 次。

四、具体工作安排

第一阶段：

推广周期：×× 月 ×× 日—×× 月 ×× 日。

推广途径：

（1）完成专业营销网站初版，整合相关内容。

（2）微博推广：开通微博，认证之后每天在新浪微博发布××条公司动态，并动员公司员工进行转发，转发量预计××次/日，预计受众人群达到××人/日。

（3）问答平台推广：分别申请百度知道、搜狗问答、新浪爱问知识人、雅虎知识堂、天涯问答、知乎等专业问答平台的账号，进行每天××个专业领域的问题问答，并推上首页，受众人群预计××人/日。

（4）论坛、贴吧推广。每天在论坛、贴吧开贴进行××智能家居的讨论，推送上热门或首页，每日受众达××人。

（5）交友圈推广：每日在微信、QQ群、MSN等群投放相关信息，每日受众××人。

（6）电子邮件推广。向目标客户和潜在客户发送邮件，直接传达相关信息。投放总量××份，预计阅读率达到百分之××，受众在××人以上。

（7）百科推广。在百度、搜狗等建立自己的形象百科词条，并在专业领域词条中植入企业宣传。

推广目标：

通过本次推广，大范围提高企业知名度，增加受众人群，达到品牌宣传的作用。并且通过本次推广，可以清楚、明了地看出各种推广方式所起的作用，筛选出最好的推广方式，为下一次推广打好基础。

预计推广效果：

通过以上几种推广途径的连番轰炸，一定会让网上消费者留下一定的印象，形成短时间内的强大宣传攻势，为企业进行强有力的宣传。并且我们可以通过消费者的态度，对宣传效果进行评估，分析各种推广方式的效果，为企业进行后期大力度的、有针对性的推广提供参考。

第二阶段：

推广周期：××月××日—××月××日。

推广策略：

（1）根据第一阶段的推广效果，选择三种效果比较突出的方式持续进行，并进行深入挖掘。

（2）视频推广。拍摄并选取一些关于××智能家居的创意视频在网上投放，达到××万次的传播量，快速提升品牌知名度，塑造品牌形象。

（3）软文推广。围绕××智能家居的企业形象与新推出的服务性能，在不低于××家的主流网站，如新浪、腾讯等网站投放××篇以上的品牌传播新闻与推广文章，传播并提升企业品牌形象。

（4）搜索关键词设置。在百度、搜狗等搜索引擎添加关键词，让消费者一搜相关词汇，便跳出××智能家居，在搜索页面中位于首页第一位。

推广目标：

通过第二阶段的推广，宣传面积达到大面积覆盖，××品牌成为消费者耳熟能详的智能家居品牌，提高销售业绩，积累一定的消费人群。

预计推广效果：

本阶段网络推广完成后，预计应完成××篇推广内容，以及××期的专题推广，企业品牌在搜索引擎关键词中的收录量至少增长百分之××，知名度大大提高，在消费者中的关注度将获得极大提升。

五、计划投入金额

网站建设费用：××元。

微博推广预计：××元。

论坛、贴吧推广预计：××元。

搜索引擎关键词优化：××元。

视频推广预计：××元。

软文推广预计：××元。

其他：××元。

总共预计：××万元。

【写作要点】

（1）简明扼要。方案策划最忌冗长和啰唆，每一句话都应该简洁、明了，让人一看就能找到重点，明白该怎样做。而不是写得七拐八绕，一句话写上好几行，让人没有看下去的欲望。

（2）紧扣主题。网络营销推广方案，核心就是网络推广，文章的写作一定要紧扣文题，抓住"网络推广"四个字，千万不能跑偏，离开了网络，写成了营销推广，更不能忽略"推广"二字，记住，最终目的是为了推广，以提高产品知名度为主。

网络品牌策划方案

【写作导引】

网络品牌策划是网络策划中的一部分，指的是企业在网络上为产品、公司、店铺、网站等树立品牌形象和品牌定位而进行的一系列策划。在网络市场日益发展的今天，市场拥有着不可预测的潜力，而目前越来越多的企业开始重视品牌在市场中的影响，特别是在网络时代高速发展的今天，企业的网络品牌策划也逐渐被重视。

通常情况下，企业在制订网络品牌策划方案时，主要包括以下内容。

一、市场概括

企业首先要从市场开始了解，了解市场的优惠政策、行业产品和服务的科技前沿以及市场将来的产能产量的变化、市场的饱和度等。其中市场的容量和饱和度最为重要，在制订网络品牌策划方案时，必须要对市场的情况进行深刻了解，并且做出总结。

二、竞争者的基本情况

企业制订网络品牌策划方案的目的就是避免竞争中所带来的竞争压力，或者是强化品牌以及推动产品的销售等。因此在对市场的情况进行概括之后，就要对企业在市场中的竞争者情况进行分析。对竞争者进行分析时，要首先考察企业在市场中有多少竞争者或者竞争行业，包括竞争者的经营情况、产品状况、销售策略、财务状况等。对这些因素一一进行分析之后，找到他们的优势或劣势，企业才能清楚竞争者的实力，并结合之前的目标做好调整，才能制订符合企业当前发展的网络品牌策划方案，做好战略上的部署和调整。

三、品牌策划

对市场和企业的竞争者进行分析研究总结之后，根据得出的数据明确企业的市场定位和品牌定位，有了定位之后就必须要有品牌的规划。企业的品牌策划不仅是一句口号，更是一个目标、一个方向。

四、品牌推广

品牌推广指的是企业为了塑造自身以及产品品牌的形象，采用一些策略使广大消费者能够认同并接受企业形象的一系列活动和措施。企业的品牌形象是否成功，关键在于企业的品牌推广做得好不好。

五、效果预测

在制订好网络品牌推广方案，以及具体方案实施之后，为了能够掌握网络品牌策划的效果，必须对效果进行预测。

六、预算

预算指的是企业在进行网络品牌宣传过程中产生的所有费用的收支计划。

【文案范例】

"××汽车"网络品牌策划方案

一、市场环境分析

随着国家宏观经济政策的调整，以及从支持汽车行业的发展基调来看，我国的汽车产业以及世界知名汽车生产制造商迎来了扩大市场份额的机遇，汽车行业的三包政策以及新能源汽车发展新政策等一系列汽车政策的出台，也为中国的汽车发展带来了积极影响。因此，"××汽车"应该把握住这次机会，实现在世界市场上的快速发展。

二、SWOT 分析

品牌优势："××汽车"在人性化、舒适化、平民化等方面一直是行业中的佼佼者，特别符合国人的购买心理，深得消费者的喜爱。

品牌劣势：起初"××汽车"的品牌赞誉非常高，但是随着近几年的产品质量下降，"××汽车"的品牌形象也逐渐下降。

品牌威胁：随着国外知名品牌进入中国市场，国人的消费行为受到吸引，开始购买其他企业品牌的汽车。

品牌机会："××汽车"虽然不能与其他大牌汽车相比，但是其进入中国市场的时间与其他品牌相比占有很大的优势。

三、品牌策划

为了改变"××汽车"的现状，提高其在市场上的占有率，"××公司"决定对企业产品进行重新定位，以"价格低，服务好"的品牌口号来重新占领市场，并且开展网络品牌推广行动，加深消费者对企业新品牌形象的认识，改变"××汽车"的原始品牌形象，提高企业的销售额。

四、品牌推广

企业做好品牌推广是企业进行网络品牌策划的重要目标，企业想要获得更高的知名度，赢得更多的潜在客户和消费者的认可，都要依靠企业的品牌推广手段。做好网络品牌推广才能保证企业的发展势头。

1. 网络广告投放

网络广告投放这一部分，最终决定以网络视频的方式来推广，在各大门户网站上投放企业的品牌宣传广告视频。通过视频软件来进行企业网络品牌推广，不仅见效快、效果好，而且企业人工费用成本低，是企业进行网络推广的首选方式。

2. 软文广告投放

软文广告投放主要是以文章的形式告知用户，这种形式更加吸引用户，并且不会像其他直白的广告一样受到消费者的抵制。当今时代是一个网络阅读的时代，消费者大部分只需要通过手机就能看到网络广告，而且在其中会加入更多的图片和音乐等，通过多结构的形式吸引用户的眼球。

3. 企业网站

企业网站是企业进行品牌推广的窗口，也是消费者和客户寻找企业最直接的方式。消费者可以通过企业网站来了解企业的基本情况和产品介绍。因此在品牌推广中，企业对于官方网站的建设必须重视起来，定期地投入一部分资金进行维护，并且在官方首页对新品牌的形象进行大力宣传，让消费者一登录网站就能够直观清楚地了解企业的新品牌形象。

【写作要点】

（1）全面兼顾。企业制订网络品牌策划会涉及企业的方方面面，因此，企业必须从内外环境、组织结构、传播媒介等方面综合考虑，以便于网络品牌策划的方案能够适应企业，符合企业的长远发展战略，以免因为某个环节而影响大局。

（2）实事求是。企业的品牌策划并不是空中楼阁，而是要基于企业的现实情况和条件，按照企业的目标市场和发展战略来定位，强调企业的竞争优势，而非编造子虚乌有的故事。

（3）求异创新。企业在品牌策划上要懂得塑造企业的特色文化和个性鲜明的企业形象，通过创新来证明企业自身的实力，突出自身的优势，才能在市场上取得更多的关注和成功。